民族学社会学教材与研究丛书编委会

主　任　杨圣敏
委　员　丁　宏　戴成萍　白振声　王铭铭
　　　　王建民　包智明　潘　蛟　苏发祥
　　　　任国英　肖小勇

中央民族大学国家"十一五""211工程"建设项目

胡起望 著

瑶族研究五十年

中央民族大学出版社
China Minzu University Press

图书在版编目(CIP)数据

瑶族研究五十年/胡起望著.—北京：中央民族大学出版社，2009.8

ISBN 978 - 7 - 81108 - 703 - 1

Ⅰ.瑶… Ⅱ.胡… Ⅲ.瑶族—中国—文集 Ⅳ.k285.1 - 53

中国版本图书馆 CIP 数据核字(2009)第 103596 号

瑶族研究五十年

作　　者	胡起望
责任编辑	黄修义
封面设计	乌日恒
出 版 者	中央民族大学出版社
	北京市海淀区中关村南大街27号　邮编:100081
	电话:68472815(发行部)　传真:68932751(发行部)
	68932218(总编室)　　　68932447(办公室)
发 行 者	全国各地新华书店
印 刷 者	北京华正印刷有限公司
开　　本	880×1230(毫米)　1/32　印张:11.75
字　　数	298千字
版　　次	2009年8月第1版　2009年8月第1次印刷
书　　号	ISBN 978 - 7 - 81108 - 703 - 1
定　　价	32.00元

版权所有　翻印必究

胡起望教授

费孝通教授与广西瑶族　　左／贺州瑶族；右／金秀瑶族

广西龙胜红瑶 　　　　　　广西金秀盘瑶

广东连南瑶族

湖南宁远瑶族

云南勐腊过山瑶与定居美国瑶族相似

定居美国的瑶族(乔生福和付明福)一家

民族学社会学教材与研究丛书

总　　序

　　民族学与社会学学院的前身是建立于1952年的中央民族学院研究部。在20世纪五六十年代,研究部曾汇聚了中国大部分民族学与社会学的顶尖人才,如中国民族学与社会学的开拓者潘光旦、吴文藻、杨成志、吴泽霖、费孝通、林耀华和李有义等人,以及他们的学生陈永龄、宋蜀华、施联朱、王辅仁、吴恒和王晓义等著名学者。

　　20世纪80年代初,研究部更名为民族研究所,不久又建立了中国第一个民族学系,20世纪90年代扩大为民族学研究院,2000年更名为民族学与社会学学院。半个世纪以来,名称和建制的变化,并没有影响她致力于民族学教学与研究的宗旨,经过几代人的努力,从该院毕业的民族学专业的学士、硕士和博士已遍布全国各地,多为栋梁之材。同时出版了大量在国内影响巨大的专著和教材。如潘光旦、吴文藻、费孝通等人的文集,林耀华先生主编的《民族学通论》、宋蜀华先生的《民族研究文集》、陈永龄先生的《中国民族学史》(英文版),还出版了全所历年研究成果的论集《民族研究论文集》(1981－1993年,共九册),这些出版物的共同特点是,以实地调查的材料为基础,以中国的56个民族为主要研究对象。几十年来,这已成为我院几代人的学术传统。

民族学(文化人类学)毕竟是一个自西方传来的学科,在中国发展历史较短,几十年来又多次受政治运动的干扰,所以与我国一些传统的老学科相比,中国的民族学无论在专业的理论、方法和研究成果方面,都是一个比较年轻、比较薄弱的学科。因此,今后本学科的重点是加强民族学专业的基础理论和方法的建设。为此,我们认为需要长期坚持两个方面的工作:

一、积极了解和借鉴国外学者有关的理论、方法和实践。这就要求我们既要翻译、介绍国外一些经典的名著,又要随时掌握国外研究的动向,将其最新的代表性作品翻译介绍给国内的读者和同行。

二、也是更重要的一个方面,继承我院50年来的传统,坚持实证性的研究方法,以中国的56个民族为主要研究对象,紧密联系实际,加强实地调查,以此为基础,进行理论总结,为建立独树一帜的、有中国特点的民族学理论而努力。

我们认为有必要使我们的学科建设和理论研究进一步系统化、规范化,并且在研究成果的基础上不断更新我们的教材。因此,我们于2000年成立了"民族学教材与研究丛书编委会",目的是以民族学与社会学学院为基础,系统地编辑出版民族学专业的教材和以实证性研究为主的专著、调查报告及论文。

编委会将重点支持以下内容的教材和著作:
1. 民族学专业主干课和紧缺的必修课教材。
2. 以实地调查资料为基础的专题研究著作。
3. 国外民族学名著或前沿理论与方法的译著。
4. 有重要学术资料价值且规范的田野调查报告。
5. 本院教师实证性研究的论文集。

我们要求教材的编写者,应具有多年讲授该课程的资历,并且发表过有关的研究论文。我们要求丛书中的教材和论著应参考并引用国内外最新的相关研究成果,能够与国际学术界对话。

我们希望经过若干年的努力，本套丛书能够为民族学与社会学学院50年学术传统的发扬光大，为中国民族学学科的建设和中国民族学在国际学术界中较高地位的确立做出贡献。

杨圣敏

胡起望教授简历

1933年7月2日，胡起望出生在风景优美的浙江省杭州市西湖边清波门直道36号的一个职员家庭。三岁时母亲辞世，在他的青少年时期，全家人依靠父亲的工资维持生活，可以说家境并不算富裕。抗日战争爆发后，因为父亲就职的交通银行杭州分行被迫迁移，而先后举家迁到浙江省金华地区永康、龙泉等地，生活很不安定。胡起望在战争动荡中度过了童年和少年时光。抗日战争胜利后，回到杭州，胡起望考入杭州树范中学读书。父亲升任襄理，亲友也多方照顾，生活景况也逐渐好起来。然而，到解放前一年，又因为父亲长期生病，收入减少，加之国统区通货膨胀，物资供应短缺，因为全家生活都是依靠父亲的工资，胡起望家的生活状况又急转直下，他也转学到杭州安定中学。

杭州解放后，1951年7月，胡起望又转学到上海南车站路大同大学附中一院读书。在这所高中读书期间，胡起望加入了中国新民主主义青年团。一年后，中学毕业。通过第一次全国高校统考，考入南京水利学院学习。但在这所大学仅仅读了一个多月，1952年10月又分配到当时全国少数民族研究的最高学府中央民族学院少数民族语言文学系瑶语专业，学习瑶语。在大学期间，曾深入到广西省兴安县两金区财喜乡老书村盘瑶聚居村落，研究瑶族的社会历史文化和学习瑶语。进村后，和瑶族老乡同吃、同住、同劳动，增进了与当地瑶族民众的感情，在已有瑶语学习基础上，也学会了地道的当地盘瑶话。后来到这一带瑶族地区调查时，老乡还会问他："你是哪个村子的？"

1956年9月毕业之后，考入中央民族学院历史系研究班，师从苏联专家切博克萨罗夫和我国著名民族学家林耀华教授学习民族学、人类学理论与方法。

1958年，随全国少数民族社会历史调查第二批调查队赴广西，参加少数民族社会历史调查瑶族调查组，进行瑶族社会历史调查研究。1959年9月，研究生毕业后，留校任教。其间，先后撰写了《广西凌乐县瑶族社会历史调查报告》、《大瑶山岳峒公社瑶族社会历史调查》、《湖南江华县关于瑶族解放前资本主义萌芽的调查报告》、《广东连南县关于瑶族解放前资本主义萌芽的调查报告》、《解放前瑶族社会性质调查》和《瑶族的来源问题》等调查报告，参与编写了《瑶族简史简志合编》（初稿）和《中东南地区少数民族史》。以后，除了参加瑶族社会历史调查外，指导两位来自越南的留学生，还曾经到北京市房山县参加"四清"运动。1961年，胡起望与同专业同学项美珍结婚成家，育有两位千金，夫妻携手互助，家庭生活幸福。

改革开放之后，胡起望以更大的干劲投入了民族研究工作，并曾担任中央民族学院民族研究所中东南民族研究室主任。除从事研究工作外，还在中央民族学院民族研究所指导民族学专业硕士学位研究生。1989年3月，加入中国民主同盟。他长期从事少数民族研究和教学工作，对少数民族地区特别是瑶族地区作了广泛深入细致的调查研究，曾到过广西、湖南、湖北、广东、海南、云南、贵州、新疆、青海、甘肃、内蒙古、宁夏等省（区），着重对瑶、苗、壮、布依、侗、黎、畲、高山、水等民族进行多次不同规模的调查研究。其间，数次陪同全国人大副委员长、民盟中央主席、社会学家费孝通教授前往各瑶族聚居地区考察。

自1982年起，胡起望多次到国外进行讲学、参加国际学术会议。1982年12月至1984年6月，经费孝通教授推荐，任日本东京大学东洋文化研究所外国人研究员，在中根千枝、白鸟芳郎教授的指导下，进行研究。其间，1983年8月，在日本东京参加了第31届国际亚洲、北非人文科学会议，也到日本各地实地考察阿伊努人等文化。

1986—1992年，先后五次到香港中文大学人类学系讲学。1986年5月，在香港参加了第一届瑶族研究国际研讨会。1987年12月，在香港参加盘瓠与盘古国际讨论会。1990年，在北京参加民族研究国际讨论会。1992年，在广西贺县参加瑶族研究国际研讨会。先后参与主编了数种重要的瑶族研究国际学术讨论会文集，在瑶族研究国际学术合作方面作出了重要贡献。

1990—1992年，赴日本国立金沢大学讲学。1992年，应法国科学研究中心的华南和印度支那研究所所长勒穆瓦那博士的邀请，用两个月时间到法国各地访问了居住在那里的瑶族，住在当地瑶人家中，对他们各方面情况作细致的调查，并就法国瑶族的情况与中国的瑶族进行了比较，写有《法兰西瑶族》一文，发表在日本圣德学园岐阜教育大学1995年纪要第29集上。1993年，到泰国参加国际瑶族会议，并进行民族调查。1994年4月至2001年4月，任日本岐阜圣德学园大学教授、研究生导师。

胡起望教授先后主编和合著出版专著共20余部。他的研究主要集中在瑶族研究方面，在国际瑶族研究学界具有很高的地位。他几乎走遍了全国各主要的瑶族聚居区，进行有关历史、语言、文化方面的实地考察。1981年以后，多次陪同费孝通教授访问瑶山，亲身感受了费先生对瑶族地区和瑶族民众的深切关怀，亲眼目睹了瑶山发生的巨大变化。胡起望的主要著作也多集中在瑶族研究领域。著有《盘村瑶族——从游耕到定居的研究》（合著）、《桂海虞衡志辑佚校注》（合著），合作主编了《瑶族研究论文集》、《瑶族研究论文集——1986年瑶族研究国际研讨会》，并发表了《大瑶山盘瑶的社会组织》、《花蓝瑶的亲属称谓》、《试论瑶族游耕》、《近代小瑶山地区土地关系的历史研究》、《瑶族的产育制度》、《瑶医简述》、《法兰西瑶族》、《论瑶传道教》、《〈明史·广西土司传〉校补》、《瑶族传统文化与现代化的几个问题》、《盘瑶语的"巧话"》等许多瑶族研究方面的论文。他与青年教师覃光广两人合著《桂海虞衡志辑佚校注》，学术界对该书的评论说"通古晓今精妙释文"，被日本东洋大学人类学科定为必读书。在著名社会学家、民族学家费孝通教授倡议下，他和范宏贵教授合著《盘村瑶族——从游耕到定居的研究》一书，是改革开放之后国内学者通过实地调查撰写的第一本瑶族民族志著作，得到费孝通教授赞许并为之作序，学者们对此评价说"为民族学的微型调查作出了可喜的尝试"，具有学术里程碑的意义，被评为哲学社会科学优秀科研成果一等奖。

此外，胡起望教授在跨界民族研究、民族学理论与方法等方面也有不少著述，主编或与他人合编有《中国少数民族历史人物志》（共四辑）、《苗族研究论丛》、《中国民族史》、《中国少数民族节日》、《文化人类学词典》等。在国内外学术刊物发表民族学及民族史和语言文字的论文有《从民族学资料看数量观念的发展》、《蔡元培与民族学》、《日本的阿伊努人》、《中东南民族的社会历史特点》、《跨境民族初探》、《汉文字在华南各民族中的重大历史作用》等。

目　录

多元一体的瑶族 …………………………………………（1）
槃瓠文化与密洛陀文化 …………………………………（18）
瑶族名称浅释 ……………………………………………（32）
略谈瑶族源流的几个问题 ………………………………（42）
试论瑶族游耕的发展 ……………………………………（49）
大瑶山盘瑶的社会组织 …………………………………（62）
瑶族《过山榜》析 ………………………………………（90）
近代小瑶山地区土地关系的历史研究 …………………（106）
花蓝瑶的亲属称谓 ………………………………………（135）
瑶族的姓名 ………………………………………………（140）
盘瑶语的"巧话" …………………………………………（157）
瑶族的产育制度 …………………………………………（161）
瑶医简述 …………………………………………………（177）
论瑶传道教 ………………………………………………（190）
近代国外瑶族研究概述 …………………………………（212）
瑶族传统文化与现代化的几个问题 ……………………（224）
中国最西南角上的瑶族 …………………………………（237）
《新田瑶族志》序 ………………………………………（272）
法兰西瑶族 ………………………………………………（275）
费老与金秀瑶山 …………………………………………（315）
港台学术界的瑶族研究 …………………………………（327）

瑶族研究概述 …………………………………………（332）
加强瑶族社会、历史、文化的研究 ……………………（353）
胡起望教授专著、文章目录 ……………………………（357）

多元一体的瑶族

瑶族是一个多元的、也是在长期历史发展中形成的、具有巨大凝聚力的民族。费孝通教授的《中华民族的多元一体格局》一文，把五十多个民族看做是中华民族的"多元"，而中华民族是"一体"。本文则将瑶族的各个不同集团看做是瑶族的"多元"，而瑶族是"一体"。这是从另一个层次来研究中华民族多元一体格局。所不同的是：中华民族"多元"中的每一个"元"，都是一个个具体的民族，它既是中华民族的不可分割的一部分，又是各具民族特色、有着自己民族传统、而且正在各自繁荣发展的民族。通过各民族的共同发展，振兴我们整个中华民族。而瑶族中的各个"元"，则是瑶族内部的各个集团，尽管他们有的来自不同的源流，有着自己的文化特色，但是经过长期的历史发展，已经使他们认同为一个民族。瑶族内部各集团的繁荣发展，将作为瑶族的一部分而兴旺发达，他们不同的文化特色，构成了瑶族文化的多姿多彩。因此说，从表面看来，中华民族的多元一体格局，是一个宏观的看法，而多元一体的瑶族似乎是一个微观的格局。但实际上细究起来，由于研究的层次不同，两者之间也有着一定的差别。不过对多元一体瑶族的研究，也许正好是具体而微型研究这样一种格局。希望通过这样的研究，能够丰富和补充中华民族多元一体格局的研讨内容。

一

费孝通教授于1981年底在中央民族学院民族研究所座谈会

上作《民族社会学调查的尝试》报告时,曾针对广西大瑶山瑶族情况指出:"各个民族的形成可能有不同的过程。在这里很清楚,不同语言、不同来源的人,大家认为自己是瑶族,而且组织成了一个共同体,互相合作,有了共同意识,可是它里面是允许不同的个性存在。从这个实例里面可以看出一些规律,不仅适用于金秀的瑶族,也可能适用于中华民族。"①

众所周知,瑶族内部自称、语言和服饰等方面的情况分歧复杂,也有不少学者进行了专门的系统的研究。一般来说,普遍认为瑶族中有些集团讲的"勉"(自称,下同)语,属于汉藏语系苗瑶语族的瑶语支,另一些集团讲的"布努"语属于汉藏语系苗瑶语族的苗语支,而个别集团讲的"拉珈"语则属于汉藏语系的壮侗语族,也许与侗水语支更为接近。而一些汉称"平地瑶"的集团则讲的是一种汉语方言。从实际情况看,上述各集团并不仅仅是语言学上的分类,从服饰、风俗习惯、传说信仰、主要姓氏等方面来看,他们也各具自己的传统特色,很可能反映了他们来源上的不同(平地瑶的一部分,是讲勉语的盘瑶长期居住平地,受了汉文化影响的结果,他们与盘瑶应该是同源的)。这是问题的一方面。而另一方面是在上述集团的内部,尽管语言相同或相近,但是他们的服饰、风俗习惯等等也有一定的差别,如讲勉语的系统内还有盘古瑶、坳瑶、八排瑶、蓝靛瑶、山子瑶等等的区别。以盘古瑶、八排瑶、蓝靛瑶三者为例,盘古瑶主要分布在湖南南部、广西东北部及其他各地,男子服饰接近当地汉族,妇女有长的包头帕及各种头饰,对襟上衣衣领镶有花边,并有银牌等。八排瑶聚居于广东连南瑶族自治县,男子留发梳髻,上包红布、插野鸡毛;妇女亦梳髻,穿宽腿短裤。蓝靛瑶住广西

---

① 费孝通:《民族社会学调查的尝试》,载《费孝通民族研究文集》,民族出版社,1988年。

西部及云南南部等地,以种蓝靛著名;妇女有头饰,外罩深色布帕,上衣很长,衣角上挽,塞于腰间。盘古瑶、八排瑶、蓝靛瑶语言虽然统属"勉"语系统,但他们之间的语言并不完全相通,服饰各有特点,居住地区也不在一起,是一些在长期历史发展中形成的带有自己特色的支系。

再以讲布努话的系统来说,其中也有背篓瑶、白裤瑶、山话红瑶、花蓝瑶等等的区别。以背篓瑶、白裤瑶、花蓝瑶三者为例:背篓瑶主要居于广西西部石山地区,生活贫困,妇女过去穿裙,现大部分已着裤。白裤瑶主要聚居广西南丹县,以男子穿长到膝盖的白色灯笼裤而得名,生活也很困难。花蓝瑶则聚居于广西金秀瑶族自治县,女子过去留长发,绞为头盔形,现已剪短,改用头帕盖于头上,对开上衣交叉于前胸,着短裤,打绑腿。背篓瑶、白裤瑶、花蓝瑶语言虽统属"布努"语系统,但他们之间的语言也并不完全一样,服饰习俗也各有自己的特点,居住地区也不相同,也是一些在长期历史发展中形成的带有自己特色的支系。由此可见,瑶族"多元"中的"元",并不完全相等于"源",因为其中既有来源不同的"元"(集团),也有来源相同的"元"(支系)。这些瑶族多元的形成,是中国长期历史发展的结果,是一定历史条件下形成的产物。

据有的学者估计,在我国140万瑶族人口中,讲瑶语支语言的瑶族共约90万人口左右,可分为"勉"、"金门"、"标敏"、"邀敏"四个方言,[①]约占瑶族总人口三分之二。使用瑶语支语言的这些瑶族,分布在湘、桂、粤、滇等省的约100个县里,居住面积宽,主要在土山区。他们传说起源于评王所畜的龙犬盘护(史书中作"高辛氏畜犬槃瓠"),因咬杀敌对的高王有功,得与公主成婚,生下六男六女,自相婚配,繁衍的后代即是。居住在

---

① 盘承乾:《论瑶语方言》,载《瑶族研究论文集》,民族出版社,1988年。

湘南、桂北的一部分盘瑶中还有祖居千家峒的传说，据说他们的祖先原来居住在世外桃源式的千家峒，后因官兵杀入，才出逃四散分居。各地盘瑶也有世居韶州府罗昌县的说法。经东南亚的泰国、老挝，一直迁居到美国的盘瑶，至今也还保留着这种传说。盘瑶主要有十二个著名的姓氏，即盘、沈、包、黄、李、邓、周、赵、胡、雷、唐、冯。有的地方，在个别姓氏上也曾有一些不同的说法，如有郑、蒲、蒋姓，等等①。群众认为，除了盘瑶十二姓以外，盘瑶中出现的其他姓氏，一般都是汉、壮族人由于接养、入赘等原因而带入瑶族中的姓氏，不是盘瑶早先就有的。

盘瑶各支系受道教的影响较深，有的学者认为，他们信仰的是一种糅合了祖先崇拜等带有自己特点的道教信仰，在生活习俗的各个方面都打上了关于盘护的祖先传说的烙印。如禁吃狗肉、过盘王节、还盘王愿、演奏与盘瓠传说有关的长腰鼓；《过山榜》民间文献中载明，因起源于盘护与公主成婚的后代，所以享有"途中逢人不作揖，过渡不费钞，见官不下跪，耕山不纳税"，"离田三尺，岸水不上之地，俱归瑶人管业"②的优待，等等。尽管盘瑶各支系内部服饰、方言有着一定的差异，但上述这些生活习俗基本上还是相同的，只是由于盘瑶（过山瑶）这一部分，长期以来刀耕火种的游耕生活比较突出③，所以保留有民间文献《过山榜》，收藏道教的十八神像，以及日常生活习俗中贯穿盘护的传说，更为集中和典型。从他们的盘护民族起源传说，收藏有《过山榜》文献，长期以来有"还盘王愿"习俗，以及服饰、食俗、舞蹈、乐器等各方面都带有槃瓠信仰的烙印来

---

① 参见《瑶族〈过山榜〉选编》，湖南人民出版社，1984年。
② 《瑶族〈过山榜〉选编》，湖南人民出版社，1984年。
③ 参阅拙作：《试论瑶族游耕的发展》，载《云南社会科学》1988年第1期。

看，他们应是古代长沙武陵蛮（槃瓠蛮）的后人，这是瑶族来源中的主流。

讲属于苗语支语言（布努语）的瑶族各支系，共约45万人，大概为瑶族总人口的三分之一左右。他们主要分布在广西中部偏西的都安、大化、巴马、东兰等县（土瑶、背篓瑶）和南丹等县及其附近（白裤瑶），以及湖南隆回县（花衣瑶）、新宁县（八洞瑶）、贵州荔波县（黑裤瑶、长衫瑶）等地。其中有相当一部分布努瑶人居住在石山地区，那里石多土少，生产、生活条件比盘瑶居住的地方更差。不仅生活贫困，有的连人畜饮水都很困难。他们内部服饰、语言的差别都比较大，总的来说，以信仰母神"密洛陀"的为较多，认为是密洛陀创造了人类万物，才有了汉、壮、瑶族的分别。他们在村头屋边竖立山石作为密洛陀的象征。每年五月二十九日在密洛陀生日这一天，要过达努节。敲打密洛陀赠与祖先的铜鼓。在刀耕火种、追兽狩猎、求雨抗旱等活动中也要崇拜与密洛陀有关的神祇。平时禁食与密洛陀传说有关的母猪肉。婚丧活动中要祈求密洛陀的护佑。他们的蓝、罗、韦、蒙四个大姓传说也来自密洛陀时代。由于讲苗语支语言的各支系情况比较复杂，所以其民族来源传说与姓氏等也有着一些不同。如花蓝瑶中有平王养了义犬，与公主成婚繁衍后代的说法，白裤瑶有"太古老"（又作"盘古郎"）造人，洪水以后，兄妹成婚繁衍子孙；花蓝瑶有伏羲兄妹结婚，传有后代的种种说法。而"八姓瑶"主要为陈、凤（奉）、戴、碗（宛）、刘、蒲、丁、蓝等八姓的说法，等等。布努瑶语各支系内部情况复杂，反映了长期以来各地瑶族在不同时期、不同地区的相互影响、相互交流、相互融合的多种情况。不少学者提出了讲苗语支语言的瑶族各支系的先人与古代苗族的关系比较密切的看法。如广西南丹县的白裤瑶"语言属汉藏语系苗瑶语族苗语支，但与广西都安等地自称'布努'的背篓瑶语言又不完全相通"①，据玉时阶《白裤瑶社会》所述："有的同志根据白裤瑶的语言和生活习俗，在很多地方与南丹县中堡苗族自治乡的苗族及贵州省部分苗族相似，认为白裤瑶源于古代苗族"②，1962年11月广西少数民族社会历史调查组编印的《瑶族族源问题讨论意见》也认为，"广西大瑶山花蓝瑶自称其祖先由贵州迁来，他们的语言也与贵州苗族极相近"（第12页），从而指出了花蓝瑶先人与古代苗族的密切关系。关于广西都安瑶族自治县七百弄乡（现属大化瑶族自治县）汉称"背篓瑶"的调查，也指出他们在五月二十九日达努节祭祖时"恰与大瑶山的花蓝瑶一样，都要念清历代祖先的名字，一方面思源追远，另一方面祈求祖先亡灵保佑子孙安康。他们异口同声地说，他们的始祖娘娘（母猴）叫估米罗都（引者按：即密洛陀），她生下了四个兄弟，名叫蓝得马、罗得元、蒙得众、韦得雄，即为现在瑶族（背篓瑶）蓝、罗、蒙、韦四姓的始祖"③，反映背篓瑶无论在主要节日、民族起源传说、主要姓氏等都与讲勉话的盘古瑶有所不同，而指出他们与花蓝瑶却有相同之处。20世纪30年代末时，学者徐松石在《粤江流域人民史》曾列举三点，说明广西龙胜县红瑶与苗族关系密切的情况，即"第一，龙胜三百坤坤红瑶侯长桥墓碑说明先代是靖州苗民；第二，他们的风俗与苗人很是相契；第三，他们所信创造人类的神话与苗人所传的完全相同"④。徐氏据此认为"颇疑红瑶原是苗瑶混种，不然也必是苗化很深的部族"。不过从今日的研究看来，上述三点不能说明是瑶族"苗化"的结果，而恰好是说明

---

① 《南丹县大瑶寨瑶族社会历史调查》，载《广西瑶族社会历史调查》第3册，广西民族出版社，1985年。
② 玉时阶：《白裤瑶社会》，广西师范大学出版社，1989年，第7页。
③ 《广西瑶族社会历史调查》第5册，广西民族出版社，1986年，第345页。
④ 徐松石：《粤汉流域人民史》，中华书局，1939年，第128页。

古代苗人瑶化成为瑶族的证据。从以上"布努"语各集团的情况看来,他们的先人与古代苗族关系比较密切。

讲拉珈语的瑶族集团,主要是居住广西金秀瑶族自治县及其附近,茶山瑶和湖南洞口县的那溪瑶①人口约有 2 万人。在茶山瑶中流传的民族起源传说,主要是伏羲兄妹成婚以后繁衍发展的后代。他们的主要姓氏有全、苏、莫、刘、金、陶,等等。茶山瑶在七月初七至十五日纪念祖先,每隔若干年要举行一次"做洪门"的隆重祭典,祭祀的神灵有北府大圣李王、雷王、梁王、吴王等。还有超度亡魂的"做功德",等等。这都是与瑶族其他集团不相同的宗教观念与习俗活动。据《金秀瑶族自治县概况》所述,大瑶山"瑶族的语言属汉藏语系苗瑶语族瑶语支,但茶山瑶语言接近侗语,花蓝瑶语相近于苗语"②。由此可见,自称"拉珈"茶山瑶的语言与壮侗语族的关系比较密切。在 1962 年的《瑶族族源问题讨论意见》中也有人提出:"《龙胜厅志》'一种伶人,即平地瑶',有谓侗族是古代伶人的一支发展而来。今大瑶山茶山瑶语言与侗话极相似,据此可见(茶山)瑶与伶的关系更为明显"(第 13 页)。关于茶山瑶与伶人或侗族的关系,除了上述推断以外,还有明代大藤峡瑶民起义时,官军在嘉靖十五年(1536)的一次进攻中,曾有"斩一病狑(伶)而还"的记载,表明当时大藤峡里的确曾有伶人居住,而现在的大瑶山中却再也找不到一个伶人了。经过几百年的变化,伶人已以茶山瑶的名称出现。除此以外,茶山瑶先民中也有相当一部分壮族成分。据唐兆民在 20 世纪 30 年代调查,指出除了近代有壮族人入赘茶山瑶以外,"较远的,根据金秀瑶区六拉村刘姓瑶人的报告,说

---

① 关于瑶族支系的分类、人口和分布等情况,参考了盘朝月《瑶族分布概况》一文,载《广西民族研究参考资料》第 8 辑。

② 《金秀瑶族自治县概况》,广西民族出版社,1984 年,第 18 页。

他们的祖先,原也是象县大乐圩附近罗脉村的壮人入赘陶姓瑶人的。"① 这支刘姓瑶族繁衍至今,已成为茶山瑶中人数不少的一个家族。1956年在大瑶山的调查也了解到"苏、陶、莫三姓茶山瑶,住在接近原修仁县境,而他们的祖先传说,又多说是从修仁、七排等地入山的。现在七排一带居民,仍多系壮族。由此可见他们和修仁及壮族关系是很密切的"②。以上资料说明,讲拉珈语的茶山瑶,其先人与壮侗语族的关系是十分密切的。与此相似的是对广西龙胜县平等乡盘胖村的花瑶调查,也发现有一部分人系侗族瑶化而来。"瑶族的黄姓人家,是从龙胜宝赠村迁来,据说原来是侗族(其姓名宗派与现在宝赠侗族黄姓人家同)。"③

讲汉语方言的平地瑶,共约有17万多人,约占瑶族人口的12%强。主要居住在湘南、桂东北一带较为平坦的平地里。据说他们的先人原来也是居住在山区的盘瑶,因下到平地居住久了,所以学习了汉语方言,传入了当时汉族地区的服饰,在有些风俗习惯方面也与当地汉族互有影响。但在民族起源上还往往保留了龙犬盘护王与公主成婚,其后代成为瑶族的传说。《皇清职贡图》载:"兴安县平地瑶,傍石林结茅屋,佃田输租……俗醇似乎民,因名平地瑶。""每岁首祀槃瓠,杂置鱼肉酒饭于木槽,扣槽群号以为礼。"表明平地瑶的得名,以及他们依然信奉槃瓠的情况。从他们的一些主要姓氏李、盘、唐、莫、邓、赵、奉、周、沈、廖、盆、翟中也可以看出,有的姓氏与盘瑶十二姓中的姓氏是一样的。因此,如果从民族史的角度看,他们也许可以归入盘瑶各支系中比较特殊的一部分,当然这里不应当包括原来是汉族或其他民族的人因融合而成为平地瑶的人。

---

① 唐兆民:《瑶山散记》,台北新文丰出版公司,1971年,第31页。
② 《广西瑶族社会历史调查》第1册,广西民族出版社,1984年,第237页。
③ 《广西瑶族社会历史调查》第4册,广西民族出版社,1986年,第225页。

在瑶族中还融合了一些汉人的成分。长期以来，通过上门入赘，接养子女以及同村共居的关系而瑶化成瑶族的汉人，为数并不少，有的还成为一个小的支系，在瑶族民间有着清晰的记忆。笔者于20世纪50年代末在广西田林县凡昌乡的瑶族（盘瑶）中调查时，了解到一个情况："曾有一个姓李的汉人与瑶族同船过海，后来又在瑶族中入赘上门，他的子孙虽然也是瑶族，但却不信奉盘王。因此姓李的瑶族，有的信奉盘王，有的则不信奉盘王，前者在习惯上称为'盘王李'，后者则称为'桂英李'或'李汉人'。"[1] 与此相类似的情况还有不少，如居住在广西防城县（十万大山）板沟村和上思县琴后等村的马姓山子瑶"其祖父一代是汉族，因在汉族地区找不到老婆，就上山到一盘姓的瑶家上门，直到父辈一代都讲瑶话，风俗习惯与瑶族一样，于是就称为瑶族了"[2]。广西荔浦县清福乡九抈村"张姓本不是瑶人，系荔浦县的汉人，来九抈入赘的，因未改姓，故有了张姓。他们来了四代人之久，以20年为一代计算的话，则有80年左右之久"[3]。又如广西恭城县三江乡"牛尾寨的瑶族有黎、翟、陈、赵、莫等姓，其中黎、翟两姓是山公瑶，赵姓是过山瑶，陈姓系来牛尾入赘的，其他的姓（原来）并非瑶族"[4]。除广西以外，这种有部分汉人融入瑶族的情况，在湖南、广东、云南等省瑶族地区也都有发生。屈大均《广东新语》载："诸瑶率盘姓……其非盘姓者，初本汉人，以避赋役，潜窜其中，习与性成，遂为真瑶"（卷七：人语、瑶人），将所有盘姓以外的瑶族都作为祖先来自汉人的说法，显然是不正确的，但是也反映了清代人已看到

---

[1] 《广西瑶族社会历史调查》第5册，广西民族出版社，1986年，第49页。
[2] 《广西瑶族社会历史调查》第6册，广西民族出版社，1987年，第135页。
[3] 《广西瑶族社会历史调查》第4册，广西民族出版社，1986年，第244页。
[4] 《广西瑶族社会历史调查》第4册，广西民族出版社，1986年，第279页。

瑶族中有较大量汉人融合入内的史实。在具体到某一乡村时,也有类似比较确凿的记载可以作为实例。如阳山县"又有老鸦坑瑶,原土著人,以效瑶所为,故亦曰瑶"①,就属于这种情况。

与此同时,史书也不乏瑶人汉化的记载,如广东"新兴并无黎、壮等类,唯有瑶人一种,宋元时亦皆不甚安静,明初设有瑶官四人,率众扞御浪贼有功,世其职,瑶皆听约束,无生事患。今国家升平日久,瑶人欣欣向化,衣食动作,俱与齐民无异"②。四会县"瑶民向化日久,各安耕凿,与齐民无异,瑶目可以不设,于高宗乾隆二十一年(1756)详请裁革,瑶民编入各村寨保甲,与齐民一体稽查"③。恩平县"乾隆二十一年(1756)以瑶民向化日久,瑶目可以不设,详请裁革,编入保甲,与齐民一体稽查"④,等等皆是。而事实上,这些历史上曾有瑶族居住的县份现在都已是汉族人居住了。据《天下郡国利病书》的材料统计,明代广东有瑶山的州县共21个,共计瑶山890多座,可见当时瑶族在广东分布之广。但到了现代,很多原有瑶山的州县已经没有瑶族的足迹,不少瑶山也只有地名的遗留,当时居住在那里的瑶族除迁走以外,还有相当大的部分显然已是就地汉化了。

二

瑶族这种既有源,又有流,在一定历史条件下形成的多元一体的民族情况,大概是从唐宋以来的一千多年时间里所逐渐形成的。

---

① 匡汝钧:《阳山县志》卷2,舆地下。
② 刘芳:《新兴县志》卷26。
③ 刘德恒:《四会县志》。
④ 余丕承:《恩平县志》卷4,舆地志三,风俗。

我们知道，近代瑶族的名称，系由"莫徭"而来，而"莫徭"一词最早大约见于《梁书·张缵传》：张缵好学正直，曾都督湘、桂、东宁三州军事，任湘州刺史。大同九年（543）时，他到湘州，因治理有方，记载称："州界零陵、衡阳等郡，有莫徭蛮者，依山险为居，历政不宾服，因此向化"。这是史籍中，依山险为居的莫徭与官府接触的最早记载。约半个多世纪以后，据《隋书·地理志所》载，当时莫徭已广泛居住在今湖南、湘桂、湘粤边境，并将他们与槃瓠为高辛氏立功的传说联系起来，表明莫徭与古代槃瓠蛮有一脉相承的关系。"长沙郡又杂有夷蜒，名曰莫徭，自云其先祖有功，常免徭役，故以为名。其男子但着白布裈衫，更无巾袴，其女子青布衫，斑布裙，通无鞋屦。婚嫁用铁钴锛为聘财。武陵、巴陵、零陵、桂阳、澧阳、衡山、熙平皆同焉"①。这是对莫徭服饰习俗的最早记载。此后，唐代著名诗人杜甫与刘禹锡在他们的"莫徭射雁鸣桑弓"（《岁晏行》）和《连州腊日观莫徭猎西山》诗作中，都提到了他们曾在湖南洞庭湖畔与广东北部一带所亲眼目睹的莫徭。这种穿"白布裈衫"的莫徭直到明清时还在广东潮州等地可以见到。如"潮州有山畲……皆瑶类，号白衣山子，依山而居，采猎而食"②，如"（潮州）有莫徭，号白衣山子，散居溪谷，治生不属官，不属峒首，皆为善瑶"③的记载，就说明一部分山居的莫徭因保留白色服饰而被称作"白衣山子"。而在其他一些地区的则又有"山子瑶"之称。到宋代，在《溪蛮丛笑》叶钱所作序言中，正式出现了"瑶"族的名称。

《宋史》南蛮传指出湘南及桂东、粤北的广大地区是当时瑶

---

① 《隋书》卷31，地理志下。
② ［清］《海阳县志》卷46。
③ 《南越笔记》卷37。

族的一个主要聚居区："蛮瑶者居山谷间,其山自衡州常宁县属于桂阳、郴、连、贺、韶四州,环纡千余里,蛮居其中,不事赋役,谓之瑶人"①。这一地区至今还有不少瑶族(主要为盘瑶即过山瑶族)居住着。清人檀萃在《说蛮》中指出"瑶"族名称与"莫徭"的关系:"蛮始五溪,出自槃瓠,蔓延楚粤,称瑶(原文作'猺')。当日以有功免其徭曰莫徭,后讹为瑶"②。这应当是讲勉语的盘瑶集团从槃瓠蛮经莫徭到瑶族的主体的大致发展过程。

至于其他一些成分的人融合入瑶族,组成瑶族中不同集团的情况,由于缺乏具体的历史记载,各地的情况又不尽相同,而且调查中也的确存在困难,因此只能分成融合的道路和能够融入的原因两大方面进行概略的叙述。

不同民族的人,在不同时间,融合入瑶族的途径,大约有以下几种:

(一)瑶山外各民族贫苦人民因生活困难,没有出路,进山觅地垦种,以求得生存。如对广西大瑶山的记载说。"一些贫穷无法谋生的汉人,受了生活的压迫,无法可想,只有出于铤而走险的一途,钻进地广人稀的山里去,去试一试他自己的命运。在这种情势下迁入瑶山的人们,只要他能找到一间破屋,租得一片荒地,能维持他半饥半饿的生活"③,也就勉强居住下来了。

(二)因避沉重的赋役,而迁居入历史上没有徭役赋税负担的瑶族山区。《南越笔记》卷七:"(瑶族)其非盘姓者,初本汉人,以避赋役,潜窜其中,习与性成,遂为真瑶。"④《两粤瑶俗

---

① 《宋史》卷493。
② 《小方壶斋舆地丛钞》第8帙,第1册,第62页。
③ 唐兆民:《瑶山散记》,(台北)新文丰出版公司,1980年重印,第76—77页。
④ 《丛书集成初编》,第3126册,第101页,商务印书馆,1937年。

记》亦载:"两粤之地……(瑶族)率盘姓,其他赵、冯、邓、唐诸氏,皆汉人,因避徭赋诛求,举家窜入,日濡月染,凡饮食衣服器用,渐与真瑶无异。"就表明是为了逃避赋税徭役负担而迁入瑶族山区的。

(三)因躲避抓壮丁及受迫害而不得不迁入瑶族地区的,如广西大瑶山地区历史上就有因逃避兵役而进入瑶山的,到了近代"在抗战以后,寄居瑶山汉人的数目,似乎与日俱增。这些迁入瑶山的汉人,多半是逃避兵役的壮丁","逃避兵役的可以不受追捕"[1]。《明史·叶盛传》载,明王朝官兵在镇压两广瑶族等地的起义反抗斗争时,明朝"诸将怯不敢战,杀平民冒功,民相率从贼"[2],而这种因躲避迫害而迁入山区的情况并不是个别的,其成分也不仅仅是汉族,还有当地少数民族如苗、水、侗等族在内。

(四)因犯罪被追捕而逃亡入瑶山,还有因在山外犯有刑事罪或欠款、欠粮而躲入瑶族山区的。他们往往隐姓埋名,避匿深山,"一些犯罪的人们,只要能够钻进这个大山里,便像到了世外桃源,逍遥法外了,像这样的逃捕客,只要瑶民能容纳他,使他不致落法网,即使自己委屈一点,也当然忍耐的"[3]。

(五)瑶族地区流行男到女方的上门入赘,这种习俗在盘瑶地区尤为盛行。他们除了招本民族的青年做上门女婿外,也还吸收附近地区的汉、壮等各民族男子上门。据20世纪50年代在广西大瑶山茶山瑶的调查,六拉村陶姓女婆世能,招赘由象州大乐圩落脉村迁来的壮人刘公载为婿,其后人随父姓刘,到20世纪

---

[1] 唐兆民:《瑶山散记》,(台北)新文丰出版公司,1980年重印,第77-78页。
[2]《明史·叶盛传》。
[3] 唐兆民:《瑶山散记》,(台北)新文丰出版公司,1980年重印,第76页。

50年代时已繁衍为30户的刘姓茶山瑶人①。"时至今日,过山瑶尤其是板瑶,事实上他们与汉族通婚,已经是极其平常的事。……至大量吸收汉人成为赘婿的结果,而板瑶倾向汉化的程度,亦较大藤瑶山中任何一种瑶族为高。"② 这种因入赘而生的后代,有的在瑶族中形成一个小的支系,如前述田林县凡昌乡的"盘王李"与"桂英李"的差别,就是一个例证。

（六）瑶族青年夫妇结婚两三年后,如无子女生育,往往要收养本族或外族的婴幼儿作为养子女。据本文作者在大瑶山郎庞村的调查,有接养子女关系的家庭占全村总户数的66.66%③,由此可见,在瑶族中接养子女的比例是很高的。其中除了接养本民族孤儿和儿童外,也从邻近地区接养外族婴幼儿入内。据调查,大瑶山六拉村有4户莫姓的茶山瑶,其祖先莫福应是象州大乐圩从隆村的壮族,来六拉村的陶姓茶山瑶家做养子,但娶妻生子仍从莫姓,这4户莫姓子孙共做"洪门",举行自己的集体崇拜祖先仪式④。

（七）因经商及从事手工业生产而进入瑶山的。瑶山内的瑶族大都到附近平原地区圩场从事集市贸易,基本上进行的是以农产品换取手工业品的以物易物。除此以外,还有走村串寨的小商贩,不定期的在瑶族山村从事小本买卖。较长时期以后,有的商贩在交通方便的大村中定居下来,成为长住瑶山的坐商。瑶族生产、生活中必需的铁器、银器,过去都由外族手工业匠人打制,这些工匠为了方便瑶族人民,也往往进入瑶山长住。这部分商人与工匠在政治、经济地位上,与那些因逃避赋税、徭役,受迫

---

① 《广西瑶族社会历史调查》第1册,广西民族出版社,1984年,第239页。
② 唐兆民:《瑶山散记》,（台北）新文丰出版公司,1980年重印。
③ 胡起望、范宏贵:《盘村瑶族》,民族出版社,1983年,第189—190页。
④ 《广西瑶族社会历史调查》第1册,广西民族出版社,1984年,第239页。

害、躲兵役、怕追捕而逃亡进入瑶山的人有所不同。他们除了因婚姻结亲而瑶化成为瑶族外，有的工匠、商人在瑶族地区还一直保留了自己的民族成分和原来的生活习俗。

因上述各种原因而迁入瑶山的汉、壮、侗、苗等民族的成员，在漫长的日子里，有的较快瑶化成为瑶族的成员，有的经过了一段历史过程，逐渐以瑶族成员的身份在瑶族山区出现，也有的还一直保留了自己的民族成分，尽管在语言、习俗、经济上发生了十分密切的关系，但迁入者仍保留了原来的民族成分，没有改变。

三

居住在瑶族山区的各民族成员，凡上门入赘、接养抚育的成员很快转化成为瑶族。但是在他们的思想深处，往往还保留着自己的姓氏意识，挂念着原来姓氏的延续。因此，在下一代子女中，经常选留一两个儿子或女儿使用自己原来的汉族或壮族姓氏，这就是所谓的瑶族中某些"杂姓"的起源。这些由于入赘、接养而传入的姓氏，有的在祖先崇拜与某些习俗上（如取名的字辈排行、祭拜中供物的使用等等），还保留了原来的一些民族特点遗迹。但是，从总的民族意识上说，却已经完全认为自己是瑶族的一分子。尽管村里的群众都知道这些姓氏的起源，并能一一说明他们的来历，但在民族认同方面，把他们确认为瑶族是无疑的。

对因多种原因避居瑶族山区的各种各样的人来说，共同的经历和命运，互相的交流与影响，使他们逐渐接受了瑶族的名称而融入瑶族，成了其中的一部分。由于古代社会中，人们缺少民族识别的知识，也没有民族识别的工作，所以当时的汉人对某个地区的民族情况，从总体上来说，只能根据道听途说的传闻，或过去的史籍记载，也许能大体上划分出这个民族或那个民族；但具体到某一个地区时，也会出现民族识别不清或以讹传讹的情况。如以《宋史》而言，在蛮夷传"西南溪峒诸蛮"中，往往将蛮夷、瑶人、蛮瑶、山瑶通用，作为当地山区受压迫少数民族的通称，把现在湖南及其附近一带的民族都称之为蛮夷或瑶人。在《明史》的广西土司传中，又往往瑶僮（壮）连用，似乎那里的民族非僮即瑶。在这种情况下，除了壮族以外的一些民族成员大都被称之为瑶族。尤其是明正统到嘉靖年间持续100多年的大藤峡农民起义，以瑶民的群众斗争闻名于世，尽管当时除瑶族外，还有壮、伶等人居住在山内，但在当时官方文书中却一律视之为"诸瑶"的反叛和动乱。长期以来，大藤峡地区即包括今大瑶山在内的居民就这样通过共同的生产、生活与斗争，在心理素质与民族意识上与瑶族认同，接受了瑶族的名称，成为瑶族中密不可分的一部分。这是一件十分自然的事情。另一方面，他们在语言、服饰、习俗、起源传说上保留着自己的个性，就形成了那里瑶族内部多元的比较复杂的情况。当地的人们觉察到瑶族内部各集团之间的差别，所以又有茶山瑶、花蓝瑶等不同的称呼。而且除了从这里迁出的以外，一般来说，这种称呼仅见于大瑶山地区，而不见于其他瑶族山区。有人从《桂平县志》的"瑶人姓氏"按语中曾见到"明代并有土豪为瑶首之令，在广东者，如茶山瑶首陈朝亮之属，不可胜数"之语，认为茶山瑶之称在广东亦有存在。但查广东各地志书及有关史籍，史见《新兴县志》载有新兴县延寿都世袭土典史陈志刚管辖延寿都诸瑶，到清代时第四代土典史为陈朝定之记述，但没有陈朝亮其人，而且也没有"茶山瑶首"的称呼。有关这方面情况，似乎还需要进一步研究。

广西西部的一些瑶族集团也是在上述大致相似的情况下，成为瑶族的一部分的。据调查，广西田林县路城、浪平等乡的木柄瑶，主要有黄、王、陆、罗四姓，传说他们原来是居住在古州八万寨的三姑瑶辗转迁来此地后，因为"是什么族，自己也不清楚，别人问他们是什么族，都说'木柄'（不知道），所以就称之为木柄族"①，成为木柄瑶名称来源的一种说法，尽管曾经对木柄瑶语进行过调查，没有找到瑶语中"木柄"一词所含的意义，但这个传说却反映出过去那种对民族识别不清的情况。广西平果县布尧乡一带，直到1954年底调查时，"本乡民族成分尚未确定，已经过中南、省、专署等民族工作组访问调查，还没有下结论，目前群众是迫切要求确定民族成分"②。据调查后，才确定其中"部分为壮族，部分为瑶族"，这些都说明民族识别不清是一些民族集团支系形成的原因之一。海南岛苗族是明代广西迁去的"狼兵"，主要是瑶族成员的后裔，因当地习惯称之为"苗"而逐渐被接受所形成的。这种形成的过程，也说明了民族并不是一个单纯的血缘共同体，而是经过长期历史发展，有了共同的认同心理，并在某些方面反映有共同的心理素质与特征，或者在历史上政治、经济或文化方面有一定共同点的人们共同体。

载《中华民族研究新探索》，中国社会科学出版社，1991年。

---

① 张一民：《木柄瑶乡见闻录》，载《广西地方民族史研究集刊》第4集。
② 《平果县布尧乡经济调查》，载《广西瑶族社会历史调查》第9册，广西民族出版社，1984年，第131页。

槃瓠文化与密洛陀文化

在中国的南方少数民族中，槃瓠文化与密洛陀文化是两种各有内涵，并与民族起源传说、传统宗教信仰有着密切关系的独特文化。它们不仅存在于瑶族中，而且也存在于与瑶族居住地接近或者在来源方面与瑶族有着密切关系的其他兄弟民族中。本文以瑶族为主，对槃瓠文化与密洛陀文化做一点研究探索。

一

在中国约有 220 万人口的瑶族中有较多的支系，他们在语言、服饰、习俗等各个方面都有所不同。总的来说，可以分作：一是以盘瑶（过山瑶）为代表的讲瑶语支语言的自称为勉、董本优、土优、坳标、金门、标敏、甘迪门、藻敏等等的瑶族。二是以布努瑶（背篓瑶）为代表的讲苗语支语言的自称布努、布诺、瑙格劳、炯奈、巴哼等等的瑶族。三是讲接近壮侗语族语言的自称为拉珈的茶山瑶。四是讲与当地汉语方言有一定差别的汉语支语言的自称为炳多优、优念、珊介、优嘉的平地瑶等。据过去的调查估计，盘瑶支系约占瑶族总人口的一半以上，布努瑶支系约占瑶族总人口的三分之一强，茶山瑶人口较少，还不到瑶族总人口的百分之零点二，其余的则是讲汉语支语言的瑶族。

瑶族各支系情况的复杂，反映出他们在历史上很可能是在同一族源的发展过程中，又融入了其他来源的成分。在长期发展的过程中，他们被统称为瑶族，并具有强烈的认同心理。历史造就了这样一个英勇顽强、勤劳俭朴、热情好客的山区民族。正因为这样，所以瑶族中存在着不同的民族来源传说，形成了自己的祖先信仰崇拜，并在这个基础上发展他们的传统文化。

必须指出的是，瑶族作为一个统一的山区民族，不少人长期过着游耕生活，所以瑶族具有一个尽管带有不同地方特色，但却无疑是比较一致的山区传统文化。由于山区传统文化的研讨，是一个比较重要的问题，本文作者拟以后在另文中予以叙述。而正是在这个山区传统文化的基础上，又可以分出与其民族起源传说或者说是与其原始宗教信仰有密切关系的独特传统文化，这就是本文要说的槃瓠文化与密洛陀文化。

从瑶族内部存在着互有不同的两种文化，也可以说明瑶族传统文化的丰富多彩，而且也可以看出瑶族与其他一些兄弟民族的紧密关系。深入地阐明这些文化的内容，不仅会进一步增加瑶族内部的互相认识与紧密团结，也可以增加各民族之间的了解。对于南方民族史或民族关系史的研究也会有一定的意义。

二

在盘瑶中，长期以来流传着一个著名的关于槃瓠的传说，在民间又往往将槃瓠写作盘护，这无疑是同一名称的同音异写。

据最早记载槃瓠传说的史书《风俗通》所载，在古代高辛氏之时，因患犬戎之寇，"而征伐不克，乃访募天下，有能得犬戎之将吴将军头者，购黄金千镒，邑万家，又妻以少女"。此时，有高辛帝的畜犬名叫槃瓠的，闻讯取来吴将军首级，因此得与帝女结婚，迁入南山，住石室之中。过三年，生六男六女，"槃瓠死后，因自相夫妻，织绩木皮，染以草实，好五色衣服，制裁皆有尾形"。后来高辛帝因他们"衣裳斑斓，语言侏离，好入山壑，不乐平旷"，所以"帝顺其意，赐以名山广泽。其后滋蔓，号曰蛮夷"。"以先父有功，母帝之女，田作贾贩，无关梁符传祖税之赋……"这个传说除了在范晔《后汉书·南蛮传》引述之外，其后在干宝《搜神记》、鲍坚《武陵记》、马端临《文献通考》、乐史《太平寰宇记》、周致中《异域志》等书中都有所记载，且大都为辗转抄述之作。

盘瑶的盘护民间传说，与上述古代文字记载大体相同。据传说所述古代有一个评王，养有一条名叫盘护的龙犬，盘护在除掉评王的敌人高王，并以高王首级衔来献给评王以后，就得以与公主成亲。龙犬盘护告诉公主，将他放入蒸笼内蒸七天七夜以后，就可以从犬身转变为人身。但蒸到六天六夜时，公主怜惜丈夫，便揭开锅盖，发现龙犬基本上已是人身，但因蒸的时间不足，所以在头上、腋下及脚胫处仍留有犬毛尚未脱尽，因此其后代都上裹头巾，下包脚套，以示纪念。婚后生下六男六女，长大成人后，一天盘护与儿子们一起出外打猎，在追逐野山羊的过程中，盘护不幸被山羊顶撞落崖，挂于半崖的大树上丧命。儿子们寻找不见，后来才在崖间树上发现盘护的尸体。抬回家后，又砍大树制作鼓身，猎获山羊剥皮后蒙于鼓面，敲打羊皮鼓悼念父亲。相沿成习，盘瑶人民至今还在盘王节里跳长鼓舞怀念祖先。这个历史传说与前述文字记载相印证，可见槃瓠（盘护）传说已流传有两千年之久，反映了瑶族先人与古代"槃瓠蛮"的密切关系。此外，在福建、广东的畲族及湘西等地的苗族中，也保留有槃瓠传说，说明他们很可能在古代出于同源。

由于敬奉祖先槃瓠，长期以来在盘瑶中形成了一系列与槃瓠传说有关的文化，即槃瓠文化。十分显著的是盘瑶的名称本身就是因他们崇信盘皇（盘护）而得名。在盘瑶村寨中广泛保存着一种叫做《过山榜》，或者又名《评王券牒》、《评王敕下古榜文》的民间文献。这种辗转传抄的文献，有的为卷式长页（卷轴式），有的折叠成册页式（经折装），也有装订成书式的（蝴蝶装），到了近代，更出现了木版印刷物。所有《过山榜》上面都盖着文字很难辨认的"马蹄印"。《过山榜》的文字内容长短不等，少则500多字，多则达1.3万多字。其中主要内容包括有前述的评王与高王作战，龙犬盘护取得高王首级，因功娶评王之女为妻，子女繁衍成为瑶族的传说。并载明由于瑶族祖先对评王有功，并被招为评王驸马，所以在他们后代的游耕生活中享有"斩山（指刀耕火种）不税，过渡无钱"，"离田三尺，屏水不上之地，概归瑶人耕山为业，蠲免国税。"并说在迁居过程中"途中逢人不作揖，过渡不给钱，见官不下跪，耕山不纳税"的特权。从盘护的祖先传说中派生出了瑶族人民在大民族主义的封建社会里，为了取得游耕的自由而提出的起码要求。而这种不向朝廷官府承担赋税徭役负担的特权，又是瑶族名称的来源。据《隋书》地理志载："长沙郡杂有夷蜒，名曰莫瑶，自云其先祖有功，常免徭役，故以为名。"清人檀萃《说蛮》云："当日以有功，免其徭，曰莫瑶，后讹为瑶。"就说明瑶族的汉称，是从他们的始祖盘护传说出发，演变到享有不纳税，免徭役的权利而获得的族称。

在崇信盘护始祖的基础上，盘瑶山民形成了一系列供奉盘王，隔一定时间要还盘王愿、过盘王节，进行宗教活动时要唱《盘王歌》、《盘古书》等经卷的一系列有关槃瓠文化的内容。在《盘古书》、《盘王歌》中除了叙述盘皇置天地、造人类，以及经过发洪水，剩下兄妹二人结成婚姻，生六男六女，繁衍十二姓瑶人又经过寅卯二年的大旱，迁到千家峒后，又被迫出逃，流落各地的情景。由于传说中的槃瓠是一条"龙犬"，所以盘护所生六男六女被评王各赐一姓，而拥有十二个姓的传说。这十二个与槃瓠传说有着紧密关系的姓，即盘、沈、包、黄、李、邓、周、赵、胡、唐、雷、冯等①，其中除了个别的姓以外，直到现在还是盘瑶中存在着的大姓。这六男六女共十二个姓的发展，按照"六男六女自相婚配"的说法，如果其子女都跟随父姓，照理应当只有男方的六个姓遗留，但为什么"盘瑶十二姓"却完整的流传下来呢？这可以从瑶族现存的婚姻家庭习俗中找到答案。原来在瑶族的婚姻习俗中，至今还盛行男子到女方家上门，生下子女后或大部分随母姓，部分从父姓；或者一半子女用母姓，一半子女用父姓的习惯。这种子女后代姓氏双轨制的习惯，不仅能够解释槃瓠"六男六女自相婚配"后，为什么十二姓能依然保存下来的原因，而且也是与槃瓠传说有密切关系的婚姻习俗。

正如前面传说所述，在日常生活中，为了纪念始祖盘护而普遍存在着上有包头，下有包脚帕的服饰装束。而且有的地区盘瑶妇女所穿着的上衣后摆较长，男青年包头帕两端耸起，据说也和始祖槃瓠有关，它们是狗尾和狗耳的象征。在一些少年儿童中，甚至还有戴狗头帽的习俗。瑶族传说的长鼓，以木制长筒形鼓身，两端蒙皮制成。长约一米，两端稍粗，鼓面直径约10余公分，中腰瘦细，可以手持。在舞蹈时，或者以红布带系鼓，从左肩斜挂于胸前。右手五指拍击右端鼓面，发出"嘭"声；左手持竹棍敲打左端鼓面，发出"啪"音。连续拍击，就形成"嘭嘭啪啪"的有节奏音乐。双人对跳时，有射箭、斗鸡、虎跳龙门等高难度动作。盘瑶人跃动起舞，以此悼念盘皇（盘护）。有的地区长鼓还有公鼓（较长、较大）与母鼓之分，使用前先用黄泥水涂抹鼓面，待干燥后，鼓面绷紧，声音更加宏亮，故又有黄泥鼓之名。这是盘瑶中与槃瓠传说紧密关联的最主要的一种乐器。

---

① 由于《过山榜》传抄中的笔误或改写，所以有的十二姓中不包括冯或唐、黄等姓，却增加了蒋、张、郑等姓。但其余的八九个姓，基本上都是一样的。

从以上叙述可以看出，在盘瑶中从始祖传说（龙犬盘护）、民族名称来源（莫瑶名称来源）、祖先崇拜（盘皇）、宗教活动（还盘王愿）、节日（过盘王节）；经典（念《盘王歌》，诵《盘古书》）、民间文献（《过山榜》、《评王券牒》）、姓氏（盘王十二姓）；服饰特点（女服后形似狗尾，男头巾形似狗耳）、饮食禁忌（禁食狗肉，新稻谷先喂狗）、文化艺术（乐器长鼓的起源）等各方面都渗透了槃瓠的信仰，形成了一整套具有自己特点的槃瓠文化，在盘瑶的日常生活中起着十分重要的作用。

三

在布努瑶中，则流传着另外一种关于人类形成与民族起源的传说。按照他们的说法，是万物之母密洛陀创造了天地。在布努瑶语中，"密"为母亲，"洛陀"是神的意思。"密洛陀"也就是"母神"之意。密洛陀造成天地后，又叫树神"布桃"与花神"山拉把"找来树木花草与五谷的种子，在各地播种生长；又用糯米饭制成牛、马、驴、羊、猪、鸡、狗等家禽家畜以及野兽、游鱼、鸟类等等。最后，密洛陀用蜂蜡捏成人的模样，放在四只箱内，经过270个日夜，都变成了活的男女婴孩。第一只箱子的十对孩子，叫做"布卿"，就是后来的汉族。第二只箱子的为九男九女，叫做"布羌"，就是后来的壮族。第三只箱子有八对男女，叫做"布苗"，就是现在的苗族。第四只箱子为五男五女，眉清目秀，精灵可爱，叫做"布努"，就是现在的瑶族。① 孩子

---

① 关于密洛陀的传说，在某些方面有着不同的说法。如有的说密洛陀用蜂蛹造人，在箱内经九个月才变成人。有的说先用花粉和糯米饭造人，但在缸内经八十一天后，却变成了酒。后来用蜂蜡制人头、人身，以树枝为人腿，菜梗为人手，放入缸内，才育成人类等等。

们长大成人后，密洛陀命他们各自寻找出路谋生。第二天天还未亮，讲汉语的布卿先起床，就拿着农具到平原耕作，成为汉族。讲壮语的布羌看见布卿起来后，也跟着起床，但已没有农具，就背了书包上学，成了开口就能唱歌的壮族。到天刚亮的时候，讲苗话的布苗也起了床，因他们的水性好，就上山砍树编成木排在江河上流放，这就是如今的苗族。而讲瑶话的布努，因为年龄小，所以直到太阳出山才起床。一看汉、壮、苗哥姐都已远走，就着急的哭了起来。母神密洛陀告诉他们，山上树多可盖屋，土肥可以开荒种小米，有野兽可以打来做菜，坡上有苎麻可以织布，只要大家努力，就不愁吃穿。就这样，布努人世世代代住在深山，种地、织布、狩猎，成为勤劳勇敢、吃苦耐劳的瑶族。后来当布努瑶人遇到野兽前来危害种下的庄稼时，母神密洛陀就送给他们一面铜鼓，教他们敲打铜鼓驱走野兽。

后来密洛陀因积劳衰老而去世。在死前她告诉孩子们说，5月29日是她的生日。每逢这一天，大家都要为她祝寿，这样她就永在人间。布努瑶人因家庭贫穷拿不出礼物为母亲祝寿，密洛陀又特别嘱咐：每年酿点小米酒给兄弟们尝新，提前三天，抬着铜鼓去闹场，就显出你们的诚心了。

由于布努瑶人崇信始祖神密洛陀的遗言，所以每逢5月29日的前三天开始，就要隆重地欢度达努节。相传每逢5月29日这一天，密洛陀关怀子孙，要下凡来巡视布努瑶的各家。因此瑶人们都备有甜酒，敲打公、母铜鼓，跳起活泼的兴郎铁玖舞（为欢度达努节而跳舞纪念之意），用欢快幸福的歌舞告慰关心自己的母神。据长篇叙事诗歌《密洛陀》的叙述：密洛陀给自己培育的布努瑶人赐予兰、罗、韦、蒙四姓，至今还是布努瑶人的主要姓氏。这四个姓氏的瑶族除了供奉共同的始祖神密洛陀以外，还有本姓祖先与密洛陀关系的传说。如广西都安瑶族自治县的兰姓说，祖先兰阿勇是密洛陀的大孙子，传有腾云驾雾的法术，并又告诉他不能杀母猪和吃母猪肉。不过后来兰阿勇不慎违反了这个禁律，就被始祖神收回了法术，在与官兵的打斗中不能取胜，因而被害。而蒙姓说其始祖蒙公是密洛陀的次孙，曾学得赶山的法术。有一次他从贵州赶几座山去广东海边，路经都安时，移动中的山不慎压死了许多人与庄稼，因此亦被密洛陀收回法术。蒙公变成凡夫俗人，所赶的山也被留在了都安境内等等。布努瑶各姓的祖先都护佑本姓的子孙，只有密洛陀才是各姓布努瑶人的共同祖先。因此逢到两个姓氏之间有争执时，就都要向密洛陀赌咒，以求得这位共同的母神的判决。

布努瑶人不仅将村头屋边的大块山石作为密洛陀的象征进行祭祀，而且将山、水、树、火、石、草的精灵都认为是密洛陀委派的神祇。因此人们上山狩猎前，猎人们要聚集在村中大石头前供饭烧香，祈求密洛陀护佑出猎的顺利。供品中不能包括肉类，以此向密洛陀表示她的子孙已没有肉吃。致祭后，主持人还要用猎枪挑起一块小孩尿布，盖于羊血染红的石头上。直到狩猎结束后，才将尿布取下归还主人，并分给一份猎获的兽肉。据说这与古代时候，密洛陀曾教他们以童尿浇在涂有羊血的石头上，以此石击虎，虎嗅到人尿与羊血味后就狠咬石头，以致虎牙崩断，才被人们捉获的传说有关。因此祭祀时用此方法，以求得密洛陀的保佑。此外，人们逢上山伐树砍柴时，要先向"愣发造"（山神）磕头。下河捕鱼捞虾时，要先向"愣昂"（水神）致祭。小孩体弱多病时要寄拜给桐树做子女，以求得少儿如桐树那样快长快大。在家庭中要安放密洛陀派来的火神"昌郎也"的神位，过节祭祖时要请火神到祭桌用餐。禁止面对火解大、小便；也不许孕妇跨过火之上；甚至不能对火吐痰。违犯的便会遭到肿烂，流产等等的报应。

在日常生活中，信仰密洛陀的布努瑶人有禁杀母猪，忌食母猪肉的习俗。据说其原因是在一次求雨活动当中，密洛陀曾派火神"昌郎也"到天上传旨,要雷公降雨。但雷公不肯,就发生了争斗,昌郎也不幸失败。此时密洛陀又派一头生有十二头小猪的母猪前往助战,终于打败雷公,得以降雨。密洛陀因此就规定除了在祭祀她的时候以外,布努瑶人不得再宰杀母猪和吃母猪肉。这样就形成了布努瑶人在食物方面的生活习俗。在婚丧生育方面,布努瑶人说亲时,男方歌手"布商"就要与女方歌手"耶把"共同对歌,歌颂密洛陀的功德,猜问密洛陀创造天地万物的情景。到娶亲时,双方唱的娶亲词中,又有嘱咐新婚夫妇必须遵照密洛陀教导的尊老爱幼、团结互助、勤俭节约等礼仪,以搞好共同生活为内容。倘若婚后多年不育,又要向密洛陀举行求子的仪式,由女性巫师带领,在村寨后方山腰上搭一祭台,摆上每串三个,共十二串的糯米粽粑,以及十二个染成红色的鸡蛋、一公一母两只煮熟的鸡,由巫师手撒玉米,向密洛陀进行祈祷。仪式完毕返家时,要向路上遇见的小孩赠送鸡蛋和粽粑,以求得自己也能多子多女。如果有不落夫家的妻子怀孕将要生育时,丈夫要带妻子到野外山洞生活,并举行仪式希求密洛陀护佑子女平安降生。待出生四个月后,家中的长者要将儿媳与孙子女一起从野外接回家里,宣告从此以后儿媳妇要长居夫家,开始新的生活。并再次感谢密洛陀的保佑,祈求家庭生活幸福,人财两旺。在遇到村中有人死亡时,布努瑶人认为是密洛陀将其收回上天,所以要请歌手唱一两天至三天两夜的丧歌,歌颂密洛陀功绩和嘱咐后人遵从密洛陀的教导送死者阴魂升天。布努瑶人认为人死后除了有一魂升天外,还有一魂留在人间,密洛陀将使其变成人魂。而如果此人生前干过坏事,犯有罪恶,则其留在人间的魂将变成禽兽魂。因此,在送葬后的第十二天,要在家中摆一木桌,供熟猪头两个、生猪肉三斤(分成三块),点九根香祷告密洛陀,请求母神在桌前撒有约一平方米的火灰或细米糠上显圣。次日清晨验看,如果有人的脚印,就说明死者的魂变成了人魂;如有禽兽的足印，则表明死者之魂已变为禽兽之魂。这就需要死者家属连续七年向密洛陀求拜，以便为死者解脱罪行，得到密洛陀宽恕，再转变为人魂。

在崇信始祖密洛陀的布努瑶人的文化艺术中，如前所述，敲打的铜鼓是密洛陀所赐，还有公、母之分，公铜鼓音质小而尖，母铜鼓则声大而钝。除公、母铜鼓外，还有皮鼓与铜锣相配合，边打边舞，粗犷快捷，形成了独特的音乐节奏。在达努节上，纪念密洛陀跳的舞蹈有猴鼓舞、猎兽舞、开山舞、采茶舞、南瓜舞、牛角舞、丰收舞、芦笙舞等段落，反映瑶民生产生活，动作性很强，也是节日时的一种民族民间文娱体育。

在信仰始祖密洛陀的布努瑶人中，就这样从民间传说（始祖神密洛陀创造了世界万物及汉、壮、苗、瑶族祖先）、叙事诗歌（《密洛陀》）、节日活动（过"达努节"，跳"兴郎铁玖舞"）、主要姓氏（兰、罗、韦、蒙四姓）、神祇崇拜、砍柴、捕鱼都要祭祀密洛陀委派的神祇（山神愣发造、水神愣昴、火神昌郎也等等）的生活习俗、饮食禁忌（禁食母猪肉）、婚丧生育的生活习惯（说亲时要歌颂密洛陀，结婚时要进行密洛陀关于搞好家庭生活的教导；求子、出生、亡故之时，也都要祈求密洛陀护佑），以及文娱乐器（铜鼓为密洛陀所赐）等方面，都体现了密洛陀的信仰，形成一套反映布努瑶人传统观念的密洛陀文化。这是瑶族山区文化中带有自己特点的一种传统文化，从一个方面反映出布努瑶人在文化方面的特点。

四

由于南方各民族之间长期以来关系十分密切，有些民族出于同源，有些民族之间有着十分密切的相互影响，所以反映在他们的原始信仰与在此基础上发展起来的传统文化，也有着相同或相似的地方。在几个民族中形成了一种既是共同的，又是带有各自民族特色的传统文化。十分显著的槃瓠文化，就是这样的一种传统文化。

从南方民族地区实地调查可以知道，槃瓠文化不仅存在于盘瑶之中，而且还存在于畲族及一部分苗族之中。居住在福建、浙江、广东潮州等地的畲族，也有关于始祖龙犬盘护的传说，有的将"盘护"称作"龙麒"。这是因为嫌"龙犬"之名不雅，而改称"龙麒"（龙的麒麟）的结果。在特有的民间文献方面，畲族也有叙述盘护传说的《祖图》，但它不同于以文字书写为主的瑶族《过山榜》，而是以手绘彩色连环画形式，描述盘护（龙麒）传说，通过图画形象讲述始祖盘护的故事为自己的特色。

在瑶族中，传说盘护生有六男六女，自相婚配，成为瑶族的先人；而在畲族中却传说盘护只生下三男一女，三个儿子分别得盘、兰、雷三姓，而女儿却招赘钟姓为婿，这样就形成了畲民有盘、兰、雷、钟四大姓的格局。① 这与传统的盘瑶十二姓，有着不同的特色。在畲族各姓的姓氏族谱和各姓宗祠内也记载了槃瓠的传说，并供奉槃瓠的祖图。有的畲族中还保存着雕有龙头像的祖杖，又称龙头拐杖，作为始祖的象征。在浙江丽水等地畲族中，用竹编箱笼两只，装有祭祀始祖的香炉、祖簿、笏板、铃钟、神鞭及祖图等，成为可以由人肩挑担走的流动祖祠，称作祖担。在畲族民间还有槃瓠王墓在广东省潮州府凤凰山的说法，成为他们向往的埋葬始祖的圣地。

由于始祖是龙犬盘护的传说，所以畲族人也禁食狗肉。福建一些地区畲族姑娘的盛装，在头饰上是将自己的长发与红色毛线

---

① 据畲族民间传说，在迁徙过程中，因盘姓一支人乘坐的船只漂泊去别的地方，所以畲族中现在主要只剩下兰、雷、钟三姓。他们又招吴、李等姓为赘婿，所以又有少数人姓吴、李等姓。

缠在一起，结成螺旋状，盘于头顶，称凤凰装。据说这是盘护与公主结婚时，由高辛帝赐给公主的凤冠和凤衣，延续演变而成现在的盛装。在畲族家庭中，如果父亲曾经做过"醮名"（祭祖）仪式的话，那么他的儿子中也要有一两个人在成年时举行"醮名"仪式，通过这个仪式的人，普遍受到族人的尊敬。在做"醮名"仪式时，也要悬挂祖图，将始祖盘护置于十分尊崇的地位。整个仪式的程序有村景、拜茶、变身、开桃源洞、过九重山、渡水等64个主要内容。法师手持灵刀、龙角，高歌舞蹈，通过形象的动作，复述了祖先槃瓠的故事。在民间传唱的《高皇歌》中，主要也是描述龙麒（即槃瓠）如何帮助高辛皇取得番王首级，得以与皇女结婚的传说。

　　由此可见，在畲族社会的各个方面，也存在着带有自己民族特色的槃瓠文化。将它们与存于瑶族中的槃瓠文化相比较，可以看出在相同的始祖传说基础上所形成的传统文化，这种出于同源的传统文化在不同民族中既有共同的一面，又有其在各民族中所具有的不同民族特色。这为我们了解传统文化的丰富多彩，以及同一传统文化在不同民族中的发展和变异，对认识民族之间的历史关系等，提供了十分重要的资料。

　　在苗族中，各地苗族的语言、服饰、风俗习惯等有着相当大的差异。关于苗族与槃瓠蛮的关系，在学术界中还存在着一些不同的看法，但是从目前已了解的情况看，如湘西麻阳县至今还保存着槃瓠庙21座，其中供有"槃瓠大王神位"。有的在庙正门横梁上还刻有龙头狗身的槃瓠浮雕，反映了当地苗族与槃瓠信仰的关系。早在20世纪50年代，中国语言工作者在黔东南台江地区记录的关于吃鼓藏的起源传说中，其中也叙述了槃瓠的故事。说明黔东南苗族中可能也有槃瓠传说的影响。由于篇幅的限制，本文就不一一详细论述了。

　　布努瑶人的密洛陀信仰，在附近的壮族中也有相类似的传说，壮族地区流传的布洛陀传说与长篇史诗，也是叙述这位人类始祖如何创制人类的等等事迹。布洛陀在过去也有人将它译成同音的"陆驮公公"，这是一个按汉族习惯的汉化翻译，不如直接将壮语记音作"布洛陀"为好。"布"在壮语中有"人"的意思，"洛陀"当是人名，意即名叫洛陀的人。但也有人认为，壮语中有些与它发音相近的词，其意义为"山里的头人"，"无事不知晓的老人"和"鸟的首领"（可能是指鸟图腾氏族对头人的称呼）等等。它与布努瑶人的密洛陀传说的不同之处是，壮族中的布洛陀是一位男性的人类始祖。据长达万行的布洛陀史诗的叙述，布洛陀与雷王、龙王是从同一个大石蛋中出来的三兄弟，雷王主管上界，龙王主管下界，而布洛陀则管理中界。他与鲜花变成的女神姆洛甲一起，利用姆洛甲口吐的黄泥浆，捏成了一个个泥人。经过两个九十天，泥人终于变成了真人。他们抢吃姆洛甲腌制的酸菜，"抢到杨桃片的变成女，抢到红辣椒的变成男"。但在这些初创出来的"人"中，又有勤懒、奸笨、强弱之分。因此布洛陀又将勤的作为人，懒的变成兽，笨的化为虫，奸的转为禽，让他们四散各地，自找活路。接着布洛陀又造了日、月、星辰、火和谷米，以及耕牛等等。为人类安排了生活。由于人类繁衍，彼此无名无姓，难以分辨。布洛陀又命卜黄给大家取姓。据说此时正逢卜黄患病，于是将送李果前来问候的命其姓"李"，将送黄牛前来慰问的，命其姓"莫"（壮语叫黄牛为莫），将送鸟来的，命其姓"陆"（壮语叫鸟为陆）等等。其中有一个人只带篮子，而未送任何礼物，卜黄也命其姓"兰"。另有一人正在厨房做饭，未得到姓氏，敲着砧板质问，卜黄就以此命其姓覃（壮语中覃与砧同音）。还有一人匆匆迟到，他平日就很不正经，这次又姗姗来迟，卜黄见了十分气恼，便给了他一个丑姓，叫"伟"（壮语指男子性器之意），此人不好意思，表示愿意改邪归正，又经旁人请求，卜黄便把他的姓改为"韦"（壮语发音读"味",没有什么贬义),从此才有了各种姓氏。

壮族群众在布洛陀传说的基础上,用一种在汉字基础上构造成的旧壮文——土俗字,写有记录布洛陀传说的宗教经典,在进行宗教活动时都要念诵或吟唱。遇民间节日喜庆之际,歌手也必须歌唱布洛陀的事迹。青年男女在恋爱过程中,有的也要以是否会唱布洛陀作为考察对方才华的标准。由布洛陀派卜黄为人类安设的一些姓氏至今仍在壮族地区广泛使用。

壮族中的布洛陀传说与布努瑶人之间的密洛陀传说是否出于同源,或者只是偶然的同名,或者曾经存在过一些互相间的影响等问题,还值得进一步得探讨。从创造人类,给予姓氏等方面看,它们之间有某些相似之处。而布洛陀传说中的女神姆六甲与密洛陀的发音也比较接近,因此,密洛陀文化与布洛陀文化之间的关系还可以再进行深入的研究。

五

从槃瓠文化与密洛陀文化的论述中可以看出,一个民族的传统有着不同的层次,而以民族起源传说和原始信仰为基础形成的传统文化,往往是这个民族社会生活各方面中比较基本的内容。有些即使是后来才产生的事物,但在传统文化的强大影响下,也往往会不自觉地与传统的信仰联系起来,给予解释或说明。而且在传统文化的研究中,往往可以追溯到他们的早期传说和原始信仰。在系列的传统文化中,早期的始祖崇拜往往是探讨传统文化的一把钥匙,因此说对于各民族起源传说和原始信仰的研究,就不仅仅有着民间文学和宗教学上的意义,而且在文化学、民族学、民俗学和民族历史学等各个方面,也有着十分重大的意义。

载日本圣德学园岐阜教育大学《中国语学科论文集》,1966年。

瑶族名称浅释

瑶族是我国历史悠久的民族，分布在南方的广西、湖南、广东、云南、贵州、江西六个省（区）的130多个县内，人口有140多万①。此外，越南、老挝、泰国、缅甸、美国、加拿大、法国等东南亚及欧美地区，也居住着30多万瑶族②。瑶族名称的形成与演变历史，是民族史学界关心的问题，很有研究探讨价值。笔者对此进行粗略分析，提出一些不成熟的意见。

一、蛮是瑶族先称

瑶族名称，不少民族史学者曾作过研究，对于瑶族之先称源流，形成了四种不同看法：第一，认为瑶族先称，源于蛮中之"尤人"。第二，认为瑶族先称始于《山海经·大荒东经》"帝舜生戏、戏生摇民"，"帝俊妻娥皇，生三身之国，姚姓"和《越绝书》"摇城者，吴王子居焉，后越摇王居之"，以及《汉书·地理志》"后十世，至闽君摇，掩蔽诸侯，平秦、汉兴，复立摇为越王"的记载，所说的"摇"与"姚"即瑶族先称。第三，认为闵叙《粤述》"南方有僬侥人，长三尺，短之极，从人尧声"与《风俗通》"蛮类有八，一曰侥蛮；戎类有六，一曰侥戎"所载之"僬侥"、"侥蛮"、"侥戎"即瑶族先称。第四，认为《天下郡国利病书》"莫徭者，自荆南五溪而来，居岭海间，

---

① 1982年全国人口普查统计。
② 1985年7月美国瑶族协会顾问兼外交负责人李进清先生介绍。

号曰氓。"莫徭是瑶族先民从蛮族分化后，形成一个单一民族的始称，瑶族自称"棉"与"氓"音近，"氓"即瑶自称。形成这些看法，各具其理，有进一步探讨之必要。

笔者认为瑶族先人之名称源于蛮族，由蛮称谓演化而来。《风俗通义》云："蛮氏本荆蛮之后，姓盘。"《古今图书集成》称"古徭人多姓盘"。《宋史·蛮夷传》载："蛮居其中，不事赋役，谓之徭。"田汝成《炎徼纪闻》亦云："瑶人古八变是之种也。"至于"莫徭"的称谓，最早见于唐初姚思廉的《梁书·张缵传》："零陵、衡阳等郡有莫徭蛮者，依山险为居，历政不宾服。"长孙无忌等在《隋书·地理志》亦云："长沙郡又杂夷蜒，名曰'莫徭。'"这些记载把'蛮'与瑶联系起来，莫徭名称出现后，仍然称为"莫徭蛮"，特别是莫与蛮同是汉语音转之故，由此可知蛮与莫徭的渊源关系。从瑶族自称来说，自称"棉"的盘瑶和自称"门"的山子瑶，以及居住越南称为"僈"的瑶族，其"棉"、"门"、"僈"皆为古汉语"蛮"之音转，与古代记载中"氓"称音近，可知瑶族先民是属"蛮"的系统，瑶族先人名称由"蛮"演化而来。

随着社会的发展，蛮的瑶簇先称逐渐演化。《梁书》中，"莫徭"的名称的出现，意味着一支新的人们群体逐步从蛮的部族中分化出来，以瑶之称谓在社会上活动。这部分初民的出现，标志着瑶之名称确立。

二、莫徭名称出现

至于蛮至莫徭的演变过程，经历了漫长岁月。自从莫徭称谓出现之后，南北朝至隋唐时期一直沿承此称。此时，莫徭的活动以洞庭湖为中心，遍布湘江、资江流域，少部分进居湘南粤北一带。《隋书·地理志》载："长沙郡（今湖南长沙、湘潭、湘乡浏阳一带）又杂有夷蜒，名曰莫徭"，"武陵（今湖南常德、桃源、汉寿一带）、巴陵（今湖南岳阳、华容、临湘、平江、湘阴一带）、零陵（今湖南零陵、祁阳、祁东、东安、宁远、新田、道县，广西灌阳、全州一带）、桂阳（今湖南桂阳、郴县、永兴、宜章、蓝山、喜禾一带）、澧阳（今湖南澧县、石门、巡乡、临澧一带）、衡山（今湖南衡山、衡阳、常宁、悠县、茶陵一带）、熙平（今广东连南、连山、阳山、乐昌、韶关一带）皆同焉。"莫徭名称出现，经过南北朝至隋唐四百多年的发展，表明瑶族已经形成，成为单一民族活动于社会之中。

三、瑶族名称演变

随着社会的发展，瑶族政治地位、经济、文化生活的不断变化，瑶族名称也相继出现了越来越多的称谓。这些称谓的形成过程，无疑是瑶族社会发展特点的反映。

唐末宋初，居住在洞庭湖一带的瑶簇，向南、西南方面迁徙。途沿衡山、郴州、桂阳、零陵路线南移，与先徙入岭南诸山之瑶民汇合，称为"蛮徭"或"徭人"。《宋史·蛮夷传》云："庆历三年（公元1043年）桂阳蛮族内寇，诏发兵捕击之。蛮徭者居山谷间，其山自衡州常宁县，属于桂阳、郴连、贺、韶四州，环纡千余里。"庆历六年（公元1046年）该处蛮徭又遭宋兵捕杀，部分只得向湘西南沿资水溯源而上，与梅山蛮相会，仍称莫徭。《宋史·蔡奕传》云："潭、邵间有上下梅山，其地千里。马氏以来，徭人居之，号曰'莫徭'"。唐宋时期，除莫徭、蛮徭名称，还间有"獠"、"山徭"、"山越"、"夷蜒"等名称。由于瑶簇不断南徙，与各民族的接触日渐频繁，随着活动范围的扩大，逐步形成了"南岭无山不有瑶"的分布局面。

元代，由于湘赣一带瑶族大量南移，两广逐渐成为主要活动地区。《古今图书集成·职方典》卷三九三载:"广东十郡,惟雷琼距海,余皆多山,猺、獞、狪、獠皆丛焉。"《梧州旧志》称:"猺人聚落于该府者属五县,亦一百六十余处之多。"《广东通志》卷三三〇转引《皇清职贡图》载:"猺本盘瓠之种,由楚省蔓延粤之新宁、增城、曲江、乐昌、乳源、东安、连州等七州县。"进入元代,带歧视之"猺"字大量出现,间有"獠"称,莫徭名称史载极少,这与元朝实行的民族等级政策有关。

明代,瑶族活动中心已由湖南移至两广地区。两广腹地之瑶簇日趋强盛,由于封建王朝的压迫,瑶族在粤、桂、湘、赣的反抗斗争烈火熊熊燃烧。封建史志记载之"猺乱"不乏出现,如"成化初年韩雍破大藤峡猺";正德年间(1506—1520)王守仁平赣桂"猺乱"和蔡经围攻"桂猺";万历初年凌云翼的讨平罗定"叛猺"以及湘之郴州、桂阳,粤这连州、阳山等处"猺乱"。明代,瑶族人民反抗封建王朝统治斗争,此伏彼起,从未间断。因此,在《明史》的记载中,有关"叛猺、猺乱、猺贼、猺党、猺寇"的记载之多为历朝少见。

清代,瑶族称谓仍袭用"猺"字。见于史称为"猺、猺抚、猺人、猺民、山峒猺"等,此外亦间有"輋(畲)瑶"称谓。这些称谓见于《天下郡国利病书》"听招者……抚猺领之"及引《阳山县志》"县境内皆深山大壑,崎岖峣角,曰峒曰峝,各以耕锄名之,猺与民半杂而居"和"潮州府有畲猺"。《文献通考》也说:"省民与瑶人交接往来","又按连州有八排瑶山……设理猺军民同知,驻三江口城,专理猺民事务。"《古今图书集成》引《广东通志》又说:"十一年,肇庆府学增广生疗谦,招摄新兴县山峒猺首梁福寿等来朝,以谦为新兴县典史认抚之。"

民国时期继续使用"猺"、"蛮猺"等带侮辱性称谓。约在19世纪20年代末,广东中山大学的一些进步学者,首先提倡将"瑶"之犬旁改为人旁的㐵字,一些学者也使用双人旁的"徭"

称。民国二十二年（1934），广西省政府民政厅署名厅长雷殷颁发给阳朔、恭城、平乐三县瑶民的布告，用"瑶"字称呼瑶族①这仅是个别现象。中国共产党成立后，主张各民族一律平等，取消了带有侮辱性的民族称谓，如"红军绝对保护傜民"的标语，就改变了过去的"猺"字。中华人民共和国成立后，党和国家贯彻民族平等政策，提高少数民族政地位，将"傜"又改为"瑶"字，统称瑶族。

四、瑶簇称谓特点

瑶族先称从出现伊始，经历了漫长的演变过程，直到中华人民共和国建立前夕，瑶族的称谓，自称和他称，数量之多，为我国民族称谓中所罕见。综观这些称谓，无疑对研究瑶族问题具有相当重要的史料价值。

根据瑶簇社会调查，瑶族自称：棉、优棉、祝登优棉、育棉、建棉、冬本优、土优、谷岗优、炳多优、优蒙、黑优蒙、优珈、优念、优诺、门、金门、史门、甘迪门、秀、秀门、敏、标敏、藻敏、交公敏、鄳民、坳标、布努、布努亚、努努、努好、努茂、布诺、布育、炯耐、唔耐、刚耐、拉珈、半孟、牙板、巴哼、节目、杯冻诺、璐格劳、唔迎、珊介、莽、仲楼等四十九种。这些民族自称的含意，多数解释为人之意，个别亦有释着"我"或"我们人"之意。在这些自称中，"棉"、"门"、"敏"的人数为最多，占瑶族人口65%以上，分布也很广，尤其是"棉"语支系，几乎遍布南方六个省（区）和国外所有的瑶族居住地区。

瑶族之他称比自称更多，据不完全的调查统计，达327种，

---

① 见广西阳朔县龙尾庙纪瑶碑刻。

这种现象不仅在我国各民族中少见，在世界民族的称呼中也是罕见的。瑶不是瑶族自称，而是其他民族的称呼，称谓由来与徭役有关。《宋史·蛮夷列传》记载："蛮徭者……不事赋役，谓之徭人"；《岭外代答》记载："瑶人者，言其执徭役于中国也"；谢启昆《广西通志》记载："徭者，徭也，以其土著编其户口，以供徭役，故曰徭。""莫瑶"称谓出现，历史悠久，不仅见于史载，至今仍在民间流传。如广西兴安县的一些汉族称瑶族为"木瑶"，与"莫瑶"实为音转之意；广西临桂县之五通、碗田一带的汉族，见瑶族则称"惹诺姐"、"梅育"，"梅育"即译为莫瑶之意。瑶族之他称，从莫徭名称始用，到中华人民共和国建国前夕，已演变形成300种他称。这种繁杂的他称，蕴储着丰富的含意，归纳为七个方面：

（一）反映崇拜信仰的称谓

瑶族是崇拜图腾的民族。早在晋代，瑶族就有"用糁杂鱼肉，叩槽而号，以祭槃瓠"的习俗。崇拜盘瓠的瑶族被称为盘瑶、盘王瑶、盘古瑶。崇拜密洛陀女神的瑶族，被称为布努瑶。唐王（唐太宗）在瑶族中享有崇高声旺，被敬为主神，崇仰唐王的瑶族被称为王瑶、唐王瑶。此外，反映自然崇拜的瑶族，被称为山公瑶、猴瑶。这些自然崇拜、图腾崇拜的称谓，说明瑶族经历了原始社会发展的阶段，是一历史悠久的民族。

（二）反映政治生活的称谓

瑶族是历史上被统治、受压迫的民族。历史上封建王朝，为了加强统治，实行"辖地"统管，迫使瑶族从化归附。被征服的瑶族入户编籍，承受赋役的，被称为安宁瑶、四亭瑶、太平瑶、安定瑶、保瑶、抚瑶、听招瑶、卜山瑶、熟瑶、贺瑶、良瑶、本地瑶、人良瑶、主瑶、仕瑶、粮瑶、正瑶、佃丁瑶、白正瑶、五保瑶、自在瑶、斯兰子。被征不服，不服徭役，不受管制约束的瑶族，被称为背招瑶、险瑶、险恶瑶、番瑶、外瑶、生瑶、野瑶、真瑶、伪瑶、蛮瑶。《天下郡国利病书》说:"听招者有想念抚瑶领之"或听招者,调之攻守,纳粮当差,与民为一,谓之良瑶;背招者,势穷则降,稍利则摄;险恶者,赋不可与化。《广东通志》也说:"洪武三十一年(1398年),西山瑶人盘穷肠为暴,官兵捣其巢穴,设立瑶首,统领抚瑶甲总,每岁来朝。"《广东新语》卷七又说,瑶族"以避赋役,潜窜其中,习与姓成,逐为真瑶"。这些称谓,见于史籍记载不乏其书,反映了瑶族长期受压迫受歧视的政治地位。

(三)反映经济生活的称谓

瑶族栖息区域,多为贫瘠山区,耕作落后,《天下郡国利病书》说:"瑶人刀耕火种,食尽一山,则移一山。"这些居住山区刀耕火种,迁移无常的瑶族,被称为砍山瑶、开山瑶、南木开山瑶、惨(铲)山瑶、高山瑶、輋(畲)瑶、山瑶、岭瑶、土瑶、山子瑶、过岗瑶、落岗瑶、谷昂瑶、护岗瑶、背陇瑶、瑶家、本地、替(流)瑶。反映生产经营特点的被称为木皮瑶、茶山瑶、黄茶山瑶、蓝靛瑶、靛瑶、芹菜瑶、韭菜瑶、铁瑶、石灰瑶。这些瑶族的他称,有种植经济作物而得名,有生产耕作方式而得名,有因耕山迁徙而得名,有因生产林木而得名,反映了瑶族社会经济生活的特点。

(四)反映服饰的称谓

瑶族是一个勤劳智慧的民族,服饰文化丰富多彩。瑶族不少他称是由于服饰装饰的异样而得名。以服饰颜色装束而得名的有红瑶、黄笼瑶、白衣山子、白瑶、白领瑶、白花瑶、花衣瑶、白裤瑶、黑瑶、黑花瑶、青瑶、青衣瑶、青裤瑶、斑衣山子、花脚瑶、花蓝瑶、花裤瑶、窄裤瑶、短裤瑶、三花瑶、长衫瑶、紧裤瑶。以头部装饰而得各的有板瑶、大板瑶、蝶板瑶、衣板瑶、花板瑶、三板瑶、顶板瑶、戴板瑶、箭杆瑶、箭瑶、带箭瑶、尖头瑶、角瑶、独角瑶、尖角瑶、长头瑶、平头瑶、白头瑶、花头瑶、红头瑶、漆头瑶、笠头瑶。以蓄发得名的有长发瑶、背发瑶、背髻瑶、长毛瑶、梳瑶、徐头瑶、盘龙瑶。反映胸饰得名有钱币瑶、饿瑶和花肚瑶。这些他称反映了瑶族悠久灿烂的艺术文化。

(五) 反映居住地域的称谓

瑶族是迁徙频繁的民族。此类的他称较多。因居住地势、方位而被他称的有高山瑶、深山瑶、浅山瑶、半山瑶、三山瑶、寨山瑶、岭祖瑶、崀瑶、七百崀瑶、排瑶、八排瑶、九峰瑶、峒瑶、牛安峒瑶、民瑶、四大民瑶、千家洞瑶、伸家洞瑶、棉峒瑶、六洞瑶、长滩瑶、坝子瑶、平川瑶、川江瑶、拉岜瑶、石溪瑶、水瑶、府江瑶、沙瑶、小沙江瑶、四冲瑶、赤水源瑶、青溪瑶、小水源瑶、大荆源瑶、小荆源瑶、兰田源瑶、大源瑶、小源瑶、石源瑶、东源瑶、西源瑶、大东山瑶、东山瑶、西山瑶、东西瑶、东崀瑶、西崀瑶、东边瑶、西边瑶、东六瑶、北山瑶、石坎瑶、龙尾瑶、南一瑶、南二瑶。以居住地区而得名的瑶族有道川瑶、常宁瑶、沅州瑶、邵阳瑶、辰溪瑶、增城瑶、肇庆瑶、靖州瑶、阳春瑶、金秀瑶、月坪瑶、乌石瑶、七都瑶、锦田瑶、雾江瑶、大锡瑶、新村瑶、王冲瑶、雄川瑶、连山瑶、乳石瑶、兰洞瑶、右调瑶、扶灵瑶、罗旁瑶、马江瑶、双平瑶、思平瑶、泸刚瑶、南旬瑶、斜水瑶、大畦瑶、鱼跃瑶、罗曼瑶、麻园瑶、令勾瑶、金段瑶、恩勒瑶、六泥瑶、曲江瑶、六瑶、洞里肖瑶、新州瑶、五排瑶、五岗瑶、廷符瑶、中良瑶、六怒瑶、六定瑶、六直瑶、六隆瑶、更九瑶、把界瑶、古寻瑶、北恒瑶、王排瑶、黄柏瑶、富江瑶、融江瑶、乌水瑶、斜水瑶、寄石瑶、鹏化瑶、伸家瑶、三妹瑶、新田瑶、省地瑶、三宿瑶、恩勒瑶、隘瑶、唐尾底瑶、白竹坪瑶、上崇顺里瑶、理崇顺里瑶、八十二洞瑶、广东瑶和广西瑶。这些他称反映了瑶族是历史上迁徙频繁、易地最多的游耕民族。

（六）反映民族姓氏的称谓

瑶族以姓氏而得名的有十二姓瑶、八姓瑶、七姓瑶、四姓畲瑶、胡家瑶、盘家瑶、赵家瑶、膺瑶、侯瑶。从这些姓氏名称辨识，不难找到原始社会时期由部落演变成民族的遗迹，说明瑶族在发展中经过了氏族社会的发展阶段。

（七）反映被歧视的称谓

在长期历史发展中，瑶族受压迫很深，政治地位最低，被人当牛马看待，反映在歧视称谓中的有侥蛮、南方蛮、梅山蛮、灰山蛮、山子蛮、蓝靛蛮、角蛮、蛮大板、蛮小板、蛮裙装、蛮青衣、蛮高栏、猺蛮、山夷、武峒獠、峒獠、土獠、夷獠、山子獠、猺獠、猺匪、猺贼、猺寇、猺党、猺鬼、猺佬、峒寇、山寇、山狗、山佬、山仔佬、獏瑶、猺古佬、古老猺、畲仔猺、狼鬼、狗猺、狗达猺、狗甲猺、狗头猺、狗蒋猺、狗瓮猺、獠猺以及猺人。这些带有污蔑、歧视性质的称谓，多见于史载，民间亦有歧称，这是反动统治阶级实行民族压迫政策的结果。这些称谓的出现是瑶族血泪史的见证，无论任何时期，瑶族人民是反对的。

瑶簇的名称很多，每一种名称都有一定的含义。这些繁杂的自称和他称，各地瑶族也许同一支系称法也不尽相同。称谓中既有反映崇拜信仰，又有反映民族的服饰文化；既有反映居住地环境，又有反映经济生活特点；既有反映民族的受歧视压迫，又反映民族反抗斗争内容。总的来说，这些称谓蕴含着丰富的社会政治、经济、历史、文化多方面内容，构成了瑶族社会发展的粗略轮廓。

五、瑶族统一名称的形成

瑶族在社会发展中，因频繁的迁徙和长期的游耕生活，与各民族之间的交往增多，相互影响很大，因而民族特征不断改变，与各民族间共性不断增多。这种自然融合结果，使原已具有民族的共同语言、共同地域、共同经济生活以及表现在共同文化上的共同心理素质，出现了不同程度的变化。过去，历代反动统治阶级，又利用这些差别，挑拨民族之间和民族内部的团结，妄图达到分而治之的目的。但是，由于历史上他们遭受被压迫的共同命运，在共同反抗反动统治阶级的斗争中，尽管民族内部相互之间的一些特征出现了变化，但共同命运、共同心理素质这根重要纽带则拉得更紧了，形成了一个团结的、不可分割的共同体。

瑶族是一个历史悠久的民族。在漫长的历史发展过程中，在长期统治阶级的统治下，受压迫最深，生活最苦，社会发展缓慢，与其他民族相比，存在较大差距，甚至民族内部的发展也不平衡。中华人民共和国成立后，在党的民族政策光辉照耀下，瑶族政治地位得到提高，经济文化有了发展，历史上造成的差距逐步消失，昔日贫困落后的面貌逐步改变，瑶族社会的发展，已进入了一个新的历史时期。

附注：本文所列瑶族名称，参见《蓝山县志》、《乳源县志》、《兴安县志》、《封川县志》、《恭城县志》、《永明县志》、《临武县志》、《西延县志》、《马平县志》、《东兴县新志》、《临桂县志》、《防城县志》、《始兴县志》、《江华到志》、《灌阳县志》、《阳山县志》、《修仁县志》、《平乐志》、《永州府志》、《辰州府志》、《永安州志》、《宾州志》、《道州志》、《桂阳州志》、《南雄通志》、《广东通志》、《梧州旧志》、《光绪湖南通志》、《大清一统志》、《峒谿阡志》、《桂海虞衡志》、《嘉庆重修一统志》、《广西分省地志》、《三国志》、《梁书》、《隋书》、《旧唐书》、《宋史》、《明史》、《元史》、《说蛮书》、《皇清职贡图》、《天下郡国利病书》、《方舆纪要》、《万历武功录》、《峒谿行志》、《广东新语》、《南越笔记》、《文献通考》、《岭外代答》、《黔南苗蛮图说》、《管山文熙》、《堂匪总录》、《粤江流域人民史》、《广西瑶山调查》、《西南边疆民族论丛》、《瑶语简志》、《广西瑶族社会历史调查》第一、三、五、六册和云南、贵州、湖南少数民族社会历史调查资料。

略谈瑶族源流的几个问题

一

关于瑶族的源流，有不少同志作过研究，也写了一些文章。1962年广西召开壮族、瑶族历史科学讨论会时，曾提出过瑶族出于"五溪蛮"、出于"山越"以及出于多源诸说[1]。近年来，一些研究瑶族历史的同志，也有单源说与多源说之争，这种争论是由于瑶族存在的复杂情况所引起的，从源流上正确阐明瑶族在语言、服饰等方面的复杂性，这对研究瑶族的社会历史会带来很大的好处。因此，在这方面所作的努力是值得赞许的。

对瑶族源流应当怎么看？我以为瑶族的形成，正如一条长江大河的形成一样，既有它的"源"，也有它的"流"。这种既有主源，又有支流的情况，从语言的反映上，是可以看得比较清楚的。现将瑶族语言的这种复杂情况列表如下：[2]

---

[1] 云峰：《壮族、瑶族史上几个问题的讨论》，载《民族团结》，1962年11月。
[2] 此表材料参考少数民族语言研究所1959年编印的《中国少数民族语言简志》（苗瑶语族部分）编制而成。

语言情况	汉语名称	大致分布地区	占瑶族总人口%
属瑶语支	过山瑶、盘古瑶、大板瑶、小板瑶、土瑶、坳瑶、蓝靛瑶、山子瑶、东山瑶、八排瑶等	广西东部和北部、湖南南部、广东北部、贵州南部、云南南部	47.87%
接近苗语	背篓瑶、背陇瑶、白裤瑶、黑裤瑶、长衫瑶、花蓝瑶、八姓瑶、花衣瑶、山话红瑶等	广西中部和西部、湖南中部、贵州荔波等	34.84%
接近侗语	茶山瑶	广西大瑶山	0.80%
接近汉语	平地瑶、平话红瑶等	广西北部	16.45%

从上表可以看出，讲话属于瑶语支的瑶族，其人口占瑶族总人口的将近一半。这一部分瑶族的源流，也就是我们研究瑶族历史时通常所要解决的族源问题。而其余占总人口一半的瑶族，他们说的话分别接近苗语、侗语或汉语，应当是瑶族在形成过程中的一道道支流，是在一定时期中逐渐融合同化到瑶族中去的。因此分清源和流，不以流作源，对阐明瑶族的历史有很大的意义。强调单源，看不到瑶族中的复杂情况，不注意这一道道支流，那是不对的。同样，把源与流等同并列起来，把他们说成多源，那也是不妥当的。

大江中的每一滴水，不论它来自主源或支流，它们的地位、性质、作用都是一样的。同样，每一部分瑶族，不论其来自源或流，也不应当有高低贵贱之分。从历史上科学地阐明其源流，并不等于宣扬任何民族主义，也并不会分裂一个民族，关于这一点必须讲清楚，事实上也是可以讲清楚的。

二

将近瑶族总人口一半的讲瑶语支语言的瑶族，其内部的语言也存在着一定的差别。其中以过山瑶（即盘古瑶）的人数为最多，约占这一部分瑶族人口的51.24%。语言调查工作者调查认为，他们自称为〔mien↓〕"勉"，所以把他们讲的话叫做"勉"话。有的历史研究工作者及一部分瑶族同志，也以为他们的自称就是"勉"〔mien↓〕①。其实，这是一种误解，很有纠正的必要。

一个民族的自称，往往可以从史书记载中找到他们源流的线索，所以必须把它搞清楚。

据笔者的研究，过山瑶原来的自称应当是"由"〔jiu↓〕，而不是"勉"〔mien↓〕。"勉"〔mien↓〕作为自称的意思是后来派生出来的。其理由如下：

在现在的过山瑶语中，"勉"〔mien↓〕可以有两种解释，即"人"与"瑶族"。其实，它的基本意思，原来的含意，应当是"人"而不是"瑶族"。请看几个由〔mien↓〕组成的复合词就可以知道。如：

mien↓	tɕaŋʎ	男人
mien↓	siəɣ	女人
mien↓	kuʎ ʎ	老人②

----

① 过山瑶语记音根据广西兴安县财喜乡老书村的材料（现属龙胜县江底公社大坪江大队），下同。

② 男人、女人、老人，在过山瑶语中也可以说成：〔mien↓ tɕaŋ↑ mien↓〕、〔mien↓ siə ɣ mien↓〕和〔mien↓ ku↑ mien↓〕。笔者怀疑这种后面加〔mien↓〕（人）的说法，可能是受了汉语语法的影响。

这几个词，只能译成"男人"、"女人"、"老人"，却绝对不能译成"男的瑶族"、"女的瑶族"和"老的瑶族"。因为在指汉族的男人、女人、老人时，也同样用这几个词。由此可见，"勉"〔mien↓〕在这里只作"人"用，而丝毫也没有"瑶族"的意思。

还有，在过去我们询问瑶族老年人时，问他们怎么称呼自己？他们的答复是：

jiə┤ buəʌ tsei↓ jiu↓ mien↓

我们是瑶人。

从这里也可以说明，他们的自称是〔jiu↓〕（由），而不是〔mien↓〕（勉）。〔mien↓〕（勉）在这句话里，只作"人"用，而没有什么自称的意思在内。

再看与过山瑶的语言相近的部分瑶族，如：

"大板瑶"自称〔tom↓ penʌ jiu↓〕（董本由）。

"本地瑶"自称〔ku↓ goŋ7 jiu↓〕（谷岗由）。

"土瑶"自称〔toûʌ jiu↓〕（土由）。

"小板瑶"自称〔dzutʌ tcnʌ jɑu↓ mien↓〕（祝敦由勉）。

都可以看出，他们自称的主要成分都是〔jiu↓〕（由），而不是〔mien↓〕（勉）。的确，上述各部分瑶族，有时也都自称为〔mien↓〕（勉）。那只不过是他们将"人"的意思加以引申，作为自称来用罢了，而绝不是他们原有的自称。

与此同时，我们也还可以看到，过山瑶在称汉族时，既可以叫〔tɕien˥〕（汉族），也可以叫〔tɕien˥ mien↓〕（汉族人），如果把〔mien↓〕看成为瑶族自称，这里把它和〔tɕien˥〕联在一起，岂不是〔tɕien˥ mien↓〕就变成为"汉瑶族"了，这显然是不对的。

由此可见，过山瑶语的自称是〔jiu↓〕（由），而〔mien↓〕（勉）原来只有"人"的意思，到了后来，才变成〔jiu↓ mien

↓〕与〔mien↓〕通用，更到后来，作为自称的〔jiu↓〕（由）才不被注意地脱落，而使人误以为〔mien↓〕（勉）就是自称。因为在事实上，人们很少在日常生活中遇到"你的民族自称是什么？"这一类问题的，因此在〔jiu↓ mien↓〕（瑶人）与〔mien↓〕（人）混用的情况下，渐渐将〔mien↓〕的意义引申为瑶族自称，这种情况是完全可能发生的。

在研究过山瑶的族源时，我们不能不注意到这一点。

三

有的同志也许会说，过山瑶自称〔jiu↓〕，这是汉语"瑶"的音译，是汉族称呼他们的名称。在这一节里，我们就要讨论这个问题。

关于汉称"瑶"的来历，在汉文史籍记载中，早就纠缠不清。有人说"当日以有功免其瑶，曰莫瑶"①。但又有人以为"瑶人者，言其执徭役于中国也。"② 两种说法，互相矛盾，莫衷孰是，尽管"莫瑶"之名见得较早，《隋书·地理志》已有解释，说"长沙郡又杂有夷蜒，名曰莫徭，自云其先祖有功，常免徭役，故以为名"。但后来也没有人用确凿的材料来反驳那种"瑶"的名称起源于"执徭役"的说法。为什么会有这种截然相反的解释呢？

我以为恰当的解释，不如说"瑶"是瑶族自称〔jiu↓〕（由）的音译，比较妥当。"瑶"原作"徭"，"徭"与"繇"通，读作"由"，与过山瑶的自称完全相同。"莫徭"也可能就是〔buey jiu↓〕（我们瑶族）的音译，〔buə┤〕与（莫）都是

---

① 〔清〕檀萃：《说蛮》。
② 〔宋〕周去非：《岭外代答》。

双唇音，一为浊音，一为鼻音，将〔buə ㄐ〕记成〝莫〞完全是有可能的。《梁书·张缵传》的"零陵、衡阳等郡有莫徭蛮者"的"莫徭"之名也许就由此而来。而"不服徭役"或"服徭役"的解释，都是后来望文生义地加上去的。正因为它本来与服不服徭役无关，所以才会出现加上不同解释都可以并存的现象。

过山瑶普遍都有龙犬槃瓠与公主结婚，繁衍后代，成为瑶族先人的传说。在他们的不少村寨中，都藏有叫做《过山榜》（又名《评王券牒》）的汉文文件，其中记述的也就是上述槃瓠（一般讹写作"盘古"）的传说，将过山瑶的民族起源传说及一些服饰、生产、生活情况与《后汉书》中的"长沙武陵蛮"的情况相对照，可以发现，他们的先人应当与秦汉时期的"长沙武陵蛮"有关，关于这一点，现在一般没有很大的不同意见。

事实上，从过山瑶自称研究，我们可以发现，早在春秋时期，于今河南邓县与湖北襄樊之间，就有着"鄾"（音"由"）人的存在，他们在公元前703年曾与巴、楚国作过战，《左传·桓九年》载："巴子使韩服告于楚，请于邓为好，楚子使道朔将巴客以聘于邓，邓南鄙鄾人攻而夺之币……夏，楚使斗廉帅师及巴师围鄾。邓养甥、聃甥帅师求鄾，三逐巴师，不克……邓师大败，鄾人宵溃。"鄾地后来属楚，公元前477年，巴人出兵攻楚，就首先围鄾。"巴人伐楚，围鄾……三月楚公孙宁、吴由于、遂固败巴师于鄾。"（《左传·哀公十八年》）鄾人很可能就是在这种征战中，被迫南迁，沿汉水，渡长江，过洞庭湖来到了长沙、武陵郡地区。

到三国时期，武陵郡地区还有以"由"为名称的人。见《三国志·吴志黄盖传》："武陵蛮夷反乱，攻守城邑，乃以盖领太守……自春讫夏，寇乱尽平，诸幽邃巴、醴、由、诞、邑侯君长，皆改操易节，奉礼请见，郡境遂清。"可见"由人"当时已是"武陵蛮"中的一部分。

由于自称为"由"的过山瑶曾经居住过,所以现在的一些地名还留有这方面的迹象,如江西有上犹水、上犹县,湖南有攸水、攸县等等。湖南攸县,西汉时置,属长沙国,也正是瑶族先人广泛散布在这里的时候,后曾更名为攸水县、攸州,自明代以来,一直仍使用攸县之名,现在这里已没有瑶族存在,但在它的南面郴县、桂东、资兴一带却还有瑶族居住着。在他们的东南面也就是江西的上犹县。

从鄝—由—攸—犹,这样就为我们提示了一条研究过山瑶族源的很好线索。它可以为我们解答瑶族传说的漂洋过海究竟是怎么一回事,也为我们研究瑶族先人与楚国的关系找到了途径,至于他们之间的具体情况如何,笔者将以另文述之。

试论瑶族游耕的发展

　　游耕是人类社会中一种比较独特的生产、生活样式。它以山区居住、从事刀耕火种的旱地农业、数年后因地力耗尽而觅地另垦为特征。由于历史上长期不断地游动耕作，所以在衣食住行、生活习俗、意识形态等方面都有所反映。费孝通教授曾指出："游耕不只是刀耕火种的农业技术，也不只是指几年一迁移的不定居的生活。它是一个从生产力到生产关系、意识形态的综合性的概念。"①

　　对瑶族游耕生活的研究，不仅对于了解瑶族历史的发展、生产与生活上的特点，有一定的意义，而且有助于进一步阐明人类农业社会的发展，可以看到早期农业生产在特定历史条件下，怎样发展成为一种颇具特色的生产、生活样式。而在新中国的条件下，他们又怎样由游耕趋向定居，走上了新的生活道路。

游猎、游牧、游耕的比较

　　在中国少数民族中，过去从事游耕的，不仅仅是瑶族一个民族。从民族学调查中可以知道，还有云南省偏远地区的苗族、拉祜族、独龙族、哈尼族及苦聪人、克木人等等，他们过去也都过着游耕生活。如云南省红河地区的苗族，村寨分散，直到解放前一些人还没有最后定居下来，形成长久固定的居民点。居住屏边

---

① 费孝通：《〈盘村瑶族〉序》，载《读书》，1983年第11期。

县高山的苗族，每村人口不多，流动性较大。① 云南省耿马县一区的拉祜族在解放前奔走不定，生活极端穷苦，有"迁移不定的民族"之称②。20世纪40年代还处于原始社会末期的独龙族，过去村落也不固定，居处常随耕地的变动而迁徙。根据贡山县三个家族的调查，大约在50年前，还没有形成比较巩固的定居状态③。在现代的世界上，也还有许多民族从事着游耕。根据国外的材料，今天东南亚的三分之一耕地，还使用这种方法解决农业上的问题。在菲律宾，有10%人口的粮食还是依靠游耕得到的。由此可见，游耕农业并不仅仅是中国境内几个少数民族的事情。

游耕生活大约开始于新石器时代。在此以前，人类在原始游猎的生活中，曾以游动的狩猎、采集为生。当他们把野生动物驯养成家畜以后，又经历了相当长时期的游牧生活④。"游猎"、"游牧"、"游耕"是三个不同的概念，尽管它们之间有着共同的特点，但是，比较起来却又有很大的差别。对这三者进行比较研究，可以使我们对游耕民族的一些特点有所了解。

居住在我国东北黑龙江省额尔古纳左旗的一部分鄂温克族，过去追随野兽的足迹，赶着驯鹿群，游猎在原始森林之中。我国西北新疆维吾尔自治区的哈萨克族、柯尔克孜族和内蒙古的一部分蒙古族、青藏高原上的一部分藏族等，长期以来经营着一种逐水草而居的游牧生活。⑤ 对这些民族的游猎、游牧生活的研究，为我们与游耕民族进行比较研究提供了很好的材料。

一、游猎、游牧、游耕的共同特点是居住的不固定。这种与生产力水平比较低下相联系着的生产的游动性，是他们生活不固

---

① 参阅《云南苗族瑶族社会历史调查》，云南民族出版社，1982年。
② 参阅《拉祜族社会调查》（一）（二），云南民族出版社，1981年、1982年。
③ 《独龙族社会历史调查》，第15、第26页。
④ 林耀华主编：《原始社会史》，中华书局，1984年。
⑤ 参阅《中国少数民族》，人民出版社，1981年。

定的根本原因。只有在生产经验积累丰富，生产能力提高以后，游猎民和游牧民才会按季节不同，在不同的猎场、牧场上有规律的游动；游耕民才会采取休耕轮作的办法，在若干个山头之间游动耕作。由此可见他们都有着一个从盲目游动到有规律游动的发展阶段。在新中国成立以后，在国家的大力帮助下，他们都已逐渐定居下来。

二、由于长期的游动生产，所以在衣食住行、生活习俗等各方面也都打上了不断迁徙的烙印。从物质文化到精神文化的各方面，都适应于游猎、游牧或游耕生产的需要。以居住为例：鄂温克人的"仙人柱"（用二三十根落叶松杆搭起，外面围以桦树皮或麋鹿皮的简易窝棚），蒙古人的蒙古包（用木棍作架，围以羊毛毡的小圆包），藏族人的牛毛帐篷以及游耕民的以竹片、木板为墙，盖以树皮、竹筒或茅草的住房等，都是与易搭盖，便于经常迁徙有关，游动的生产形成了独特的便于游动的生活样式。

三、游猎、游牧与游耕虽然同属游动生产，但在实际上却有着很大的不同。游猎生产从出猎开始到猎获为止，一般往往在一天或几天之内完成，下一次出猎又随着野兽的出没而另换新的猎场。而畜牧业则从幼畜的出生到长大，繁殖、宰杀往往要一年或几年的时间，在这段时间里，随着水草的丰歉要到处转移，也就是在一个生产过程中要经过多次迁徙。而刀耕火种的农业生产，从播种到收获的过程中，农作物是不能拔动重植的，所以往往是在播种—收获数次，土地贫瘠后，才另觅条件较好的山区搬迁。由此可见，游猎生产往往是数天一迁，游牧生产是一年数迁，而游耕生产则要一年或几年一迁。他们不同的生产活动制约着游动的不同周期。

四、由于狩猎、畜牧与刀耕火种的经济从业不同，所以不但游动的周期不同，而且游动地点的要求也是各不相同的，游猎民以野兽的出没为其转移的目标，游牧民则赶着自己的生产对象

（牲畜）一起迁徙，他们在不同季节对于牧场有不同要求，夏季要求透风、凉爽、避晒、不淤积雨水；冬天则要求避风雪、向阳、温暖、便于人畜饮水等等。而游耕民在迁徙时，总是向水土条件利于农作物生长，兽害较少，林副产品较多的山地转移。因此，他们游动的具体居住环境、生活条件都是不同的。而这一切，对于他们各自的生活习俗都有着深刻的影响。

五、不同从业的人，在生产不同物质资料的基础上，安排自己的衣食住行。游猎者吃兽肉，穿兽皮，住兽皮搭盖的窝棚，并以原始森林中的采集物作为生活必需的补充，也崇拜与狩猎有关的神灵。游牧民则喝牛、马、羊奶，食牲畜的肉，着羊皮衣裤、毡靴，住毛毡或毛布帐篷，使用毛织口袋，甚至在语言里，也包含有特别丰富的关于牲畜与畜牧业的词汇。而游耕民显然依靠农作物的籽粒或林副产品作为衣服、食物、住屋、日用器具等等的最基本的原料来源。正像他们共同的游动的特点一样，他们之间在物质文化上的差异也同样是十分巨大的。

六、游动生活是狩猎、畜牧、农业生产力水平低下的结果，它不仅给人们的生活带来不便，而且如果不是合理发展的话，很容易引起珍贵野兽品种的灭绝、草原的沙化和山区水土的流失，造成生态平衡的破坏和居住环境的恶化。因此到了现代，游猎民就必须向驯养野兽、护林防火等新的行业转化。畜牧业者也必须防治兽害、保护草场、培植牧草、改良牲畜品种等等。而游耕业者，除了改坡地为水田、合理砍伐木材外，还要发展森林种植业，减少水土流失，以避免地区小气候的恶化。在新中国成立后，原来从事游猎、游牧、游耕的民族都逐渐开始趋于定居。在从游动定居的过程中，他们的生活样式在继承自己优良传统的基础上，又有了新的发展。

瑶族游耕的发展

很早以来，瑶族就是一个山区居住的民族。《风俗通义》中就记有他们民族起源传说"槃瓠得女，负而走入南山"，其子女"好入山壑，不乐平旷，帝顺其意，赐以名山广泽"[1]。此后，关于瑶族一直都有"生深山重溪中"[2]，"居山谷间"[3]，"皆栖止山岩"[4] 等等的记载。在长达一千多年的时间里，他们在山区流转迁徙，有的还因此得到了"过山瑶"、"山子瑶"、"茶山瑶"、"东山瑶"等与山区有关的名称。

山区居住的瑶族，长期种山吃山，以山为主，他们的刀耕火种农业发展，大概经过了两个阶段。

最早的原始刀耕火种，采取的是简单的烧山种地的办法。一般都是在冬春时砍倒树木，晒干焚烧后，就在火灰中下种，不再中耕施肥，坐等秋季收获。耕作三四年后，土地贫瘠，不能再种，就任它荒弃，另外开垦新地。这种粗放简陋的耕作，在关于瑶族的历史记载中曾有所记述，如"瑶人居深山中，耕山为业"[5]，瑶人"各自以远近为伍，刀耕火种，食尽一山，则移一山"[6]。瑶人"择土而耕，迁徙无定"，"伐木耕土，土薄则去"，"种山而食，去来无常"，"随山散处，刀耕火种，采实猎毛，食

---

[1] 此《风俗通义》原文已失。《后汉书·南蛮传》转引该文。李贤注指出："此以上并见《风俗通义》也。"可见《后汉书·南蛮传》所述，出于《风俗通义》。
[2] 胡起望、覃光广，《桂海虞衡志辑佚校注》，四川民族出版社，1986年。
[3] 《宋史》卷493，《蛮夷列传》。
[4] [清] 闵叙：《粤述》，第23页。
[5] [清] 林述训：《韶州府志》卷38，同治二年刻片。
[6] [明] 戴璟：《广东通志初稿》卷35，嘉靖十四年刻片。

尽一山则他徙"①等等。

广西大瑶山瑶族的祖先，据说在进入大瑶山初期，曾经使用过砍尖削利的坚木、竹棒、牛角作为开辟荒地的工具②，但到近代，基本上都已使用铁制工具了。从这种情况也可以想象到瑶族的先人在最早的原始刀耕火种的时候，使用的大概也都是木、竹、石器工具。正如几十年前云南西北角的独龙族一样，主要生产工具除了一把一尺多长的砍刀以外，就是一根一端削尖的木棒。砍树烧荒后，就用这挖掘棒挖洞点种，用脚踩平掩盖后，任作物自然生长，等待收获。他们在一块地上同时播几种作物，有时甚至达九种之多，长什么、收什么，长多少、收多少，这大概就是最早的刀耕火种的状况。有的学者称其为"原始生荒耕作制"。

与这种原始的刀耕火种生产相适应的迁徙无定的生活，游耕民通过亲友传来的信息或自己在狩猎、采集中踏勘来的情况，在火种地贫瘠的时候，就向另一个不知晓的新山区搬移，在那里重建新居，砍荒种植。

随着铁器较多的输入，外界汉族先进耕作技术的影响和瑶族人民自己生产经验的积累，原始的刀耕火种就进步到了与现代相似的较为先进的刀耕火种农业上来。它表现为在刀砍火焚地上进行锄耕或犁耕翻地，播种后要经过两次或三次中耕除草，使作物有了较好的生长环境与条件，能够得到较多的收成。不仅如此，如地力耗尽，觅地另垦以后，过若干年待地力恢复，就又返回原地重新开垦，这又叫做"熟荒耕作制"或"休耕轮作制"。

与这种比较进步的休耕轮作的刀耕火种农业相适应，人们的游动生活已逐渐变得有规律。他们或者定居一地，而在轮作的坡

---

① ［清］谢启昆：《广西通志》卷278，分别引自县志、县册及金志。
② 《广西瑶族社会历史调查》（第一册），广西民族出版社，1983年。

地边上搭盖临时敞篷，供播种、收获时临时居住；或者每隔数年在若干个山头间轮流迁住，去而复来，循环搬动。

但是，社会历史的发展总是十分复杂的。在古代瑶族人民从事着刀耕火种农业的时候，他们的周围已存在封建王朝的统治和封建的土地私有制度。官家的压迫与地主的欺凌，使得即使还在深山居住的瑶族人，也不得不受到影响。他们为了逃避和摆脱官家和地主的压迫剥削，在游耕过程中，不得不逐渐地向更深的山林，或者统治势力薄弱的边远山区转移。刀耕火种生产发展的要求，加上具体的社会历史环境的条件，形成了近代瑶族所从事的颇具特色的生产、生活样式。与此同时，也必须指出的是，并不是所有的瑶族都从事游耕，也有的已经定居，并以种植水田为主，例如一些称作"平地瑶"的就是这样。

近代瑶族的游耕

由于长期封建统治压迫和瑶族人民不断流动的结果，直到20世纪40年代末，还有相当大的一部分地区的瑶族还没有或很少拥有土地。如云南河口县的瑶山梁子乡，全乡94.89%的土地都为汉、壮族地主所有，而全乡瑶族拥有的土地一共才占瑶山土地的1%。[1] 金平县瑶族地区的土地则全部为猛剌刀姓土司所占有。在屏边县，瑶族迁入已有一百年的历史，但本民族地主只有4户，占瑶山耕地的9.5%，其余90.5%的土地都为外姓地主所占有[2]。当然，由于瑶族居住分散，在各地居住的历史有长有短，生产发展水平高低不同等等原因，所以土地占有情况也并不是完全相同的。有的地区，瑶族土地的村社所有制，也还占有一

---

[1] 引自《瑶族简史》，广西民族出版社，1983年。
[2] 《云南苗族瑶族社会历史调查》，云南民族出版社，1982年。

定的比重。土地占有情况的不同，影响着瑶族人民改进生产技术，提高再生产的能力，所以他们各地刀耕火种的游耕情况也不是完全一样的。有的地区已有了较为进步的刀耕火种，开垦了少量梯田，林业发展有了一定水平，并开始向定居转化。有的却还停留在比较原始的刀耕火种农业上，迁居也比较频繁。由于西南山区比较湿热，适宜于农作物的生长，同时也距离中央王朝统治较远。有的地区统治势力不易进入，所以他们在游动中，总是向西南方向迁徙。越走越远，最后终于走出了国界，迁到东南亚的越南、泰国、老挝等国的山地。成为一个跨界民族，为东南亚的山区开发作出了贡献。

综合研究瑶族近代的游耕，可以得到如下的一些印象。

一、瑶族游耕的情况，各地发展并不是一致的，总的来说，是东部（湖南一带）发展水平较高，定居较早，越往西南，游动性越大。不仅我国云南南部瑶族如此，据日本著名民族学家白鸟芳郎教授的调查，泰国西北部博锡良瑶寨的55户，现分别来自夜盘、夜庄、帕柯、夜其、夜宋、夜沙良、会科、堆南莱等村。其中70岁的老人盘进清，出生于靠近老挝的昌堪县南通村的吞考，出生才一个月就搬至难府磨县会希雅村的吞窝，以后又先后迁到金县南拉村，老挝沙耶武里省科厄县的普清，昌堪县其力堪区南通村的会里村、南老村，才最后移居到博锡良村。直到近几十年来，那里的游动还是十分频繁。[①] 1981年我们在广西大瑶山调查六巷区大岭村的78岁老人郑志才时，知道他在解放前46年中，曾搬迁24次之多，平均不到两年就迁居一个地方。分析他们的游动原因大致可以有以下几点，即：山地贫瘠，人丁不旺，兽害太多，石牌统治压迫，土匪骚扰，村寨病疫，以及不安

---

① 白鸟芳郎：《瑶族の移动经路上种族史》，载《东南亚山地民族志》，东京讲谈社出版，1978年。

心于贫困的生活，试图寻求更为理想的山区等等。这里既有生产上的因素，也有地理环境，生活上和社会上的因素。

二、由于频繁的四处游动，所以形成了小集中、大分散；小聚居、大杂居的局面。从微观上看，瑶族人是聚居在一个村里。并以若干村为单位集中在一片山区里。但从宏观上看，他们却是十分分散的，据不完全统计，中国的140多万瑶族竟分布在广西、湖南、广东、云南、贵州、江西、湖北、福建等8个省（自治区）的150多个县市里。与他们交错杂居的，除汉族外，还有壮、侗、苗、傣、彝、哈尼等民族。由于这种居住上的特点，造成各地的民族关系、阶级结构、生活习俗等等都是十分复杂的。

三、瑶族的游耕经济是一种包括刀耕火种农业、林业、竹器编织业、畜禽饲养业、狩猎业、采集业等多种经营在内的综合性经济①。尽管他们从事山区条件所能提供的一切经济从业，实际上还不可能达到完全的自给自足经济。至少铁器、食盐、陶器、一些副食品和布料，往往还需要外界的供给。史书就有瑶人"深居溪洞，刀耕火耨，腰刀弩，搏虎狼以为业，巧者制物易盐米"②，"常跣足入山樵采，或携瓢贮茶，以售于市"③，"能作竹木器，异负趁圩，以易盐米"④的记载。这种情况构成了因过去瑶族人民想在封闭的山区里抵御外来一切入侵与必须和外界进行交换而需要一定程度的开放而形成的矛盾，也就形成长期以来瑶族人民与附近各族人民之间的割不断、分不开的密切联系。

四、在瑶族人民的游耕生活中，可以提供的商品不多，尤其是因为经常游动迁徙的结果，使瑶族几乎没有形成自己的初级市

---

① 胡起望．《大瑶山盘瑶的社会组织》，载日本东京大学《东洋文化研究所纪要》1984年第34册，第67—95页。
② ［清］张希京：《曲江县志》卷三，地志、风俗、附瑶俗，光绪元年刻本。
③ ［清］董浩：《皇清职贡图》，转引自［清］阮元《广东通志》卷33。
④ ［清］董浩：《皇清职贡图》，转引自［清］阮元《广东通志》卷33。

场。各地的瑶族都是肩挑背负土特产,去附近其他民族的市场进行购销,或者由外族的小商贩走村串寨进行交易,即使以广西大瑶山这一块瑶族比较聚居的大山区来说,在解放以前,那里的瑶族也大都是翻山越岭到附近山区四周平原上的七建、侗木、木乐、头排、修仁、中平、百丈、东乡、大鹏、马练、思旺、夏宜、文圩、新圩、蒙山等圩场进行交换的。瑶山的物产,就像山区的溪流一样,从中心向四面八方淌流,瑶族自身商业的这种不发达情况,使他们遭受的中间剥削是很大的,这也成为瑶族社会经济不能迅速发展的一个原因。

五、瑶族的日常生活习俗都建立在游动耕作的基础之上,如衣服多采用自己种植的蓝靛染色,蓝黑色的服装也比较适用于火灰弥漫的山地作业,为了便于穿行于树林、荆棘之中,一般在小腿部都有绑腿布包裹,以免荆棘勾挂与虫蛇咬伤。经常的游动,使他们过去没有菜园种植蔬菜的习惯,大都以竹笋、菌类、野菜、兽肉或从圩场购回的米粉丝作为副食品。比较突出的是,中国南方的很多少数民族都嗜腌制酸菜,但在经常游动的瑶族中却并没有腌制酸菜的习惯。建造的房屋也是就地取材,以竹片编墙或木板为墙,屋顶盖杉木皮和剖开的竹筒,这种房屋在湿热气候中易于朽坏,搬迁后也易于搭盖①。他们在室内大多用三脚架或三块石头支架铁锅煮食,过去没有床,都是围火塘而卧。由于刀耕火种使得劳动后的肢体污染,养成了瑶族人民每天夜晚入黄桶洗澡的优良习惯,即使寒冷的冬日,也乐此不辍。由于频繁的迁徙,瑶族村寨大都使用卷轴的神像,一般都没有寺庙。所有这一切都适合于游耕生活的方便。

六、瑶族人民经过游耕生活的锻炼,经常与不同民族的人们

---

① 范宏贵:《在大瑶山进行微型研究的体会》,载《广西民族学院学报》1983年第一期。

交往，不少人有很强的学习语言的能力，他们除了本民族话以外，还学会了汉语和附近其他少数民族的语言。我们在广西大瑶山郎傍村调查一位53岁的瑶族男子盘进龙，此人系从外村上门来此，他除了本族的盘瑶话以外，还兼通汉语柳州话（与普通话相近）、平南县白话（广东方言）、客家话、壮语、茶山瑶话和山子瑶话，一共会讲三种民族的七种不同语言。据了解，不少地方的瑶族男子兼通三四种话的情况还是比较普遍的。为了与各族人民广交朋友，建立互通有无，互相往来的联系，瑶族人民还发展了"打老同"的习俗，与各民族的年龄相当的群众结成亲如骨肉的"同年兄弟"。在过去民族歧视的条件下，游动中的瑶族人民依靠自己各方面的才能，在艰难困苦的环境中，谋求自己的生存和发展。

七、由于瑶族人民的游耕作业分散居住，所以特别加强了对本民族亲人的眷恋之情。他们在结婚时节，广请散居各寨的故交亲友，聚宴一两天，成为难得的一次聚会。他们在远迁他乡之后，总要设法以歌代信，想方设法向原地家乡寄回长歌，介绍新居地的情形及一路迁移的经过。云南屏边瑶山流传的《信歌》，就记述了"放信不为何般事，声声言语为套亲"，"当初住在广西省"，"贱身又转山云南"，"去到广南开化游"，"转到临安猛腊地"，"转行三日到棱枝"的种种情况。广西大瑶山也流传有清同治九年（1870）的传抄本《交趾歌》，是迁居越南洪水洞万言冲的盘瑶托人带回老家的歌信，诉说他们"搬家出门多愁忆，十分愁忆路头长：半路无家住、妻儿男女睡市坪"。经过来宾、迁江、田州、百色，经云南到烈洞的各种经过，又描写他们新居地"竹瓦盖屋好安居，修山斩岭种禾熟"的情况①。正是这种意识形态上的怀念之情，使得远迁美国的瑶族同胞在近几年来还不

---

① 胡起望、范宏贵：《盘村瑶族》，民族出版社，1983年。

断向中国国内寄信和录音带，探求我们祖先之"根"，并满怀激情，亲自到广东乳源来寻求祖先原来的居地。

事实证明，瑶族的游耕的确不仅仅是刀耕火种的农业技术，也不仅仅是几年一迁的不定居生活，而是一个从生产力到生产关系、意识形态的综合性概念。

从游耕到定居的变化

进入20世纪50年代以后，中国发生了巨大的变化。由于封建土地所有制的废除以及政府的民族团结平等，帮助少数民族发展经济、文化政策的执行，瑶族人民有了自己的土地。并由于国家在一些瑶族地区免费发放铁质农具，给予大量贷款和救济的结果，使各地瑶族人民逐渐结束了千百年来的游动生活，慢慢地开始定居。但是它的发展也并不是一帆风顺的。

在20世纪60年代到70年代的一段时期里，由于单纯重视粮食生产的发展，使得刀耕火种地面积扩大，其结果是造成程度不等的水土流失，使生态平衡受到一定的影响，不仅使山区的水、旱灾害加剧，而且也使山区周围大片平原地区的农业生产受到了影响。20世纪80年代以来，这一问题已受到高度的重视。相当大的一部分瑶族山区被确定为林业生产基地，由国家负责粮食供应，逐渐缩小了刀耕火种地的面积，在下放山地使用权并保证几十年不变的情况下，瑶族人民把力量放在绿化、培育森林，发展林副产品，加强山区土特产生产的优势，搞好梯田耕作，开展多种经营的山区生产活动上，使瑶族人民摆脱了动荡不定的刀耕火种的生活命运，走上了林农业兼营的新的生活道路。

经过几年来的发展，各个瑶族地区都出现了新的气象，有的瑶族人不仅解决了温饱问题，而且走上了富裕的道路。湖南省宁远县李家铺乡寨头岭村的专业户冯运保致力于牛、猪、鸡的饲养，并在山地种植金银花与生姜等紧俏产品，1983年一年收入3600多元，他利用劳动致富的收入，买了一部电动打米机，发出告示，让邻近的同胞到他家中来打米。他计划在新的一年里，要搞几个"两丈"，即养牛，从头到尾连接起来达"两丈"长；养猪头尾连接起来也要"两丈"长；养鸡一只只连接起来也要"两丈"长。他用风趣的语言表达了他的生产设想。这样的瑶族中的能人正在党的政策照耀下，在各地纷纷涌现。

随着交通的发展，山内外商品交流的频繁，瑶山的土特产，如冬菇、木耳、笋干、八角、桂皮、棕衣、罗汉果、香草、竹器、木材、中草药等大批外运，换回了现代的日用品。现在不仅金属铅和塑料制品进入了瑶族村寨，人们用塑料薄膜育秧，以铝饭盒代替竹皮编包带饭上山劳动，青年人穿上了化纤衣料，不少山村建起了小水电站，而且连手扶拖拉机、载重汽车也开始进入了瑶族山寨。世代从事游耕的瑶族人民已经出现了干部、工人、教师、医生、技术人员和学者。按照瑶族人民自己的话来说："这都是一些盘古开天辟地以来从来没有过的事情。"

载《云南社会科学》，1988年第1期。

大瑶山盘瑶的社会组织

前　言

　　1980年秋，中国社会科学院社会研究所所长兼中央民族学院教授费孝通先生倡议并组织了大瑶山的瑶族社会历史调查。笔者参加了这一次准备进行较长时间的调查活动。我们的调查小组，开始只有二人，另一位是广西民族学院民族研究室的范宏贵先生。后来又增加了一位现在中央民族学院工作的刘玉莲女士，她是大瑶山的茶山瑶人。两年来，我们先后进入瑶山4次，在一个盘瑶村寨里住了近两个月的时间，得到了各方面的大力帮助。本文准备在大瑶山的一个村寨调查的基础上，从几个方面对大瑶山的盘瑶社会做一点研究。

　　中国现有瑶族1402676人（1982年7月1日）。大瑶山是他们的聚居地区之一。大瑶山的盘瑶，是大瑶山中瑶族的五个族系之一。它与山子瑶一起，在那里被习惯地合称为"过山瑶"。关于大瑶山瑶族内部五个族系的情况，后面将略加叙述。

　　大瑶山位于中国南方广西壮族自治区的中部，属于五岭山脉中越城岭南行的一支。它南北长200多公里，东西宽100公里，总面积约2300多平方公里。境内山峦起伏，溪河纵横，是一个景色优美的山区。

　　在历史上，大瑶山并不是一个县。长期以来，它分属附近的修仁、象州、武宣、桂平、平南、蒙山、荔浦等县管辖。1940年以后，国民党广西省政府曾在这里设立金秀警备区署，1942

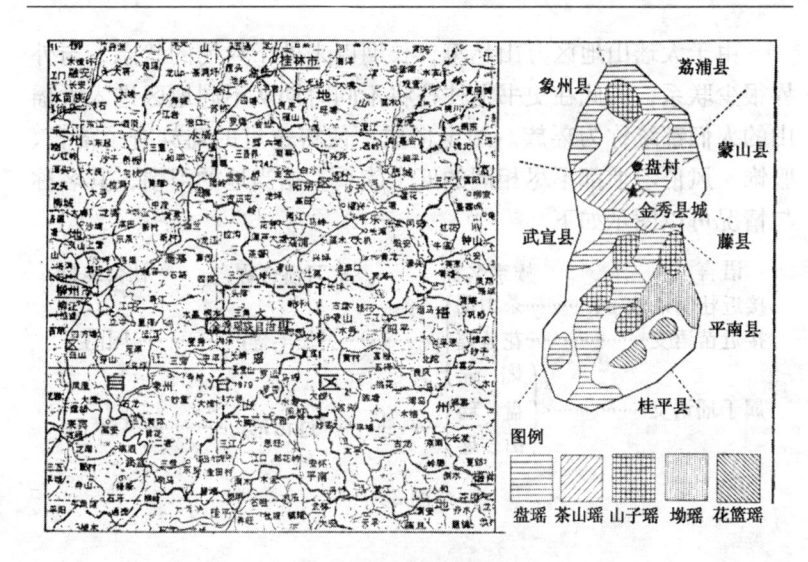

图1　大瑶山示意图

年改为金秀设治局,但它们并不是县一级的行政机构,只作为省政府的派出部门,在这里经办军事、政治的统治事务,而司法、审判、钱粮等权仍然分属附近各县。1952年5月,这里成立了县一级的大瑶山瑶族自治区,后改名为金秀瑶族自治县,这才使大瑶山成为一个县一级的行政单位,统一在一个县政府的管辖之下。

大瑶山的居民以瑶族为主,也有一部分汉族和壮族。据1982年的统计,这里的人口如下：

表1

民族 人口	瑶族	汉族	壮族	其他	合计
人口	31870	16212	9106	24	57212
百分比	55.69	28.34	15.93	0.04	100

由于大瑶山地区万山丛集，长期以来处于封闭的状态，与外界很少联系，因此在史书上往往将不同时期从不同地区进入大瑶山的人们都统称为瑶族。约定俗成，使得这里的瑶族有了语言、服饰、风俗习惯都不尽相同的五个族系。据当地的习惯，其名称与情况可以图示如下。

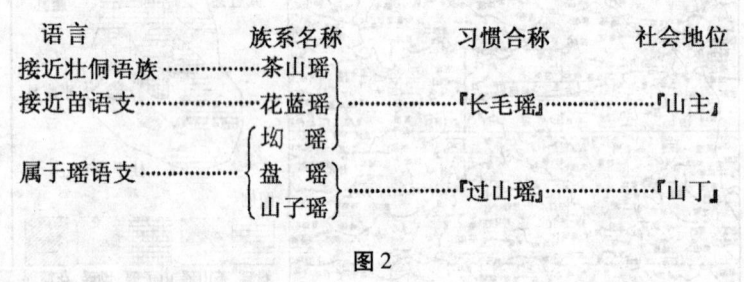

```
语言              族系名称        习惯合称      社会地位
接近壮侗语族……………茶山瑶
接近苗语支…………… 花蓝瑶 }    「长毛瑶」……「山主」
                   坳  瑶
属于瑶语支…………… 盘  瑶 }    「过山瑶」……「山丁」
                   山子瑶
```

图2

在过去的记载中，这五个族系又有一些其他不同的称呼和写法①。

大瑶山瑶族五个族系的人口并不相等，彼此之间有较大的差。其自称及人口情况如下：

表2

汉称	自称及音译	人口	百分比
盘　瑶	mien↓, 勉	17832	56.9
茶山瑶	lak↓ kiaλ, 拉珈	8586	26.9
山子瑶	kemy di↑ mun↓, 甘迪门	2333	6.4
坳　瑶	bjau↓ mun↓, 标门	1685	5.3
花蓝瑶	kioŋ naiy, 炯奈	1434	4.5

（1981年底）

---

① 在过去的记载中，茶山瑶又写作寨山瑶。坳瑶亦称"粮瑶"或"正瑶"。盘瑶也叫"盘古瑶"，因信仰祖先出自槃瓠而得名，同时又有"板瑶"或"平头瑶"、"尖头瑶"之称。山子瑶，也有写作"糁子瑶"的。

由上表可知，盘瑶在大瑶山瑶族中人口最多，这一支系在全国的瑶族中也是人口最多的一支①。长期以来，他们在山区刀耕火种，过山垦殖，一直迁徙到东南亚各国。现在越南、泰国、老挝等国的瑶族，基本上属于盘瑶（过山瑶）系统②。

1. 盘瑶的山区经济

长期以来，瑶族人民居住在山区，于深山穷谷之中进行采集、狩猎、刀耕火种、伐木制材、多种经营的生产活动，逐渐在山地的基础上，发展了山区经济。关于这方面的情况，史书中有很多记载，据《风俗通义》、《后汉书·南蛮传》等书的记载，可见瑶族的先人——槃瓠蛮很早以来就已居住山区。据记载传说，槃瓠在为高辛氏咬得敌方"犬戎之将吴将军之头"以后，"帝不得已，乃以女配槃瓠。槃瓠得女，负而走入南山，止石室中，所处险绝，人迹不至……"经3年，生子12人，6男6女。"槃瓠死后，因自相夫妻，织绩木皮，染以草实。好五色衣服，制裁皆有尾形。其母后归，以状白帝，于是，使迎诸子。衣裳斑烂（斓）、语言侏僂，好入山壑，不乐平旷。帝其顺意，赐以名山广泽。其后滋蔓，号曰蛮夷……"（《后汉书·南蛮传》）表明槃瓠蛮很早以来就是一个山区居住的民族。此后，关于瑶族居住在"深山重溪"、"居山谷间"、"地皆高山"……的记载史不绝

---

① 据毛宗武等编著的《瑶族语言简志》统计，1953－1958年的调查，瑶族中讲瑶语支语言的盘瑶、大板瑶、土瑶等13个汉称的瑶族约有316859人，占当时全国瑶族人口的一半弱。而其中又以盘瑶的人口为最多。见《瑶族语言简志》，第5－9页，民族出版社，1982年。

② 参见白鸟芳郎等编著的《東南アヅア山地民族誌》（1978年，东京，讲谈社）。竹村卓二：《ャオ族の历史と文化——華南、東南アヅア山地民族の社會人類学的研究》（1981年，东京，弘文堂）。

书。现引若干如下，以见一斑：

瑶人"本五溪槃瓠之后，其壤接广右者，静江之兴安、义宁、古县、融州之融水，怀远县界皆有之。生深山重溪中，椎髻跣足，不供征役，各以其远近为伍"。（［宋］范成大：《桂海虞衡志·志蛮》）

"静江府五县与瑶人接境……山谷弥远，瑶人弥多，尽隶于义宁县桑江寨……地皆高山，而所产乃辎重，欲运致之，不可肩荷，则为大囊贮物，以皮为大带，挽之于额而负之于背，虽大木石，亦负于背。"（［宋］周去非：《岭外代答》卷3）

"庆历三年（1043）桂阳监蛮僚内寇，诏发兵捕击之。蛮僚者，居山谷间，其山自衡州长宁县属于桂阳、郴、连、贺、韶四州，环绕千余里。蛮居其中，不事赋役，谓之瑶人。"（《宋史·蛮夷列传》）

"东汉伏波将军击五溪蛮，平之。其后生齿日繁，洞庭之南，苍梧之北，蔓延谿洞间。皆其种类，即今之瑶人也……上下崖谷，捷如猿猱，虽荆棘在途，莫之能伤。"（［清］陈征言：《南越游记》卷3）

居住在大瑶山地区的盘瑶，继承了瑶族在山区居住的方式，在这里发展了生产，丰富了生活内容，形成了自己的山区经济和生活方式。

在历史上，大瑶山的盘瑶，以刀耕火种的烟耕农业为主。一般是秋后砍荒，就是把选定的山地上的草木砍倒，经过一段时期曝晒以后，在春天焚烧，然后翻地播种。农作物生长以后，按原始粗放的耕作方式，就不再中耕（除草）施肥，等待结实收获。但后来一般都除草一两次，以利于农作物生长，增加产量。这种山坡上的刀耕火种地，水土容易流失，所以三四年后，就变得相当贫瘠，只能丢荒，然后另外找地进行垦种。到了近代，由于山主的"种树还山"制度已经盛行。这种"种树还山"就是山丁在向山主租得山地后,从开始种植农作物的第二年,就必须在农作物之间培植杉树幼苗。待树苗长高,不再适宜种植农作物时,就将山地连同杉树一起还给山主,就以种植的杉树作为地租,实际上是一种变相的劳役地租。作为山丁的盘瑶,被"种树还山"制度所束缚,必须在将被丢荒的山地上培植杉树,这在客观上是有利于山区的水源涵蓄、土壤保护和林业发展的。

由于刀耕火种发生土地贫瘠,需要经常觅地另垦,其结果是造成了盘瑶居住的不稳定。发生经常迁居的现象,因此又有"过山瑶"之称。这种局限于刀耕火种生产的发展阶段,需要经常迁徙的现象,从表面上来看,似乎是生产方式的需要。而究其根源,却完全是封建统治者和地主的压迫剥削的结果。史书记载,瑶人"椎髻跣足,衣斑烂布褐,各自以远近为伍,刀耕火种,食尽一山,即移一山"①,瑶人"皆栖止山岩,每无定居,种芋而食,种豆易布,今岁此山,明年又别岭矣"②,都是这方面情况的反映。

在大瑶山瑶族中,耕作水田较多的是茶山瑶。盘瑶在向山主租耕山地的过程中,有时也租入少量距山主村寨较远,山主自己不便于往来耕作的水田耕种。但长期以来,这种水田的数量一直不大。直到1954年土地改革以后,盘瑶才有了自己的一定数量的水田。这是大瑶山瑶族的山区经济,盘瑶不同于茶山瑶、坳瑶和花蓝瑶,而与山子瑶相接近的地方。

大瑶山的盘瑶除了种植玉米、红薯、旱稻、水稻、木薯、高粱、豆类、荞麦等农作物以外,还从事采集、狩猎、林业和其他各种副业。山区盛产的野生藤类、油类、淀粉植物及各种药材为盘瑶的采集业提供了丰富的资源。由于狩猎工具的改进,山区的野兽已日益减少,所以盘瑶人的狩猎在经济收益中所占的比重愈

---

① [明]戴璟:《广东通志初稿》卷35。
② [清]闵叙:《粤述》。

来愈小。过去他们在狩猎活动中的分配方法是,除了单独猎得全归个人所有外,其他集体出猎的猎获物,都采用"见者有份"的办法平均分配,就是所有参加的人,甚至还需要大人背在背上的小孩,都可以分得一份。后来,凡是带狗的、背枪的及开枪击中野兽的人,都可以额外多得一份。这说明人们已认识到工具在狩猎活动中的作用和重要,也说明生产工具的私有制在原始平均分配方面开始起一定的作用。

山区的林业,分用材林和经济林两种。大都由各家各自经营,谁种谁收。与湖南江华一带盘瑶主要经营用材林的情况不同,大瑶山的盘瑶种植经济林占相当大的比重。这种经济林主要为油桐、油茶及一部分八角、桂皮与果树等。这些经济林的收积物,除了茶油供自己食用外,其他绝大部分都用来出售,以取得现款收入。所砍伐的木材,用于自己盖房之外,大都锯成木材或制成架床出售。由此可见在盘瑶的林业经济中,商品性生产占有很大的比重。

山区很多植物的根、枝、叶、花、果都可以作为药材。盘瑶对认识各种药材积累了相当丰富的经验[①]。因此,有些从事瑶医的人在农闲的时候,采集药材到外地出售,就成为一笔较大的收入。此外,还有会各种手艺的人制作木器家具、编织篮筐、养蜂取蜜、饲养猪鸡等等,有着各种各样的副业。

据对一些盘瑶农户典型调查的估算,大瑶山盘瑶除了农业以外的各种收入,其总额大约要占到家庭全年收入的一半以上。由此可见,大瑶山盘瑶的山区经济,是一种多种经营的复杂经济。山区的自然条件和资源,为这种经济的发展提供了较好的基础。与此相反,如果仅仅依靠刀耕火种农业的单一经济,就不仅不能

---

① 参阅胡起望:《瑶医简述》,载《中央民族学院学报》1983年第1期。据不完全统计,瑶族知道的植物性药材在540种以上。

满足生活上多方面的需要,而且还会破坏山区的生态环境,造成不良的后果。

2. 村寨、户数与人口

大瑶山盘瑶的村寨都不太大,据13个盘瑶村寨的统计分析,13个村共有251户,平均每村19.3户。其中最小的村9户,最大的村30户。而在16户到23户之间的,共有8个村,占统计村数的60%以上。其中19户到23户的共有5个村,与我们统计后的平均数相近。

下面我们以一个18户的盘瑶村寨为例,进行一些研究。可以看出大瑶山盘瑶一般村寨的情况。

盘村共有18户,125人,位于大瑶山的中心地区,整个村子的房屋横列散布在半山腰上。(见图3)

全村125人中,女多于男,有男子53人,妇女72人。其男女性比例分别为42.4%和57.6%。出现这种女多于男情况的原因有两个:一是有少量男青年出外做工、当兵,户口不在村里,所以没有统计在内。另一是近十几年来出生人口中,女孩多于男孩。以5-9岁与10-14岁两个年龄组而言,其男女孩的比例就分别为6个(男)比16个(女)和10个(男)比15个(女)。由此可见,女多于男,也不是十分奇怪的了。

1. 庞有明　11. 黄金香
2. 黄金旺　12. 盘进龙
3. 黄元福　13. 小学
4. 庞福会　14. 盘志仁
5. 冯文天　15. 电站
6. 冯春才　16. 赵成富
7. 赵成仙　17. 黄金富
8. 冯成香　18. 赵进龙
9. 冯成定　19. 冯文贵
10. 黄元甫　20. 冯文金

盘村的盘瑶冯成定及其妻子

图 3　盘村示意图

从年龄状况分析，盘村的青少年较多。以 5 岁为一个年龄组，可将其全村年龄人口的情况如图 4。

根据图 4 年龄分布状况，可以计算出盘村的年龄中位数为17.875 岁。就是说那里有一半人口是在 18 岁以下，说明盘村人口的年龄构成相当年轻。如果以 65 岁以上为老年，14 岁以下为少年儿童的话，那么盘村的老年系数为 4%；少年儿童系数为40.8%。说明现在还不是村中劳动力最多的时候，再过几年，待少年儿童成长以后，村中劳动力就会比现在有较多的增长。了解这一点，对今后生产计划的安排和人口增长率的研究，都有一定的好处。①

在解放以前的长期历史中，盘瑶的儿童死亡率很高。据对盘村的 8 个 45 岁以上的妇女调查，她们一共生过 59 个小孩，平均每人生育 7.37 个。但是在这些儿童中，却只有 30 个长大成人。其儿童夭亡率高达 49.15%。据过去的统计资料，旧中国 1936 年的婴儿死亡率为 15.62%，而四川、云南等省达到 20.05%，就被认为是"骇人听闻"的高死亡率②。解放前，盘村的将近 50% 的儿童夭亡率，显然就更令

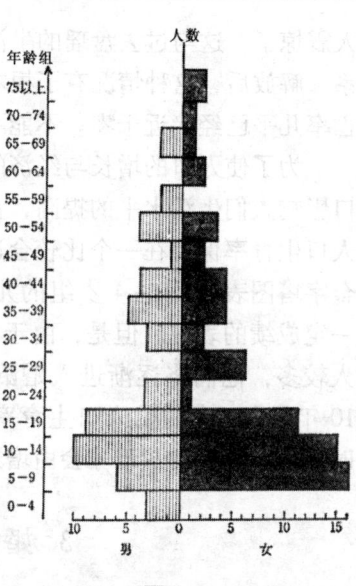

图 4

---

① 据刘长新、苍开极编：《人口统计》（中国财政经济出版社，1980 年，第 98 页）及刘铮等编：《人口统计学》（中国人民大学出版社，1981 年，第 26－27、第 38－40 页）等书所引。人口学家宋巴格（G. Sung barg）曾认为人类社会的年龄分配，一般都是有 50% 的人口处于 15－49 岁之间。他因此把年龄分为三组，作为标准来测定一个社会是"增进型"，还是"稳定型"或"减退型"人口。其具体划分如下：

年龄组合	占人口百分比		
	增进型人口	稳定型人口	减退型人口
14 岁以下	40%	33%（或 26.5%）	20%
15 至 49 岁	50%	50%	50%
50 岁以上	10%	17%（或 23.54%）	30%

从这个标准看，盘村人口属于增进型人口。或者说，它不是老年型人口，而属于年轻型人口。

② 参阅北京经济学院人口研究室编：《人口理论》，商务印书馆出版，1977 年，第 71 页。

人震惊了。这与过去盘瑶的生活贫困，医疗条件差有着密切的关系。解放后，这种情况有了根本的改变，近几年来这里的儿童死亡率几乎已经接近于零。不能不说是一种十分可喜的现象。

为了使人口的增长与经济的增长相适应，不让急剧膨胀的人口影响人们生活水平的提高，盘村也实行了恰当的计划生育，使人口生育率保持在一个比较合适的水平上。前面所列的人口年龄金字塔图表中，0-4岁组的儿童较少，就是计划生育工作取得一定成绩的表现。但是，由于村中10-14，15-19岁年龄组的人较多，他们将逐渐进入婚龄，将结婚生育，因此，估计最近10年左右，盘村的人口生育率不会降低得很快。只有经过一段时期后，盘村的盘瑶才会由增进型人口，演变为稳定型人口。

3. 婚姻与姓氏

盘瑶通过缔结婚姻建立家庭，其中男方到女方居住的占有较大的比例。据调查了解，这种情况并不仅限于大瑶山的盘瑶，在其他各地的盘瑶社会中也普遍存在。

根据盘瑶在婚姻制度方面不成文的习惯法，男方入居女方的，一般由女方出资办酒请客，男方有奉养女方父母并继承女方父母财产的权利与义务。除此以外，还要在结婚仪式的当天，于酒宴席上在亲友面前订立婚约，对今后子女的姓氏等问题作具体的规定。盘瑶的各个姓氏，都有自己的名字排辈，即每一代的兄弟都用同一个规定的字取名，以此显示同辈关系，并区分上下辈之间的差别，如黄姓有"元、通、进、文、金"，冯姓有"荣、成、春、文、金、章、祚"等字的排辈。如冯姓孩子已到"文"字一辈，那他们的兄弟就都会取名冯文×，冯文〇等等。有的男子入居女方，在改从女方姓氏的同时，也要按女方的排辈另取名字。这种更改姓氏的现象，大致说来有以下几种不同的情况：

一、男方本人要改变姓名，将原来自己的姓改从妻子的姓，并根据妻方的名字排辈另取名字。他们孩子一般都从母姓，也有留一个孩子使用父亲原来的姓。以示父亲的姓氏系统不会断"根"。但从习惯来说，第一个孩子必须使用母姓。

二、男方本人不改变姓名。所生子女，有的留一个从父姓。也有的采用男、女双方平分的方式，即第一个子女从母姓，第二个子女从父姓，以次类推。在这样的家庭里，往往出现兄弟姐妹不同姓的现象。如果夫妇中有一方早丧，留下的一方另行结婚，在婚姻中出现第三者时，所生子女的姓氏就更加复杂。

三、女方在婚后到男方居住的，则必须要由男方出资办酒请客，并由男方给女方父母以较多的聘礼，或者婚后年轻夫妇需先在女方父母处劳动两三年，然后再搬回男方居住。其所生子女，有采取父母平分方法的，也有采取都从父姓，只留一个从母姓，或者甚至一个也不留的。第一个子女一般都要先从父姓。

据对盘村盘瑶 23 例婚姻的调查，其婚后的姓氏情况可以列表统计如下：

一、男方改姓，一个子女从父姓　　　　　1 例
二、男方改姓，子女平分　　　　　　　　2 例
三、男方不改姓，子女平分：
  1. 第一个子女从母姓　　　　　　　　　6 例
  2. 第一个子女从父姓　　　　　　　　　4 例
四、子女随父姓，留一个从母姓　　　　　3 例
五、子女全部都随父姓　　　　　　　　　3 例
六、男女双方同姓结婚，子女同姓　　　　4 例

根据上述材料可见，盘瑶的婚姻家庭中，子女的姓氏分别跟随父、母双方的占绝大多数。子女姓氏全部从父姓的家庭，与男方家庭或者原来居住交通方便地区，受外界影响较多，或者男方本人出外当兵多年，受汉族地区影响较多，有一定的关系。

由于盘瑶的婚姻制度方面的这些特点，造成盘瑶家庭中姓氏比较复杂的情况，下举一例作为说明：

从图5可以看出，在冯文贵家中，姐妹不同姓，兄弟也不同姓。这种情况的发生，与盘瑶很早以来就十分重视姓氏有着一定的关系。在盘瑶的民族起源传说中，就说是兄弟姐妹12人，自相夫妻发展而来。这12个兄弟姐妹都各有姓氏，就是著名的"盘瑶十二姓"①，他们自相夫妻以后，为了保证各个姓氏的延续，就必须采取子女分别跟随父母双方姓氏的办法才能达到。否则人口较少、散居山区各地的盘瑶，就很可能会出现某些姓氏消失的现象。而在实际上，各地的盘瑶中沈、包等姓已很少见到，就表明这种危机的确实存在。

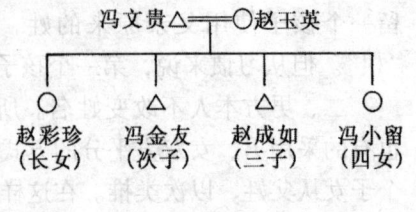

4、家庭形态

盘瑶大都是一对夫妇与未成年子女组成的核心家庭（nuelear family），有的家庭还包括需要赡养的夫方或妻方父母在内。当子女成长结婚后，一般只留一个在家尽赡养父母的责任，其他的都分出去自立门户，成立新的小家庭。这种情况在盘村的盘瑶中比较普遍。据全村18户统计，这种小家庭就有15户，占总户数的83％以上。而包括兄弟姐妹的几对夫妻居住在一起的大家庭，只有3户。有一户是结婚的两个女儿及其女婿，其中的一对都是小

---

① 盘瑶十二姓，各地通行的说法并不完全一样。有盘、沈、包、黄、李、郑、周、赵、胡、雷、邓、冯等姓。此外，也有蒋、庞等姓。见各地流传的《过山榜》及民间口头传说。

学教师，并不经常在家居住，不久以后将去男方独立成家。另一个家庭是包括女儿、女婿及未成年儿子在内的家庭，女婿是林场工人，也不经常回来，这一对夫妇以后是否独立成家，要看未成年的儿子长大后，是娶妻回家还是去女方上门才能决定。再一个大家庭的主人叫黄文源，除了他们夫妇外，还有大女儿及上门的女婿黄金荣及其子女6人，此外还包括儿媳和两个孙女儿，小女儿与一个外孙（儿子及女婿都在外地工作），1980年时，全家人口达15人。这在盘瑶中是少见的大家庭。村中的居民认为这么多人一起生活，能够和睦相处，是一件不容易的事情。同时也必须注意到，这样的大家庭也有其不稳定性。黄文源的一子一婿都不在家，他们的妻子儿女（即儿媳、孙女儿；小女儿与外孙）都带有在大家庭中寄居的性质，一旦条件成熟，这些年轻的夫妇还是会搬出去分居另过的。最终还是成为小家庭的形式。

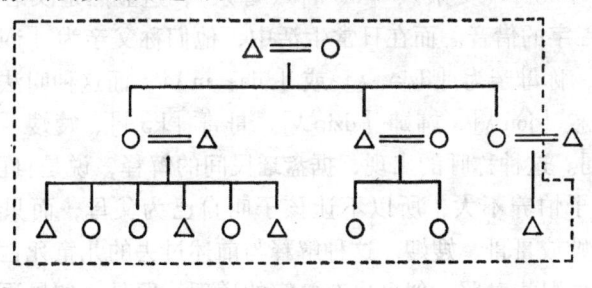

图6

在15户核心家庭中，男方到女方上门的有9户，占60%。其中有3户需要赡养女方的老人。女方嫁到男方的有6户，其中有2户需要赡养男方的老人。但是不管是那一种情况的家庭，一般都是由男的当家，主管家庭农副业生产的安排和经济上的收支。由于妇女也同样参加劳动，所以做丈夫的也不能自己独断专行，而必须征求和尊重妻子的意见。在这样的家庭里，老人和未成年的孩子都处于从属的地位，一般不参加家庭的管理。一般来说，盘瑶的家庭都比较和睦，尊敬老人、热爱儿童，很少吵架，基本上没有离婚。

5. 亲属称谓

盘瑶家庭内外的关系，除了血亲与姻亲外，还有接养与结"同年"的关系。通过这种多种多样的关系，盘瑶人不仅在族内，而且与外族人也保持了十分密切的关系。在由各种亲疏不同的亲属关系的网上，每个人都有他自己的地位，同时也反映了历史上曾经存在过的婚姻形态的遗留。现逐步分析如下。

盘村的瑶族对自己的父母有两种叫法。一种是在对别人介绍时，称［tiə1］（父亲）、［ma λ］（母亲），这显然是汉语"爹"、"妈"二字的借音。而在日常生活中，他们称父亲为［jou λ］或［kə1］，称母亲为［dziə λ］或［ŋia：m λ］。而这种叫法，却又与称叔叔［jou λ］、婶婶［dziə λ］、哥哥［kə1］、嫂嫂［ŋia：m λ］相同。这种称呼的出现，据盘瑶民间的解释，说是自己命苦，生了孩子怕养不大，所以不让孩子叫自己为父母，而只认作叔叔、婶婶或哥哥、嫂嫂。这种解释与前述过去的儿童死亡率高达50％的情况相对照，似乎也有一定的道理。但是，如果再深入一步研究，就可以发现把父母叫做兄嫂，是这里存在着一种把自己降低一辈的"谦称"习惯而产生的。而把父母叫做叔婶，显然是过去那种"普那路亚"婚（panuluya）的反映①。从盘村瑶族对于同辈的兄弟姐妹，既没有"堂兄弟姐妹"，也没有"表兄弟

---

① 参阅摩尔根：《古代社会》一书。

姐妹"之分①，也从侧面说明他们过去的确经历过这种婚姻形态。

盘瑶中习惯于把自己降低一辈的谦称，主要表现在依照自己的孩子的叫法来称呼对方。如男性的我对弟弟、弟媳（弟之妻）、妹妹、妹夫（妹之夫）的称呼，就与孩子称他们为叔叔、婶婶、姑母、姑父完全相同。而女性的我称呼自己的弟弟、弟媳、妹妹、妹夫时，也称他们为舅父、舅母、姨母、姨父完全相同，为了有一个清楚的概念起见，将它们列表如下②：

表3

	弟弟	弟媳	妹妹	妹夫
△我的称呼	jouʎ	dziəʎ	muəʎ	kuəʎ
△我的孩子的称呼	jouʎ（叔父）	dziəʎ（婶母）	muəʎ（姑母）	kuəʎ（姑父）
○我的称呼	nau↓	miəŋ↓	dziəʎ	jouʎ
○我的孩子称呼	nau↓（舅父）	miəŋ（舅母）	dziəʎ（姨母）	jouʎ（姨父）

以上是血亲方面的情况。不仅如此，在姻亲方面，也同样存在着"谦称"，即丈夫称妻子的兄弟姐妹，与妻子称丈夫的兄弟姐妹，都与自己的孩子相同。将它们综合整理，可以归纳成为下表：

表4　同一称谓被不同人使用时有不同含意的称谓表

瑶语	原来意义	哥哥使用	姐姐使用	丈夫使用	妻子使用	子女使用
pɛy tɕuəy y	伯父 伯母				大伯（夫兄） 伯嫂（夫嫂）	

---

① 父亲的兄弟子女，是"堂兄弟姐妹"。父亲的姐妹的子女及母亲的兄弟姐妹的子女，都是"表兄弟姐妹"。前者称为"姑表"，后者称为"舅表"、"姨表"。

② 由于日语的语音中，有时没有盘瑶的相同语音。所以下面只标国际音标，而将日语的假名标音从略。

瑶语	原来意义	哥哥使用	姐姐使用	丈夫使用	妻子使用	子女使用
jou↓	叔父	弟弟	妹夫	姨夫	小叔（夫弟）	父亲
dziəλ	婶母	弟媳	妹妹	小姨	夫弟媳	母亲
kuəy	大姑父				大姑夫	
kouλ	大姑母				大姑	
kuəy	小姑父	妹夫			小姑夫	
muəλ	小姑母	妹妹			小姑	
pueiy	大姨父				大姨夫	
tei↓	大姨母				大姨	
jouλ	姨父（与叔父同）					
dziəλ	姨母（与婶母同）					
tom↓ nau↓	大舅父				大舅	
tom↓ miaŋ↓	大舅母				大舅嫂	
nau↓	舅父			弟弟	内弟（妻弟）	
miaŋ↓	舅母			弟媳	内弟媳	

必须指出的是，在中国南方的汉族中，有时也存在着跟随孩子称呼对方，以示尊敬的习惯。但不同的是汉族民间只用来作为临时性的称呼，在完整的亲属称谓表上，是绝不使用这样的谦称的。而盘瑶却是一种固定的称呼，是亲属称谓表上的一部分。例如在汉族中，有时妇女也跟随自己的孩子，喊自己的兄弟为舅父，但这只能发生在她实际上有了孩子以后，在一个具体的环境下，才有这样的叫法。如叫自己的兄弟帮孩子拿一件东西时，就说"舅舅（舅父）请你将某东西给我们拿过来。"这时她就采用了与孩子相同的称呼，既代表了孩子，又尊重了弟弟。但盘瑶却与此不同，当那个妇女还十分幼小的时候，即不论她是否结婚生孩子的情况，从一开始，就是把弟弟称作"舅父"［nau］的。而这在汉族中，如果这样称呼，就成了笑话。由此可见，盘瑶的

这种"谦称",并不是汉族习俗的影响,而是自己历史上习俗的遗留。

为了对盘瑶的称谓制度有一个全面的了解,现将其父系血亲的亲属称谓表排列于下:

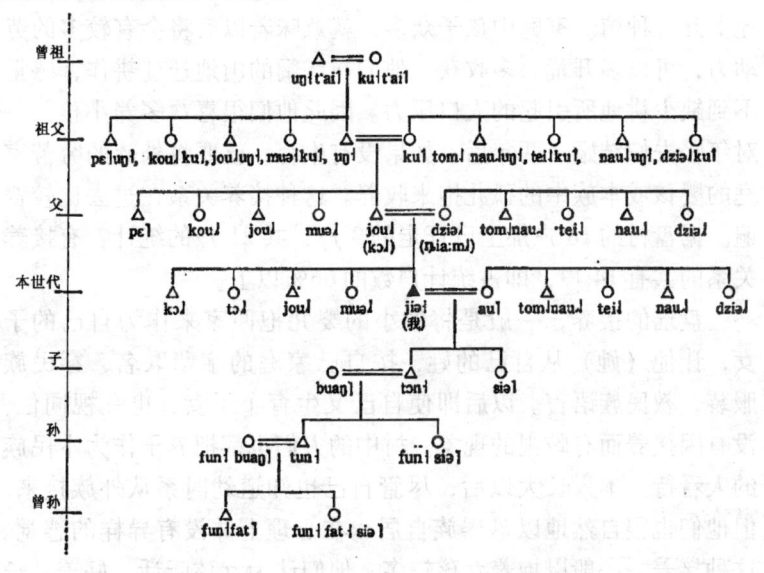

```
曾祖                    △═○
                     uŋ↑t'ai↑ ku↑t'ai↑
祖父    △ ○ ○ ○ △ ═ ○        △ ○ △ ○ △ ○
       pe↓uŋ↑,kou↓,ku↓,jou↓uŋ↑,muəi↓ku↓,uŋ↑    ku↑ tom↓ nau↓uŋ↑,tei↓ku↓    nau↓uŋ↑,dziə↓ku↓
父      △ ○ △ ○ △ ═ ○         △ ○ △ ○ △ ○
        pe↓  kou↓ jou↓ ləm↓  jou↓  dziə↓ tom↓nau↓ tei↓ nau↓ ləizj↓
                              (kɔ↓)  (ŋia:m↓)
本世代          △ ○ △ ○ △ ═ ○        △ ○ △ ○ △ ○
               kɔ↓  tɔ↓ jou↓ ləm↓  jei↓  au↓ tom↓nau↓ tei↓ nau↓ dziə↓
                                    (我)
子                         ○ ═ △ ○
                          buaŋ↓ tɔ↑ siə↓
孙              ○ ═ △              ○
               fun↑buaŋ↓ tun↑     fun↑siə↓
曾孙              △ ○
               fun↑fat↑ fun↑fat↑siə↓
```

图7 盘瑶上下各三代父系亲属称谓表

6. "接养"和"老同"

在解放以前很长一段历史时期里,大瑶山瑶族各族系对于繁衍后代采取了不同的态度。茶山瑶、花蓝瑶与坳瑶种植水田较多,很少搬迁,他们为了适应耕地有限的情况,一般都采取了限制子女的办法。一个家庭大都只留两个子女,一人在家继承财产,一人出嫁去别的人家。因此过去堕胎与杀婴的现象相当严重。据白沙村43对茶山瑶夫妇的调查，共生育194胎，其中流产、堕胎、杀婴的就有50个。有一对陶女杰夫妇，生育19个，杀婴竟达15个。这种现象到解放以后，经过宣传教育，已经停止。而盘瑶、山子瑶与此相反，他们长期刀耕火种，在大片的山地上开荒种植。家庭中孩子众多，就意味着以后将会有较多的劳动力，可以多开荒、多收获。他们在广阔的山地迁徙耕作，感觉不到缺少耕地所引起的人口压力。因此他们很喜欢多养小孩，一对年轻夫妇结婚一两年后，如果没有生育，就要将外族的穷苦家庭的婴孩或本族中的孤儿抱来收养。这种接养关系在过去比较普遍。据盘村的18户加上已迁走的3户，共21户的统计，有接养关系的共有14户，即占统计户数的66%以上。

　　盘瑶的接养，一般是将幼小的婴儿抱回家来作为自己的子女，让他（她）从自己的姓，按自己家庭的字辈取名，穿民族服装，教民族语言。以后即使自己又生育了子女，也一视同仁，没有因接养而有歧视的现象。村中的人们也都把养子作为本民族的人看待。本人长大以后，尽管自己也知道幼时系从外族接来，但他们也很自然地以盘瑶族自居，在心理上并没有异样的感觉。这种接养，一般以抱养女孩较多，他们认为女孩听话、好养，长大以后，又可以接丈夫来上门。所以在接养中，女孩的接养占较大的比例。盘村的老年妇女黄妹庞，原来是大瑶山附近荔浦县修仁附近田厂村陆姓的汉族，60多年以前，在她只有1岁的时候，因为父母双亡，被人背入瑶山以20斤木薯的价格，卖给十二步村的黄文府家做女儿。解放后，她姐姐入山寻找，总算互相有了联系。现在她和她的儿子黄元福还常回汉族地区姐姐家探望，但她本人已经穿瑶服、说瑶话，完全成了一个盘瑶人。

　　现在由于各族人民生活水平的提高，被穷困所迫将自己的子女给别人收养的情况已不存在。盘瑶人也体会到人口增长过快与生活水平提高的关系，接受了计划生育的思想。所以近一二十年来，接养的现象已大大减少。

"结同年"：也叫"打老同"，这里的"打"字，有"订立"、"结交"的意思。盘瑶通过这种办法把没有亲族关系的本族或外族人，认作情同手足的"同年兄弟"就叫做"结同年"。因彼此称对方为"老同"，所以也叫做"打老同"。老同并不是亲属，因其关系与亲族一般亲密，所以我们将它放在这里叙述。

在表面上说，老同是"同年兄弟"，但实际并不一定要求年龄相同。一般只要年龄悬殊不太远，都可以结成"老同"。现在由于盘瑶妇女也出外活动，所以遇到情感很好的外族妇女时，也有结成老同的。所以它不仅是"同年兄弟"，而且还有"同年姐妹"了。不过这情况较少，比不上男性之间的那么多。必须注意的是，这种同年关系只能在同性之间进行，异性之间是绝对不能订立"同年"关系的。否则将会引起双方妻子和丈夫的猜疑，认为他们有了不正当的关系。在同性之间，既可以和这个人结同年，也可以与另外的人结同年，所以有的社交关系较多的人，往往可以有好几个"老同"。

据盘村的调查统计，在18户中有14户，共计15人在外面有"老同"关系。由于盘瑶内部往往有各种各样的亲属关系，所以一般都不再互结"老同"。因此这里盘瑶的"老同"主要是汉族、壮族和茶山瑶人。盘村15人历年结交的"老同"共有24个，其中分别为汉族11人、壮族3人、茶山瑶8人和盘瑶2人。这15个打"老同"的盘瑶中，有妇女3人，她们结交了"老同"四人（全为茶山瑶），经常来往，情如姐妹，这是盘瑶妇女在社会生活中占有自己地位的表现。

结"同年"没有特别的手续与仪式，只要两人在互相往来中，彼此感情融洽，愿意长期交往、互相帮忙的，都可以认作"同年"，从此以后，彼此就以同年相称。平时互相走访，遇有婚丧大事时，更要赶来参加。遇困难时，彼此帮助，不斤斤计较得失。同年之间借钱时更不计算利息。同年来访时，全家都会热诚招待。同年的子女要按亲属关系中称呼长辈的叫法喊父母的同年，如"伯"、"叔"或直称为"同年爹"、"同年妈"等等。"同年"关系并不留传给后代，下一代子女之间，是否也认作"同年"，要由他们自己决定。同年之间如果有了隔阂、感情冷淡，不愿再做同年时，就会停止相互间的走访，就算是同年关系的终结。

盘村的黄金旺与金秀中学的职工何占堂（汉族）打"老同"已20多年。不仅平时互相往来，黄金旺盖新房时，何占堂还送来不少面条和猪肉，以示帮助。而黄也将自己生产的糯米送去给何，互相馈赠，彼此相助。这种"老同"关系，把不同民族之间的劳动人民，提到与亲属相似的地位，这对增进民族之间的团结友谊，是有好处的。在历史上，不少串村走寨的汉族小商贩，就是通过这种"老同"关系，深入瑶山进行活动。而一些到汉、壮族圩场起场的盘瑶人，也是通过这种"老同"关系，在圩场上汉、壮族"老同"家里歇足休息得到照顾。

7. 瑶老制与石牌制

各地盘瑶村寨中一般都实行瑶老制，即以经验丰富，能说会道、主持正义、办事能干，又为村人所拥护的老人为村中的首领，管理村寨中的内外事务。这种瑶老，有的经过村人的选举，有的却是自然形成的。如果瑶老办事不公道、营私舞弊，失去威信，村中的人就不再去找他办事，也就失掉了村寨首领的地位。各地盘瑶的瑶老制，并不完全一致，有的已形成了一套不成文的制度，有的却只是一些传统的习惯，没有比较固定的章程。

历史上，于大瑶山地区瑶族中占统治地位的主要是石牌制。它是由一个村寨或几个村寨的居民，根据一个或几个问题而共同拟订的规约。它一般由村寨中的石牌头人事先在一起商订一个草案，然后在石牌大会上通过一定的程序，最后宣读通过。这种石牌大会一般由有关村寨的各户家长参加，对石牌头人所拟订的规约，往往以欢呼的方式通过。事后就刻于石碑，竖立村头或路边，对所有参加的村寨居民都起着约法的作用。如有违反，要受到石牌律的惩罚。从认错赔礼，请客罚款，到抄家丧生。有的甚至亲属也受到连累。在过去的长期历史中，地方政权势力不能直接深入大瑶山进行统治时，石牌制度在大瑶山瑶族中就起着法制的作用。石牌头人和石牌组织就成为维持大瑶山内私有制度和社会治安的手段。大瑶山内的各个村寨就受着大大小小不同石牌的管辖。现引花蓝瑶六巷村的一块石牌如下，以见一斑。

公议五口律犯者罚

一议众水乡村矩犯，犯者罚钱四十两。

二议买田知（之）人，当田不得言断田知（之）事，罚钱四十两。

三议卖田知（之）人，断田不得言当田知（之）事，法（罚）钱四十两。

道光十六年（1836年）八月十六日立

（原载王同惠：《花蓝瑶社会组织》）

根据解放前后历次调查合计，大瑶山总共发现石牌30多块，其中除了两个族系联合订立的石牌外，以茶山瑶村寨的石牌为最多。盘瑶村寨除了参加联合订立的石牌外，自己订立的石牌较少，而且全为棉纸写本，尚未刻到石碑上去①。从各地盘瑶的情况来看，他们主要实行的是瑶老制，大瑶山的盘瑶的石牌制很可能原来不是他们自己的东西，只是由于长期与茶山瑶等族系共同居住在一起，政治、经济上有着密切的联系，所以才接受了石牌

---

① 据说盘瑶中也有刻在石碑上的石碑律，但经多方查找结果，没有找到。

制的方式，参加了有关的石牌，受着石牌的统治。因此可以说，大瑶山盘瑶的社会制度是瑶老制与石牌制相结合的统治制度，或者说，是在瑶老制的基础上发展起来的石牌制。

由于1940年国民党广西省政府深入大瑶山以后，石牌制的统治力量逐渐削弱，石牌大会不再召开，有些竖立的石牌遭到破坏，因此目前要详细了解瑶山内各个村寨的石牌情况已有一定的困难。据在盘村的调查，他们与清代光绪二十三年（1897）订立的"两瑶大团石牌"有关。这块石牌原来竖立在茶山瑶定浦村旁的路边，后来被村民抬去作为制砖瓦时摔土坯之用，现已被金秀自治县人民政府文化局找到，成为一件重要的文物。

"两瑶大团石牌"系由山主的7个村（茶山瑶）和山丁的23个村（盘瑶）联合订立的。其中有"山丁""冯章凤"的名字，他也就是最早迁来盘村的冯荣府、冯荣贵兄弟的父亲。而盘村的盘瑶长期以来也是租佃上述石牌中茶山瑶村的山地耕作，因此他们归于这个"两瑶大团石牌"管辖是十分自然的事情。

"两瑶大团石牌"的字数较多，有的字因遭磨损，已漫漶不清。前面有一小段前言，讲述了订立这个石牌的原因。大意是当时大瑶山内社会秩序混乱，偷盗香草、水果、茶叶、蔬菜的事情时有发生。因此规定山丁必须依旧"粗（租）钱粮纳山主收"，而若遇外人侵扰山丁村寨时，山主亦必须"众团全起"、"一力承当"，共同反对外来的坏人。"两瑶大团石牌"共订石牌律十二条，内容包括（1）防止偷盗山内的香草、桂皮、竹、木、山货、杂粮、蔬菜等。这方面一共写了7条，反复申述，并说明如若违犯，定要"重罚"、"众石牌重罚"、"众团重罚"等等，表明当时大瑶山内偷盗比较严重的情况。（2）反对参加石牌的瑶族与外面的坏人勾结，惹是生非，危害山内的安全。（3）外来的坏人偷盗、闹事时，参加石牌的人都要起来捉拿，以维护地方安靖。甚至宣称，对乱入包米地的外人，"子（我）瑶开炮

（枪），打死莫怪"。

　　大瑶山瑶族内部一直有着比较好的传统习惯。他们上山伐木、下田种地。从来不锁家门，如有邻村人来，可以自行入内找茶喝，绝少发生偷盗的事情。盘瑶在外面劳动时，可以将衣服、食物置于路旁或挂在树上，也不会有人取走。他们砍了柴堆在山上，或发现野蜂窝准备以后来取蜂蛹做菜时，只要在附近打一草标，做了记号，标明此物已有主人，别人就不会再去乱动。清代末年"两瑶大团石牌"强调防止和反对偷盗，说明他们这种原始的优良习俗已遭到破坏。因此就不得不求助于订立石牌以保护社会风气和社会秩序。

　　盘瑶的石牌，除了这种与生产有紧密关系的内容以外，也有专门规定结婚聘礼和反对婚外性关系等内容的。它是从不成文的习惯法，发展到成文法规的最早最原始的形式，也是山主或石牌头人用以巩固自己统治势力的手段。

　　在盘村的调查中，他们知道附近茶山瑶村寨中谁是石牌头人，但对本村的石牌头人是谁，却没有一个明确的概念。不少人认为，富农赵如广曾当过村长，是村内的"道公"（巫师），经常主持村内的祭社等活动。他的父亲是搬来盘村最早的一户。因此他应该是村里的石牌头人。事实上过去村里有不少对外交涉的事情，也往往由他出面进行的。因此尽管人们已记不起来他是否就有石牌头人的称呼，但是认为村里如果有石牌头人的话就一定非他莫属。

　　赵如广出身穷苦，他原来姓庞，父亲叫庞文品。在他幼小时，因为家境贫困，被卖到十八家村赵姓做女婿，所以才改姓取名为赵如广。但是赵如广本人能说会道，十分能干。他去赵家上门不久，又带着妻子回到了盘村。在盘村他会木匠、道公，家庭经济逐渐上升。到了后期，盘村人口繁衍，大家都尊称他为"如广翁"，成了左右和代表全村的村长。由于盘瑶处于山丁的地位，在大瑶山的整个石牌制度中不起主要和决定的作用,所以盘村参加石牌会议不多。村人们遇有纠纷或对外交涉时,一般由赵如广出面排解与办理。因为他已有村长的称号,所以石牌头人的作用就很不显著。这是盘瑶中瑶老制与石牌制相结合的一个例子。其他盘瑶村寨中,正式的石牌头人也很少。在20世纪30年代到40年代,大瑶山曾出过两个"瑶王",这是当时外面舆论界对他们的称呼,并非实际上就是统治瑶山的瑶王。其中一个是花蓝瑶的蓝扶霄,人们又尊称其为"公霄",他也是那一带的著名大石牌头人[1]。而另一个是盘瑶李荣保,他在大瑶山南部,今桂平县紫荆山区较有影响,但是却从来也没有人认为他也是石牌头人的。由此也可看出,石牌制对盘瑶来说,毕竟是外来的东西。有的地方在瑶老制的基础上,与原来的瑶老制相结合接受了石牌制;有的地方甚至主要仍是瑶老制的组织,石牌的影响就很小。

关于大瑶山瑶族的石牌制度,是一个值得专门研究的课题,这里只是从盘瑶社会的角度讲述了石牌制度的一个侧面。关于大瑶山石牌制的全面研究,将另以专文论述。

8. 急剧变动中的盘瑶社会

近30年来,大瑶山的瑶族社会正经历着剧烈的变化。解放以后的和平土地改革和农业合作化,使这里的封建土地所有制变成了集体所有制。依靠土地进行剥削的地主富农不再存在。盘瑶的"山丁"地位得到了根本的改变,刀耕火种的农业逐渐有了变化,开辟的水田有了增加。由于国家已确定大瑶山地区为林业县,所以粮食供应有了保障,放火烧荒的情况得到了控制。由于品种改良、耕作精细、肥料增加,所以农作物的单位面积产量有

---

[1] 参阅王同惠:《花蓝瑶社会组织》,江苏人民出版社,1988年。

了提高。随着公路的修筑，山内外物资交流比过去大为方便，所以林副业生产有了发展，多种经营的山区农业有了更加丰富的内容。

自 1940 年国民党政府势力进入瑶山以后，石牌制度已逐渐失去其作用。解放初期，为了解决山主、山丁之间的矛盾与纠纷，人民政府曾采用订石牌律的方式，在大瑶山各族人民中订立了"团结公约"，但这与旧的石牌律在内容上已有很大的不同。现将全文引录如下，可以与前引的石牌进行对照。

《大瑶山团结公约》

我大瑶山各族各阶层人民，自解放后，在中国共产党、毛主席领导教育下，大家认识到，过去各族及民族内部不团结的原因，是国民党反动派和少数坏瑶头，挑拨离间所造成。因此，今后大家必须互相谅解，不计旧怨，共同在中国共产党、毛主席、人民政府领导下，亲密团结，并订立团结公约六条，共同遵守不渝。

1. 长毛瑶为表示团结，愿放弃过去各种特权，将以前号有公私荒地，给原住瑶区各族自由开垦种植，谁种谁收。长毛瑶和汉人不再收租，过去种树还山者不退，未还者不还。

2. 荒山地权归开垦者所有，但荒芜一年以上，准由别人开垦。杉树砍后，如隔一年不修种，则该山地可自由开垦，准谁种谁收。水田荒芜五年以内者，经别人开垦后，三年不收租。荒芜五年以上者，可自由开垦，谁种谁收。

3. 老山原有杉树、香菇、竹、木等特产，仍归原主所有。不应偷取损害。但无长毛瑶培植特产之野生竹木地区，可自由培植香菇、香草。

4. 经各乡各村划定界之水源、水坝、祖坟、牛场不准垦植。防旱防水之树木，不准砍伐。凡放火烧山，事先各村约定日期，做好火路，防止烧毁森林。

5. 除鸟盆附近外，山上可自由打鸟。各地河流，准自由钓鱼、放网，但如放鼓闹（毒）鱼，应互相通知邻村集股作份，不作份者，只能在界外捡鱼。

6. 瑶族内部，原有水田的租佃关系可由双方协定，但不得超过主一佃二租额。除地主富农外，有力自耕者，可收回自耕，但不得换佃。

以上公约，如有违犯或纠纷，由各族各阶层人民选出代表成立各级协商委员会调处，并会同各级政府按情节轻重处理。凡住在我大瑶山人民（包括汉人），均须遵守。各乡各村可依本地情况订具体公约，但不得与本约相违背。本公约修改权，属于大瑶山各族各界代表会议。

大瑶山各族代表会议订立
公元 1951 年 8 月 28 日

由于这个公约有的地方订得还不够具体，所以在次年（1952年）的2月，又作了《补充规定》。

现在大瑶山的瑶族干部已大批成长。现任金秀瑶族自治县的县长赵进贵，就是盘瑶人。这些瑶族干部与山内外的汉、壮等民族干部一起，为建设新瑶山而努力工作。

随着政治、经济地位的改变，瑶族人民的收入有了很大的提高。据1980年的盘村调查，那里盘瑶每人的年均收入为156.68元（人民币），按劳动力计算，每个劳动力的收入已达到401.51元。在18户中，收入最高的6户，平均每户收入达1552.53元。这和过去那种"火烤胸前暖，风吹背后凉"，"吃一餐找一餐、终年难见油和盐"的情况相比，有了十分巨大的变化。最近几年，盘瑶村寨面貌的改变十分显著。从调查可以发现，盘村多年来未曾改建的房屋，从1978年以来，陆续拆掉重建，预计1983年以后，全村的房屋将全部更新，村寨将为之一新。

随着外界新事物的输入，盘瑶的精神概念，意识形态也在发生着变化。读书认字的人逐渐增加，封建迷信的活动大大减少。妇女仍旧保持着自己的民族服服，但其材料的质量已有了改变提高。同时，新的服饰与用具也进入了盘瑶的山村，更加丰富和美化了他们的生活。在前进的道路上，大瑶山瑶族人民的面前还存在着各种各样的困难，但是他们一定会在克服困难的胜利中前进。

载《日本东京大学东洋文汇研究所纪要》，1984年第94册。

瑶族《过山榜》析

（一）

　　瑶族民间长期以来流传着一种汉文文献，叫做《过山榜》，或叫《评皇券牒》、《过山帖》、《盘古圣皇榜文》，等等。解放前，在民族压迫与民族隔阂的年代里，这种为瑶族人民所珍藏的民间文献，是不轻易拿出来给外族人看的，因此，知道它的人不多。在过去一些关于民族学和民族史的著作里，提到《过山榜》的，也不过是有数的几本而已。

　　解放后，民族关系有了很大的变化。当1951年中央访问团深入南方山区，慰问瑶族人民时，不少瑶族父老把自己珍藏的《过山榜》原件或抄件献给了访问团，或者委托访问团转呈党中央、毛主席。这一批记载了瑶族历史的珍贵文物，后来由中央民族事务委员会拨交中央民族学院收藏。自此以后，瑶族《过山榜》逐渐为较多的人所知，并随着对瑶语普查的进行、瑶族社会历史和瑶族民间文学调查的开展，就有更多的《过山榜》为人们所发现。

　　据统计，我国现已发现的《过山榜》有80多件。其中除了内容完全重复相同的以外，其余长短不一、叙述略有出入、形式也各有不同的，大约占70件。

　　其分布地区列表如下：

省　区	县名	件数	县名	件数	县名	件数
湖　南	江华	23	蓝山	19	道县	5
	宁远	3	城步	3	新宁	4
	隆回	1	宜章	1	县份不明	4
广　西	金秀	4	宜山	3	罗城	3
	荔浦	1	义宁	1	恭城	1
	贺县	1	兴安	1	来宾	1
	临桂	1	田东	1		
广　东	连山	2				
省份不明		3				
小　计		湖　南	广　西	广　东	省份不明	
		60	18	2	3	
总　计			83 件			

值得注意的是，瑶族中支系较多，但《过山榜》主要流传在被称作"过山瑶"（又叫"盘古瑶"、"顶板瑶"）的瑶族中。过山瑶广泛流传着起源于龙犬槃瓠，盘瑶十二姓漂洋过海地迁徙等传说。他们在过去还有禁吃狗肉，过"祭新节"时要以新收稻米饭喂狗，隔若干年要还"盘王愿"，以及对某些服饰的样式解释为与狗有关的种种说法。所有这些都可以与《过山榜》的记述相联系，互为印证。过山瑶约占瑶族人口的二分之一，分布较广，但以湘南、桂东北、粤北这一块地区为主。《过山榜》发现地区与过山瑶的分布地区是吻合的。

就中央民族学院所藏的《过山榜》来说，所署年代最早为唐贞观二年（628），最晚为1951年（油印本），其中署正忠景定元年（1260）及清康熙五十三年（1714）的不少。从形式上看，《过山榜》有手抄本和木刻印本，有在卷末绘画神像的，有卷成一卷的，有装订成书式的，也有折子式的。质料除写在土制竹纸上以外，也有写在绢或白布上的。上面大都盖有红色圆印或方形大印,印文难以辨识。据瑶族群众说,这叫做"马蹄印"。我们估计那种椭圆形的印章可能是最早的样式。

《过山榜》的文字长短不一,最短的才500多字,而冗长的将近13000字。大致可以把它分为以下几个类型:

甲型:通称《评皇券牒》,上署年代以"正忠景定元年"(按:"正忠"疑为"理宗"之误)为最多。内容包括古代平皇与高皇作战,龙犬盘护咬死高王,得娶平皇宫女为妻,搬入南山,生下六男六女,各赐一姓,是为盘瑶十二姓之始。又叙述各处田源山场三锹以上之地划归瑶人耕种,耕不纳租,渡不要钱,见官不下跪,以及禁止瑶汉通婚,准许自由买卖。最后有杜撰的封十二姓始祖为各项官职的名单,各食邑若干户,等等。这种《评皇券牒》,一般采取长卷式,绘有图案花边,末端画有彩色神像,内容似为评皇与龙犬,以及文武大臣等。这种《评皇券牒》占的分量较多,似为《过山榜》的正宗。

乙型:大都叫做《过山榜》、《过山版》、《过山帖》或《过山经》等。内容比较简略,一般叙述盘皇子孙被发过"深山之处","养身活命","猿猴做伴,百鸟为邻","并无皇税,官不差、兵不扰、斩山不税、过渡无钱",迁移各地,各州府都要放行……所书年代有迟有早,较早的是唐贞观二年(628),比景定元年(1260)要早出600多年。此外,也有书景定元年及正德二年、六年等年号的。正德年号在大理段思廉及西夏崇宗时都曾使用过,但瑶族地区都不在大理、西夏的管辖范围之下,因之它只可能是明武宗年号,指的是1507年、1511年。我们也发现有个别《过山榜》上署"初平",即汉献帝(190—193)年号的。这是所有《过山榜》中提到的最早的年号。我们认为,乙型是所有《过山榜》的"原型"。后来的《评皇券牒》可能正是在这个基础上发展起来的。

丙型:这是甲型《评皇券牒》的发展型。其内容除了《评皇券牒》所载以外，还加上当地瑶族过去的迁徙路线的记载，以及当地山林土地的占有划分等内容。这些东西显然都是后来在传抄过程中所附加上去的，其中最近的例子是1951年的抄本，除了《评皇券牒》内容外，还附加上了向毛主席提出六项要求的内容。可见在传抄过程中，瑶族人民根据自己当时的需要而临时加进一些东西去的现象是十分普遍的。这种类型的《过山榜》显然是后出的，不是早期的东西。

有些同志把《祖姓来历》、《族谱序言》、《盘王歌书》，甚至打官司的《状词》也都归入《过山榜》这一总的名称之下。其实这并不属于《过山榜》的范围。但它们毕竟是与《过山榜》一样流传于瑶族民间的汉文历史文献，因而对研究《过山榜》也有很大的参考价值。

（二）

《过山榜》流传的版本较多，内容互有出入，以至错漏之处不少，但就其主要内容看，仍不失为记载、反映了瑶族古代神话传说及历史的重要民间文献。

从我们接触到的数十份《过山榜》来看，按内容划分大致可分为两类：一类是以叙述人类起源和龙犬槃瓠的神话为主线索，描述了十二姓瑶人的由来，十二姓瑶人的迁徙、分布，以及保障瑶人生存权的若干具体条文等。另一类是除包含第一类的主要内容外，有的是在略述第一类的主要线索后，对瑶族历史上的遭遇及迁徙有详尽的叙述，特别是记载明、清两代瑶人的史实较多。各地流传的本子，又着重结合本地瑶人的历史加以叙述，各有侧重。前面提到的甲型、乙型内容属第一类，内型属第二类。

关于人类起源的神话，《过山榜》记载：

"昔时上古天地不分，世界混沌，乾坤不政，无日月阴阳，不分黑白昼夜,是时勿生。我盘古圣皇首先出身置世,凿开天辟地,置水土,造日月阴阳……"

"洪水登天,人民尽绝,重有伏羲兄妹见天下无人矣,松为公矣,梅为母,焚香结发合为婚姻。生下一皮袋,发上青山,成徭役(人),发下九州是万民……"

"我盘古皇,开辟天地,置人民,先有瑶人,后有朝廷,功称无粮(量)……"①

关于人类远古时期洪水滔天,伏羲兄妹结为夫妇的神话传说,我国南方其他民族中也有,所不同的是《过山榜》中突出了瑶人与盘王的关系,所谓"先有瑶人,后有朝廷"这一句话,至今仍是瑶族老人在"讲根底"时的口头禅,反映了瑶族是一个具有悠久历史的民族。

有关瑶人始祖龙犬槃瓠的神话,在《过山榜》中占的篇幅最大:

"评王券牒,其来远矣。徭人根骨,即系龙犬出身。自混沌年间,评皇出世时,得龙犬一只,身长三尺,毛色黄斑,意异超群之也。忽一日,评皇龙颜大怒,意欲谋杀外国高王,左右臣俱无承认,唯龙犬盘护于左殿踊跃起身拜舞,朝皇惊中外,忽然语话应答君臣,独言报主之恩,自有兴邦之志……"龙犬槃瓠在咬杀高王首级后,立下大功,被评王招为驸马,"鼓乐迎送夫妻于会稽山内……自后不觉多年,所生六男六女。评王闻知,喜之,即刻传下敕旨,封盘护(瓠)为始祖盘王,敕赐六男六女为王徭子孙,受犬之形气而生,属人之胞胎而出,为人道初,许皆自称为徭人徭子徭孙也,就安十二姓……"②《过山榜》中关于龙犬槃瓠(盘护)的神话略有出入,但都认为十二姓瑶人的始祖

---

① 广西罗城《盘王券牒》,中央民族学院藏。
② 湖南省编辑组:《瑶族〈过山榜〉文汇编》,第114、第116页,油印本。

是龙犬槃瓠，瑶人最早的居住地是"会稽山内"或"会稽山七贤洞"，这一点是共同的。至于龙犬槃瓠与公主结婚生下六男六女的故事，似乎荒谬，但从民族学的角度进行研究，显然是瑶族先民图腾崇拜的反映。

《过山榜》中涉及瑶人迁徙及分布的地名很多，这些地名有两类：一类是笼统地提到一些地名或山名，如"奉国王普天之下一拾叁省，南北两京、浙江、福建、江西、湖广、陕西、河南、山东、山西、云南、贵州、广东、四川、广西省，正盘三六公龙护出榜为号……""评王券牒，发天下十一省，万顷江山，地名开口（具）。会稽山、九疑山、九龙山、王凤山、天堂山、武当山……"这一类地名对研究瑶族历史上的分布有重要参考价值。另一类是具体地提到某一地区或某一姓氏的迁徙经过，如"洪熙元年二姓又过连山县巩桥头住居三代，又天顺王四年至到锦田杉木根平头岭住居，有长男赵华贵、盘番和二姓商议，于嘉靖二十四年杨字圳按临本县……""（嘉）靖十三年，李明月至到上武保，招引七姓瑶人来到江华龙山开居落业，再言开列于左；李姓总管地名江华泷山七里云滩，头断打上鸟江冲，又打上漕滩头，一河两岸，付与盘进先、县二人开基落业"，等等。① 提到瑶人具体迁徙经过的《过山榜》，往往有明、清两代的年号，看来是在传抄时结合本地或本姓情况加写进去的。这些地名或迁徙路线都很具体，但所提年号混乱、错误之处不少，甚至还有无从查找的年号。这种情况是由于《过山榜》长期在民间辗转传抄所致，如果经过一番去粗取精、去伪存真的鉴别，再结合查考历史文献，无疑是研究瑶族古代迁徙的珍贵资料。

《过山榜》对古代瑶族人民历尽艰辛、漂流过海的情况，有着详尽的描述。例如："景定元年，因为世界流旱，江边钓鱼失

---

① 湖南省编辑组：《瑶族〈过山榜〉文汇编》，第45页，油印本。

了红火,烧了百姓黄杉树,正来流途过山处,备十二面大船,十二姓瑶人,交过丙寅岁四月初八,良日漂游过海,游到半滩,会着狂风打落,波浪里头无揽,投靠无处,投机重有大玄众圣三庙圣王,有道有法之人,但保人丁,瑶人子孙跪在船头,许上歌堂良愿宝书,保佑子孙,天风顺意,吹上南海上岸"[①]。"盘王正在南京十保峒来京山住居为叶(业),后到南海佛桥住居为祖地……十二姓瑶人八月十五日漂湖过海,各眷内就在小南度,各写路途下山落叶(业)"[②]。从这些记叙看,十二姓瑶人经过漂流过海,来到南海小南度,从此瑶人"各分眷内","各写路途"。"南海小南度"可能是瑶人古代迁徙中的一个重要里程碑。在有的《过山榜》或瑶人族谱中,也有提到"原在武昌"或"飘湖过海……来到洞庭湖内,半载不得过湖"[③]的,反映了有一支曾居住过湖北,后越过洞庭湖,迁至湖南。

《过山榜》最有实际意义的主题,是维护和保障山区民族的生存权。如:

"入山内居住,准刀耕火种,山田坑处管业,蠲免国税夫役……"

"入山冲岭田,摆(拨)归王徭子孙承管,勒令无粮无税……"

"徭山准客民浮游贩货,不许汉家伪(为)害,豪富欺凌,侵夺山货,肥身利囗(己)。如有百姓霸占山林荒山田园……倘有刁横强诬霸占,当该禀赴前令切休,官有究治,不许差役强锁徭人,王徭永居青山,属国家所管,遂给券牒付与王徭。"

"右牒十二姓板徭搬移家丁妻儿男女衣箱枪刀斧百行等件,

---

① 湖南省编辑组:《瑶族〈过山榜〉文汇编》,第68页,油印本。
② 湖南《评王券牒》,中央民族学院藏。
③ 湖南蓝山县荆竹乡《十二姓瑶人分基来路总途》,中央民族学院藏。

游过寻访山场口（耕）种，经过各省布政司府县，乡村路头，关津齵（隘）口，军民巡捕兵丁把截去路，不许行凶盘问，开关放行，切莫阻挡行程……"

"右牒勒赐十二姓王瑶子孙任从浮游天下，随风雨浪，逢山吃山，逢水吃水，有山砍山，有田耕田，无田耕地。十二姓瑶人来不齐来，去不分家，世代本分，乃助国之人……"① 等等。

这些条款规定了徭人不完粮、不纳税，不许汉家民人、豪强富户欺压徭人，保障徭人在山区寻访山场并随着耕地的转移而迁徙住处的权利。过山瑶没有长久的固定居住地，他们数年或10多年间，随着山地的丢荒，就要另觅山场和住地，迁徙频繁，经营一种不稳定的游耕农业。这种经济生活的特点，要求保障他们开发山区和自由迁徙的权利，《过山榜》中的这些条文，正反映了他们的这一要求。

此外，《过山榜》对禁止瑶汉通婚，有严格的规定："准令汉民不许取（娶）徭女为妻，民不许与百姓为婚。盘王之女，嫁国汉为妻者，□□□□倘若不遵律令，处备蚊子作酢三瓮，开通铜钱三百贯，六（无）节竹三百枝，狗出角作梳三百付，老糠纺索三百丈，枯木船一只，宽八尺，厚十二寸，深长十二丈，若有百姓成亲者，无此六件，定言（然）入官究治"②。这样严格地禁止瑶汉通婚，我们今天来分析，要从当时民族歧视、民族压迫的时代背景上来看，也许是弱小民族为了维护生存和发展不得已而采取的断然措施吧。

瑶族民间广泛流传的《过山榜》向我们揭示了瑶族远古历史的奥秘。《过山榜》反映的史迹，在我国古代浩如烟海的史籍中，也有相应的记载。

---

①② 广西少数民族社会历史调查组编：《广西瑶族社会历史调查》第八册，第36页，广西民族出版社，1985年。

《述异记》云："昔盘古氏之死也，头为四岳，目为日月，脂膏为江海，毛发为草木……吴楚间说盘古氏夫妻，阴阳之始也。今南海有盘古氏墓亘三百余里，俗云后人追葬盘古之魂也。""南海中盘古国，今人皆以盘古为姓。"

《山海经》云："有人曰大行伯，把戈，其东有犬封国（昔槃瓠杀戎王，高辛氏以美女妻之，不可以训，乃浮之会稽东海中，得三百里地封之）。"

以上记载，说明早在春秋之际吴、楚间即有盘古氏夫妻"阴阳之始也"的传说，南海地区早有以盘古为姓的人民在那里生息。郭璞注《山海经》则直接将"高辛氏以美女妻之"的槃瓠与居住在会稽东海中的"犬封国"联系起来。把史籍记载和民间文献《过山榜》中反复提到的盘瓠夫妻原住"会稽山"、"会稽山七贤洞"联系起来分析，对我们探索瑶族先民远古时期的居住地，是十分有意义的。

范晔在《后汉书·南蛮传》中将槃瓠传说与长沙武陵蛮联系起来，对此说历来有褒有贬。唐代著名史学家刘知几认为："范晔博采众书，裁成汉典，观其所取，颇有奇工。至于方术篇及诸蛮夷传，乃录王乔、左慈、廪君、槃瓠、言惟迂诞，事多诡越，可谓美玉之瑕，惜哉，无是可也。"[1] 宋人罗泌甚至专文叙述"论槃瓠之妄"，提出"应劭书遂以高辛氏之犬，名曰槃瓠，妻帝之女，乃生六男六女，自相夫妇，是为南蛮。则知其说，原衍于此，是殆以白犬为庞尔。至郭璞、张华、干宝、范晔、李延寿、梁载言、乐史等，各自著书，枝叶其说，人以喜听而事遂实矣。"[2]

今人亦琴曾提出："研究西南民族谬误之根源，莫过于《后

---

① 刘知几：《史通·书事篇》。
② 罗泌：《路史》。

汉书·南蛮传》。"① 以上是对范氏说持贬义者。其实范晔之说在研究瑶族古代族源及居住地方面，是值得重视的意见。我国史籍中有关"槃瓠种"及"槃瓠之后"的说法，涉及南方一些古代民族，如"西南溪峒诸蛮皆槃瓠种"等②，这一问题，本文暂不涉及。至于槃瓠神话与瑶族的关系，则是研究瑶族史不可回避的问题。诚如拉法格所说的那样，"神话既不是骗子的谎话，也不是无谓的想象的产物，它们不如说是人类思想的朴素的和自发的形式之一。只有当我们猜中了这些神话对于原始人和它们在许多世纪以来丧失掉了的那种意义的时候，我们才能理解人类的童年。"③ 结合史籍记载和瑶族民间文献《过山榜》开展对瑶族远古历史的研究，以恢复瑶族的童年，是瑶族史研究工作中一个尚待努力的课题之一。

（三）

关于《过山榜》产生的时代背景，以及《过山榜》的最早出处，学术界有两种不同的意见。徐松石在《粤江流域人民史》中提出："似系瑶酋在明朝所作迁徙榜券牒文，其中叙述自宋太祖以来所受朝廷厚待恩典"。"此文不是朝廷所发，乃是瑶酋发与迁徙瑶民之一种榜牒"。日本白鸟芳郎教授认为，《评皇券牒》是南宋朝廷颁发的官方文书，是统治者给瑶族有功之人的恩赐文件，是让瑶族自由开垦山地的"特许状"④。

如果《过山榜》是颁自朝廷的官方文书，那么，必须解决

---

① 亦琴文，见《新亚细业》第9卷，第6期。
② 《宋史》卷493，蛮夷一。
③ 拉法格：《宗教和资本》，三联书店，1963年，第2页。
④ 见白鸟芳郎编：《东南亚山地民族志》第二章，云南省历史研究所东南亚研究室印，1980年。

它颁自哪一朝哪一代的皇帝，为了什么原因要颁发，以及《过山榜》的最早原件到底在哪里等问题。按照《过山榜》甲型所述，一般的开头都是这样说的："正忠景定元年十月×日，招抚瑶人一十二姓，仍照前朝评王胜牒，更新出给。"由此可知，评王券牒在景定元年只是"更新出给"，它是因"前朝"已有而来的。由此往前推，就是乙型的唐贞观二年（628）了。从记载看来，唐代的贞观之治，算是封建社会的太平盛世。《新唐书·食货志》载："贞观初，户不及三百万，绢一匹易米一斗。至四年，米斗四五钱，外户不闭者数月，牛马被野，人行数千里不赍粮，民物蕃息，四夷降附者百二十万人，是天下断狱，死罪者二十九人，号称太平。"贞观的短短几年间，财物丰盛，门不闭户，少数民族人民靠拢中原王朝的达一百多万人。在这样一个时期里，唐王朝对当时瑶族的先人颁发一个准予过山耕种的文件，也未始没有可能。但只是一个推测，我们还没有找到确凿的记载，因此不便遽然下结论。

相反地，从各种《过山榜》的内容看，却很难说明它是唐或宋王朝发给的官方文献，理由如下。

从发给《过山榜》的原因看，一般都说因龙犬盘护咬死高皇、为评皇立了功，又娶了评皇宫女，繁衍了后代，因此才被准许迁住青山，将"离田三尺、流水不到"之地，"任从王瑶子孙耕管，养生送死"，"不许百姓欺凌"。并具体规定条例若干。从口气上看，它应当是评王发出的文件，而只不过是假用了贞观、景定的年号而已。查贞观是唐太宗李世民年号、景定是宋理宗赵昀年号，他们既无"评皇"之称，在位期间也没有发生过类似"评皇"与"高皇"作战，龙犬咬死高王立功，又娶得宫女的事件，因此叙述这个故事作为发出《过山榜》的理由，在唐宋时期是不可能的。

历史上有没有类似龙犬盘护的故事呢？这是有的。它见于郦道元《水经注》、干宝《搜神记》与范晔《后汉书》等史籍中，而正是《后汉书》的《南蛮传》，把这个传说与当时的长沙武陵蛮联系了起来。为了便于与各个《过山榜》的龙犬盘护传说作对照，我们把《后汉书》中的这个故事全文引述如下：

昔高辛氏有犬戎之寇，帝患其侵暴而征伐不克，乃访募天下有能得犬戎之将吴将军头者，购黄金千镒、邑万家，又妻以少女。时帝有畜狗，其毛五彩，名曰槃瓠，下令之后，槃瓠遂衔人头诣阙下，群臣怪而诊之，乃吴将军首也。帝大喜，而计槃瓠不可妻之以女，又无封爵之道，议欲有报而非知所宜。女闻之以为帝皇下令不可违信，因请行。帝不得已。乃以女配槃瓠。槃瓠得女负而走入南山，止石室中，所处险绝，人迹不至。于是女解去衣裳为仆鉴之结，著独力之衣。帝悲思之，遣使寻求，辄遇风雨震晦，使者不得进。经三年，生子一十二人，六男六女，槃瓠死后，因自相夫妻，织绩木皮，染以草实，好五色衣服，制裁皆有尾形。其母后归，以状白帝，于是使迎诸子，衣裳斑斓，语言侏离，好入山壑，不乐平旷。帝顺其意，赐以名山广泽。其后滋蔓，号曰蛮夷……安土重旧。以先父有功，母帝之女，田作贾贩，无关梁符传，租税之赋。有邑君长，皆赐印绶，冠用獭皮。名渠帅曰精夫，相呼为姎徒。今长沙武陵蛮是也。①

稍微仔细研究一下，就可以发现，《过山榜》的产生基本上脱胎于这一段叙述。所不同的，只是把高辛氏与犬戎的争斗，改成为"评皇"与"高皇"的战争而已。此外，如槃瓠入居南山、生六男六女等情节，都是相同的。《后汉书》中"赐以名山广泽"一语，是《过山榜》产生的关键。正因为《后汉书》有"田作贾贩，无关梁符传租税之赋"的记载，所以才在《过山榜》中演变引申为"一准令王崐于孙一十二姓，永属深山。"

---

① 《后汉书》卷116，《南蛮西南夷传》。

"一准令……刀耕火种、粟麦活命、麻豆安身。日后居住久远，人众山穷，开枝分派，许各出山、各择去处，途中逢人不作揖，过渡不用钱，见官不下跪。""一准令王瑶子孙，日后若择居山林，搬移家眷，大男小女，行动成群，沿途歇宿，不许关津渡口盘诘，阻挡勒取民钱。"以及"王瑶子孙采斩竹木，栽种麻豆、苎茄、藤茶、麦、禾、粟，通客与贩，不许形势之家妄作各取"的种种说法。正因为《后汉书》中"有邑君长，皆赐印绶"的语句，才使《过山榜》中出现"一赐男姓盘名启龙，封助国公，食邑五千户。一赐男姓沈名贤成，封骑侯，食千户，补尧州刺史。一赐男姓黄名文敬，封光禄大夫"的种种说法。由此可以说，《过山榜》的形成，不是出于贞观、景定年间皇帝的颁发，而是唐宋期间《后汉书》这一段故事在瑶族民间，首先是在瑶族首领与一些文人中的传播。如果要追索《过山榜》的原件，就不是从唐宋期间去找的问题，而是按《后汉书》提供的线索，要到高辛氏那里去寻找了。

为什么说《过山榜》是唐宋期间《后汉书》这一段故事在瑶族民间的传播呢？这倒不仅因为《过山榜》上有贞观、景定的年号，而且还由于《过山榜》中所述的有些内容，在唐宋的史实中可以找到它们的影子。要知道人类的任何一件作品，都可找到时代赋予它的烙印，又何况是像《过山榜》这样的民间历史文献呢？

据《新唐书》地理志载："唐兴，初未暇于四夷，自太宗平突厥，西北诸蕃及蛮夷稍稍内属，即其部落列置州县。其大者为都督府，以其首领为都督、刺史，皆得世授，虽贡赋版籍，多不上户部，然声教所暨，皆边州都督、都护所领，著于令式。"这是唐代羁縻政策的一部分，这种首领世袭，而贡赋版籍多不上户部的羁縻州，当时全国竟有七百六十二个之多，"蛮隶江南者，为州五十一，隶岭南者，为州九十二"①，其中显然也包括了一大部分瑶族地区在内。影响所及，《过山榜》才会书写封十二姓祖先为各种官职的内容。尤其值得注意的是有不少官职是任某州的刺史，这是与唐代的制度相符合的。唐代封爵分九等，第六等是开国县侯，食邑千户，从三品官。第七等是开国县伯，食七百户，正四品上官。《过山榜》中所列的封爵，主要也是这几等。州的刺史，分上、中、下州三种，上州刺史，属从三品，开宝元年（968）以后改称太守，其品级仅次于各部尚书（正三品）。中、下州刺史亦属正四品下。《过山榜》中称刺史而不称太守，可知其写时可能在天宝（742）以前。如果说是贞观年间（627—649），那是完全有可能的。

宋代初年，是历史上瑶族活动频繁，十分引人注目的时期。《宋史》载："唐季之乱，蛮酋分据其地，自署为刺史。晋天福中，马希范承袭父业，据有湖南，时蛮瑶保聚，依山阻江，殆十余万。"② 宋太祖下荆湖以后，招抚瑶人秦再雄为辰州刺史之事，已为很多人所熟知，此处不再赘述。其实当时瑶人封官的，绝不仅仅秦再雄一人，如庆历三年（1043）桂阳监瑶人首领邓文志、黄文晟、黄士元"皆为三班奉职"。庆历七年，瑶族首领唐和、盘知谅、房承映、房承泰、房文运等人为峒主，并"授银青光禄大夫，检校国子祭酒兼监察御史、武骑尉"等职。宋代瑶人首领的这种封官授职情况，可能保留了相当长的一段时间。到了南宋时，北方的蒙古族十分强大，继灭了西夏以后，又与南宋联合攻金，统治了中国北方地区，景定五年（1264）迁都燕京，咸淳七年（1271）改国号为元。而南宋小朝廷领土不及北宋时的三分之二，每岁收入却约略相等，这完全是腐朽、昏暴的南宋统治者在

---

① 《新唐书》卷21。
② 《宋史》卷493。

这一地区横征暴敛，巧取豪夺的结果。政治局面的动荡，经济剥削的加重，使得南宋统治的150多年时间，农民起义及"兵变"先后不下200次之多。在这种形势下，居住山区的瑶族进行搬迁，并重修《过山榜》，利用它来作为反对民族压迫与阶级压迫的斗争武器。《过山榜》中所列的一些官职名称中，如充州刺史、信州刺史、文州刺史、藤州刺史等等，其中的地名，有的是唐代的羁縻州，如充州，属江南道，武德三年（620）以牂牁蛮别部置，属县七，有平蛮、东停、韵明、牂牁、东陵、辰水、思王；有的州却是宋代的建置，如文州，属广南西路，崇宁五年（1106）纳土，大观元年（1107）置绥南寨，绍兴四年（1134）废。这就表明有的内容是在宋代时陆续补充进去的。由于这是产生在社会动乱时期，瑶族利用来作为保护自己在山区生存权利的杜撰文献，因此所列的官职当然不必一定都是事实，实际上要从这些州的官吏名单上去查证，也是得不到满意的结果的。这些地名只是反映出瑶族人民在当时已经知道或耳闻过而已。奇怪的是为什么不少《过山榜》都写有"景定元年"（1260）年号，有的还有"拾月贰拾壹日"或"十月十一日"的具体日期，在这后面是否还隐藏着一段什么故事，现在却还是一件疑案。

各种《过山榜》所载年号尚多，有的显然是传抄时的年代，所指还比较清楚。但有如"平皇十八年"、"开宝八年"、"绍兴二年"等年号，其中有的情况和我们前述的大致相似，但有的却还需要作进一步的具体分析。我们所加以说明的"贞观二年"、"景定元年"年号只是其中最为重要，带有关键性的两个年号而已。

《过山榜》是一部瑶族民间长久流传的文献，它究竟起于何时，尚待研究，如以文件提到的"开宝二年八月十五日给照施行"[①]作参考，则距今至少已有一千年的历史。这样源远流长的《过山榜》的价值，正在于它记录了瑶族民间关于远古历史的回忆，记录了瑶族历史上的迁徙和遭遇，反映了人民为维护民族独立与生存而斗争的历史。这就是人民一直珍藏它、重视它的原因所在。《过山榜》为瑶族史的研究提供了许多重要的线索，是我们探索瑶族远古历史的一把钥匙。对待《过山榜》应像对待古代文化遗产一样，取其精华，去其糟粕，结合文献资料的考证，把瑶族古代史的研究推进一步。

载《中央民族学院学报》，1981年第2期。

---

① 广西少数民族社会历史调查组编：《广西瑶族社会历史调查》第八册，第36页，广西民族出版社，1985。

近代小瑶山地区土地关系的历史研究

中国广西有大瑶山、小瑶山两个瑶族聚居地区。

大瑶山是一个山区，位于广西中部。它曾分属附近的修仁、荔浦、武宣、桂平、平南、蒙山、象县7县所分辖，是这些县的边远山区。20世纪初，曾在这里建立了金秀、罗香、滴水、六巷4个"团"。团有团总，与原有的石牌组织相结合，负责境内的治安等事。以后在一部分地区，建立乡村组织，到1933年"开化"大瑶山时，大部分地区都分别成为附近各县的边远"乡"，只有中心地区金秀一带，经过"开化"与"反开化"的斗争，最后建立了县一级的"金秀设治局"（起初叫做"金秀警备区署"），有行政、教育等权，但司法等权仍由附近原来有属属关系的各县所掌握。直到20世纪50年代初，这里才建立统一的大瑶山瑶族自治区，成立了县一级的自治区政府（1952年5月28日）。1955年8月改称"自治县"，1966年改称现名"金秀瑶族自治县"。这里住有瑶族5个支系，即盘瑶，又称盘古瑶、山子瑶、坳瑶、花蓝瑶和茶山瑶，共有瑶族3万多人。住在大瑶山的这5个不同支系的瑶族，在经济发展、社会结构、风俗习惯和语言文化等方面都有自己的特点，长期以来，受到很多学者的重视。从20世纪30年代以来，就有学者到那里调查，先后出版了《广西瑶山两月观察记》（任国荣）；《广西象州东南乡花蓝瑶社会组织》（费孝通、王同惠）；《瑶山散记》（唐兆民）等著作。20世纪50年代以来，广西少数民族社会历史调查组更在那里举行了比较全面的调查，编有《调查报告》多册，在20世纪70年代后半期开始，陆续公开出版。从大瑶山瑶族的历史、政治、经济、文化、习俗等各方面进行了记录。本文作者与广西民族学院的范宏贵教授，在1980-1982年，也在那里进行多次调查，出版有《盘村瑶族》一书。此外，有关单位还在那里拍摄过大型的社会科学纪录片，并陆续出版了一些有价值的著作。由此可见，大瑶山在20世纪内已成为瑶族研究的一个热点，并有了不少重要的研究成果。

小瑶山位于大瑶山的近旁，其中心在金秀瑶族自治县（大瑶山）以北荔浦县的蒲芦一带。除此以外，它还包括茶城的文德、清良，鹿寨县头排区的合兴，黄冕区的爱国，寨沙区的大平，永福县的堡里区以及阳朔县的一部分区乡等。跟30年前的大瑶山一样，小瑶山一直为附近的荔浦、鹿寨、永福、阳朔等县所分辖，成为这些县的边远山区。历史的发展没有为小瑶山消除历史上的分辖提供机会，所以直到现在，还一直保留着这种分属附近各县管辖的情况，但都已先后分别建立了瑶族自治区或自治乡的编制。而"小瑶山"这一名称，也显然是与"大瑶山"相对而言的。由于长期以来一些学者的注意力都集中于大瑶山地区，为生活在那里的5个不同支系的瑶族复杂情况所吸引，因此就冷落或忽略了对小瑶山的研究。一般来说，去那里调查，并写出调查报告或其他研究作品的比较稀少。

小瑶山与大瑶山虽然同属瑶族聚居的山区，但两者不同之处在于大瑶山内居住有多个瑶族支系，在语言、服饰、习俗、经济发展等各方面都有差异。而小瑶山地区居住的却基本上只有一个盘瑶支系，盘瑶又叫盘古瑶、板瑶，在全部瑶族中，要占总人口的一半以上，是瑶族人口最多的支系。他们讲的语言属汉藏语系苗瑶语族瑶语支，内部除了在音韵、词汇方面有少许差异外，基本上变化不大，各地盘瑶都可以互相通话。此外，在服饰、节日、习俗、经济生产等方面也有很多共同点。有的地区妇女头上包很长的头帕，缠了一层又一层，形成一个大的圆形包头，被称作"平头瑶";有的地区妇女头上却包有向上高耸的尖塔形头帕,被称作"尖头瑶"。但这种不同的服饰,在历史上也曾经可以互相置换,并不妨碍他们认同为同一个支系。他们有共同的盘护(槃瓠)起源传说,流传甚广,是瑶族著名的民族起源传说,并载入他们的民间文献《过山榜》("评王券牒")之中。因此,研究小瑶山盘瑶,有着它特殊的意义。本文主要以作者在小瑶山地区发现搜集的土地买卖契据等为基础,对那里近代的土地关系做一点考察。

一

瑶族历史上的土地关系,要从他们最早的记述开始。

在瑶族民间保存的古老文献"评王券牒"(又叫"过山榜")中,记录了他们世代相传的民族起源传说,以及一系列与之有关的社会生产、生活情况,是他们早期社会情况的反映,并一直延续影响到近代生活。

在"评王券牒"中首先叙述了古代有评皇与高皇作战的故事。由此引出了评王畜有名为"盘护"(槃瓠)的龙犬,协助评皇咬死敌方高皇。并带回高皇首级,因之受赏,与高皇的公主成婚,并被封到会稽山居住。在山区先后生了六男六女,他们自行婚配,繁衍子孙后代,成为十二姓瑶人的祖先。成为瑶族(盘瑶)的民族起源传说。此外,还同时记载了瑶人后代永远居住青山,刀耕火种,以山上的旱地开荒耕植,营生活命的说法。其中在土地关系上,尤其反复强调"蠲免国税","免收租税"的内容,显示出瑶族人民在山区中有着自由开垦,永无租赋的特殊情况。其具体记载很多,可以摘引一些如下:

1. 离田三尺三寸,便是瑶人土地。
2. 国家有地,出给券牒,自有青山,刀耕火种,为活根据。

并无数目,永免租税。

3. 自古至今,任青山居住,营生耕种,但有富豪百姓,不得欺凌占夺,定行籍没家产,依条法律。

4. 评王有敕,只许安(住)青山角,近十二姓子孙,出榜书祀典。评王下券牒,得系国家免征税,免租税,自供身口。

5. 准朝廷出公据券牒,付与后代子孙,任便去处安住……

6. (瑶人)各离田三尺三寸,人山取竹斩木,问过瑶人。斩山无税。过渡无钱。任从瑶人自斩自得。

7. 天下一切山场田地,会典皇瑶子孙耕种,营生活命,蠲免国税,夫役不敢需索侵害,良瑶永远管山,刀耕火种。

8. 会稽山内旷野营生,正是刀耕火种,营命(生)安身。后居住久远,年年人众山穷,开支分派。圣旨敕下,许各出山另择山场,途中逢人不作揖,过渡不用钱,见官不下跪,耕山不纳税。

古代遗留至今的瑶族《坪王券牒》,有多种不同版本,这是其中最常见的一种。

9. 离田三尺三锹，庠水不上，尽是一十二姓皇徭子孙，蠲免国税。如有乡官势民，宽田大洞，民家所管山场，任从皇瑶子孙耕管，安任（住）度活。

10. 皇徭子孙居住深山，刀耕火种，营身活命，本分为人，毋得惹祸生非，各着王法。如有不遵者，罪不轻恕。

11. 向后代徭人立榜文，徭人在高山，逢山开山，逢水吃水，不得收取钱粮。

12. 自上古给护（付）盘皇圣祖过山榜文券牒，与我瑶丁十二姓子孙，授执录为凭。斩木根，吃木尾，世代开（垦）耕种，自供身口。补（普）无之下，四置山林，应（任）我盘古瑶子孙，刀耕火种。逢山吃山，逢水吃水，无容阻往。离田三尺，复（庠）水不到，系盘古瑶子孙永代管耕。我盘古圣王，开辟天地，置立人民，先有瑶人，后有朝廷，功称无量。子孙补职供给，执券牒为凭。□□实系盘古瑶子孙，应开（该）免税，耕种无祖（租）。千年不改变，万代永（成）规"。①

从以上的多种叙述，表明瑶族先人自古以来就是：一、"居住深山"的山地民族，这种山区居住的情况，在生活的各个方面，都打下了很深的烙印，它不仅表现于衣、食、住、行，而且也反映在生产、从业及生活习俗的各个方面。二、在山区中除了狩猎、采集以外，主要已发展到刀耕火种的农业。这种刀耕火种的生产方式，决定了它们的产品主要为粟、豆、薯、芋、麦等旱地作物，这也成为瑶族人民生活的主要粮食。三、山区的基本情况是地广人稀，荒山草坡较多，一般是自行圈地，即可耕种。但因缺少施肥习惯，所以一般在连续播收几年后，即将原耕地抛荒，另行觅地垦种，形成了耕地的相对不稳定。四、基于以上原

---

① 本文所引各段《评皇券牒》的文字，全都来自保存至今的《评皇券牒》的各种不同版本。其中错字、别字、漏字、衍字较多，一般未作改正。

因，所以瑶族中过去很少出现个别人占有大量荒山，然后批转给别人耕种的现象。但由于他们居住的附近都已是地主经济的社会结构，所以也经常出现山地或荒山属外族地主或外族集体所占有。瑶人需要耕作，往往与族外的地主、山主发生租佃关系。而在他们过去持有的《评王券牒》中却规定，所有耕作的土地，一概"蠲免国税"，不许外人"收取钱粮"、"租税"。长期保持耕作自由、不交租税的旱地农业。这种情况，直到近代，还在一些瑶族山区程度不同的保留着。从历史记载来看，有的古籍中也反映了这种情况，例如：

范晔《后汉书·南蛮传》记有以槃瓠为祖先的"长沙武陵蛮"情况：槃瓠与高辛氏之女婚后"生子一十二人，六男六女。槃瓠死后，因自相夫妻，织绩木皮，染以草实，好五色衣服，制裁皆有尾形。其母后归，以状白帝。于是，使迎致诸子。衣裳斑斓，语言侏离，好入山壑，不乐平旷。帝顺其意，赐以名山广泽。其后滋蔓，号曰蛮夷……以先父有功，母帝之女。田作贾贩，无关梁符传租税之赋"。

《隋书·地理志》："长沙郡又杂有夷蜒，名曰莫徭，自云其先祖有功，常免徭役，故以为名。"

[宋]范成大《桂海虞衡志》：瑶人"名为徭而实不供征役。各自以远近为伍，以木叶覆屋，种禾、黍、粟、豆、山芋，杂以为粮。截竹筒而炊。暇则猎山兽以续食"。

[宋]周去非《岭外代答》："瑶人耕山为主，以粟、豆、芋魁充粮，其稻田无几。"

《宋史·蛮夷列传》："蛮僚者，居山谷间。其山自衡州长宁县，属于桂阳，郴、涟、贺，韶四州。环行千里，蛮夷居其间，不事赋役，谓之瑶人。"

《古今图书集成》卷1396：瑶民"僻处山间，地瘠民贫，刀耕为业，不产蚕丝"。

顾炎武《天下郡国利病书》第 27 册,广东上,博罗县志:"瑶本槃瓠种……其在邑(博罗县)者,俱来自别境,椎髻跣足,随山散处,刀耕火种,采实猎毛,食尽一山则他徙。"

《广东通志》卷 330,列传 63:"潮州府畲瑶民……其姓有三,曰盘,曰蓝,曰雷,依山而居,采猎而食。""增城县瑶人。在增城者,居县属边境山岩间,刀耕火种,善用弩箭射兽。"

《纪录汇编》卷 60:"瑶人……采竹木为屋,绸缪而不断,绳沤竿窦覆以箐茅。树畜粟豆牛羊,杂以为饷。不足,则伐山猎兽以而续之。"

[清]陈徽言《南越游记》卷③:瑶人"所居皆茅舍板屋,种禾、黍、芋、豆,杂以为粮,不足则迁徙谋食"。

[清]光绪《临桂县志》卷 32:"高山瑶,架竹木为屋,覆以青茅,种禾、黍、山芋、豆、薯为粮。"

二

以上所述为直到 20 世纪前半期为止的瑶族山区,主要是盘瑶山区的大致情况。但是社会现象往往是复杂的,在整个瑶族社会里,由于支系众多,各地山区发展情况不同。因此同时也存在着许多特殊的田地所有形态,显示了瑶族社会的发展不平衡,以及各瑶族山区的特殊性。其情况之复杂,往往出人意料之外。为了有一个比较全面的概念,本文选择一部分突出而又著名的地区,作一番简述。

在大瑶山地区,过去习惯上把 5 个支系分为山主和山丁两大集团,茶山瑶、花蓝瑶、坳瑶属于"山主",盘瑶、山子瑶属于"山丁"。以 1952 年人口统计为基准,"山主"支系的人口共约 6000 余人,"山丁"支系人口共约将近 12000 人。名义上大瑶山的山林、土地、河流都属山主所有。山丁耕作时,需得到山主确认，并缴纳实物或货币山租。但实际上，长期以来，山主中已有了贫富分化。到 20 世纪 50 年代初，山主中只有一小部分是地主和富农，其中的中农、贫农、雇农属于大多数。山丁中也有了个别富农和少数中农，当然贫农与雇农仍占有很大比例。那里的土地所有关系大致有：为某个山主支系的村寨所公有；该支系中同一房族的若干户所共有；以及单家独户，个体占有三种形式。其租税形式有实物地租与货币地租两种。实物地租又有当年收获分成租，定额租与种树还山，以给山主义务种植一定品种和一定数量的树木作为山租等等。货币地租也有定额货币地租和货币与劳役相结合的形式。此外，在山主中还订有范围大小不同的"石牌"，以"石牌制度"维护当地社会的秩序。它们巩固和保障着大瑶山地区的山地所有与租借关系。

在广西南丹县的（白裤瑶）瑶族地区，有一种"油锅"组织，当地瑶语称作"破朴"，有"同宗共祖"，相互帮助的意思。油锅中各户同一姓氏，往往带有血缘为纽带的父系家族公社的特点。参加者最少 2 户，一般不超过 15 户。油锅内部有共有的水田、畬地和山场，租与各户耕作后，收取租谷或猪肉作实物地租，再平均分配给同一油锅内的各户。这种公有的田地，称作"油锅田"或"清明田"。租额一般比普通私田较轻，一般为收获量的三分之一。一些公有的山地，如由同一油锅内的成员开垦，一般都不必纳租。有婚丧、建房、病灾、祭祀等活动时，同一油锅内的各户也有互相支援、帮忙的义务。到了近代，这种油锅组织已有慢慢由血缘关系向地域关系转化的趋势。表现为村寨有同姓氏的人共同居住，土地由村寨共有，他们去世后埋葬入共同墓地，以及有了共同的社庙等。表明油锅组织正逐渐由血缘组织向地域关系过渡。

广西南部、中越边境上思、防城一带的十万大山（山子瑶）瑶族地区，长期以来生产落后，除了少量砍刀、斧头外，还停留在用挖掘捧点洞播种，以竹片、木棍脱粒的阶段。原始刀耕火种通过"央哥"的共耕组织进行。"央哥"为瑶语，有"大家一起做"的意思。这里过去的土地大部分为村社全体成员公有，包括山林、坡地、河流和小部分水田、旱田，归几户或十几户所共有。个体家庭私有土地所占比重不大，一般是水田、旱田或宅旁土地。"央哥"是数户共有的共耕组织，其中又可以划分为血缘共耕（包括父子、祖孙、兄弟共耕或姻亲共耕等）和地域共耕（包括村社共耕与邻居共耕、跨村共耕等等）。这些共耕土地除村公有土地外，也有"央哥"建立后，集体从汉、壮族地主手中买山，作为"央哥"的公产，进行伙有共耕。在收获季节，多在地头平均分配。猎兽、毒鱼，以及出售共有杉木等也往往是集体性活动，平均分配所得。只在20世纪三四十年代开始，才出现少数拥有耕牛、农具较为齐全、占耕地较多，并拥有少量玉桂、八角、杉木等经济林的富裕户。但一般来说，都还停留在生产力低下，原始共耕，平均分配，生活贫困的阶段。

广东北部连南县的（八排瑶）山区中，过去的田地有一部分是属于某一姓、某一房的公有财产，称作"太公田"。"太公田"指同一祖先（太公）留下来的共有财产或者是子孙其同集资购买后，充作公有的集体田地。这些田地在亲房内部出租，以收益（租谷）供每年祭祀祖先（太公）之用。此外，也有一些是将因无子孙后代而遗下的田地，以及已出嫁女儿死亡后，所收回的陪嫁田等等，充作这一姓或这一房的共同财产。这种公有田地，如果是可以耕作的，一般都照顾同一太公（祖先）名下的贫困户，由他们耕作后，交一部分租谷，以供祭祀祖先（太公），以及同宗各户聚餐之用。此外也有轮流耕作公有田地，每年由轮到耕作的各户出资负担当年的公共费用。还有的是经的各户讨论决定后，交由一户或几户长期耕作，并决定每年交租谷的数目，以供公共花费。如有未能交出租谷的，则另选别户继续耕作。而太公山上的杂树，一般都由同一太公的子孙各户自由砍伐，供作烧柴，无关的人不能砍伐。如有需要开荒垦种的，只要是同一祖先的后代，都可以经过一定手续后，任意择地垦种。有一部分荒山野岭，所有权不仅属于某姓某房，而属于全排（即"村"）所共有。那么，凡是村内居住的不同姓，房下的各户都有权开荒垦殖或砍伐烧柴。只是随着私有制的确立和扩大，这种公有山林的现象正在日益缩小。有的为有钱有势者所左右，正慢慢失去其原始公有的性质。在这样的瑶族山区里，各个"排"、"冲"（即村）内，还有天长公、头目公、烧香公等瑶老领袖人物，有的研究者将它们看成为古代"氏族社会的遗迹"。

居住在云南省南部金平、河口、屏边、易武等地的瑶族（蓝靛瑶），由于是后来迁入该地区的，所以在他们到来之前，田地基本上已为外族的土司、山主所占有。因此瑶族迁去以后，表面上看来保持着村社自由"号占"土地的形式，而且这些土地都不得转让、抵押或买卖。但实际上早已由外族土司所占有，因此在那里的各瑶族家庭都必须向土司缴纳地租，才能得到垦种的允许。否则土司有权没收或由别户夺占。而那里瑶族村寨中的"目老"、"寨老"等上层人物，还保留着民主选举或自发形成的情况。这种表面上的自由开垦与实际上的交租种植交错一起的土地关系，以及带有农村公社性质的社会组织构成了那里瑶族地区的特色。

到20世纪40年代末，中国的瑶族地区除了以上种种的土地所有形式以外，有部分地区已经贫富分化十分明显，出现了少数集中拥有大量田地的地主。如广西都安县的弄合乡弄楠屯，仅蒙有福等三户地主，就占有了全屯耕地面积737.7亩的50%以上[①]。广东连南县军寮排7.94%的地主、富农占有水田的

---

① 广西省民族事务委员会：《都安县少数民族地区六个乡的社会经济调查》。

31.31%、耕牛的33.1%、种植杉木的44.46%、农具的23%。而占总人口71.76%的贫农只占有水田的20.33%、杉木7%、农具41.2%、耕牛的22.93%[①]，这是瑶族地区内部农业生产资料占有比较悬殊的一些情况。它反映了20世纪中叶瑶族地区社会经济发展的不平衡，也说明近代各瑶族地区农业发展的多样性是当时瑶族社会的一个特点。不承认和注意这个特点，就抓不住近代瑶族社会经济发展的要素，就会使瑶族研究流于片面和绝对化。

此外，在一部分林业生产比较发达的瑶族山区，如湖南江华县等地，还存在有"种树还山"，或"砍木还山"的特殊山租形式。就是在瑶族农民租种山地时，租种者要为山主在山地上栽种杉树幼苗。而他们自己只能在树苗间插种杂粮，待三四年后，杉树长大，不宜间种农作物时，就要将成林的杉树和山地一起无偿地缴回山主，以种植的杉树顶替这几年的山租。有的地区，除了"种树还山"以外，每年还要分一部分收获的杂粮交给山主，作为实物山租。也有的地区，租种者要继续看管成林的杉树，有缺漏的还要补种。待15年或20年后，杉树成材可供砍伐利用时，山主挑选粗壮高大，近溪河容易外运的杉树，作为自己的收入。而租种者只能得到一些偏远难运，瘦细歪扭的杉树，作为看管这10余年、20年杉树的劳动报酬，叫做"砍木还山"[②]。这是瑶族山区农、林业相结合，并且木材商品化比较发达的山区，所特有的山租形式。也是瑶族农民身兼林、农业，以长期的劳役换取短期山地耕种或少量实物报酬（林木）的比较特殊的山地租佃关系。

所有以上一切说明，瑶族山区农林业生产的发展中有着它的

---

① 广东少数民族社会历史调查组：《广东连南瑶族情况》。
② 湖南省少数民族社会历史调查组：《湖南省江华瑶族社会历史调查材料》。

特点，不能生搬硬套地用一个同一模式去解决和说明问题。瑶族山区农、林业发展的多样性本身，就是它具有的特点之一。

三

20世纪80年代初期，为了与大瑶山的盘瑶研究作对照，笔者曾到了小瑶山的中心——荔浦县的蒲芦地区。那里的盘瑶族以耕作水田为主，农业生产已有了较快的发展。我有幸在那里发现了瑶族民间珍藏的一些田地契据，感到这是难以见到的瑶族历史文献。这是因为：一、长期以来，如前所述，不少瑶族山区都是采取任意号占山地，自由开垦种植的农业生产方式。很多山岑或者"无主荒山"，或者属族系，村寨所共有。以习惯法进行管理，或者合伙开垦，平均分配；或者各户自垦，收获归种植者所有。不存在山地的所有权和租佃问题，因此更不会出现山地契据或租佃借约的问题。二、有的地区，山岭田地属于外族山主、地主所有，土地买壳主要在外族地主之间发生，所以瑶族内部也不存在契据的问题。他们向外族山主租种山地，一般也不订文字契约，而由耕种者带少量礼物，求得山主同意后，讲明秋后收获物的分配比例或约定数量即可。这种口头上协商，就作为田地租佃的根据，此外没有文字方面的契约。有的地区甚至牵涉到田地买卖，也不立契据，只要双方确认，或者请中介人作证，一起吃一顿饭即可。在过去民风比较淳朴的条件下，这种办法有一定的效用。三、即使有少数地区发生有田地买卖、租借情况，并写有契据，但它不像瑶族民间流传的《评王券牒》、《过山榜》及记录家庭历代埋葬之地的"家先簿"等，都可以根据需要抄写复制，流传多份，在各地收藏。而这些契据一般都只有一份，在不断的迁徙，经常的水、火灾害等各种不同原因下，很容易失落。从后面的契据所述，可以看到这方面的例子。四、从20世纪50年代初以来，瑶族地区也历经了各次运动，像和平土地改革、农业合作化、阶级教育运动等活动中，往往要收缴这些反映过去经济关系及田地所有权的契据，或者公开焚毁，或者弃置作废，造成瑶族地区本来就比较稀少的这类文书，就更被毁损殆尽。因此能漏网保存至今的这些契据，大都是一些酷爱本民族民族文化，重视历史文献，喜爱和珍重本民族原来就不太多的民族文物的瑶族老人所特意秘密收藏起来的。他们一般将它卷成圆筒形状，外包数层油纸，捆扎紧密，然后放入瓷瓶、瓦罐，或套入干竹筒内，然后再加包扎，放在屋梁之上；或埋在宅地近旁。不仅秘不示人，而且连知道的人也不多。直到20世纪70年代以后，人们注重和搜寻古物的空气渐浓，大家也渐渐明白保存这些历史文物的意义以后，这些实物资料才重见天日。它不仅是民族历史的见证，也为过去岁月的研究提供了重要线索，它们是最能说明问题的权威性的实物资料。

　　本文所发表的四份瑶族地区田地买卖契约，分别属于清道光二十年、光绪二十八年、民国十九年和二十年。选择这四份契约的原因是：它们代表不同的时期，并且能够说明一些问题。第一件契据是清道光二十年的文书。道光二十年即1840年，这一年也正好是中国近代史的开端，鸦片战争标志着旧中国从此进入半殖民地半封建社会。瑶族地区也大致与之相似，这是一份反映瑶族地区进入近代史后最早的土地关系的资料，它代表着地主经济比较发展的一部分瑶族地区已存在着土地买卖关系：从契据内容推测，这种土地买卖关系可能已有较久的历史。而从其书写内容看，显然又有着较大的缺陷与问题，反映这里文化的低下，以及学习汉族地区土地买卖形式时所存在着的不足之处。第二个文件是光绪二十八年的契据。光绪二十八年即1902年，它处于20世纪的开头，距清朝走向灭亡还有不到10年的时间。这时候的中国正是国难深重，瑶族地区地主经济有了较快发展的时期。第三份、第四份契据，都为20世纪30年代初（民国19年、20年）的文献，正是中国进入现代史以后的时期。它基本代表了20世纪50年代以前现代瑶族地区的情况，这两份契据一为完全手写体的文件，另一件却是使用当时地方政府"荔浦地方财务局制"的"契纸"，并且由政府部门编号盖章。它与过去仅由官府盖章不同，表示那里瑶族地区的土地买卖关系已完全列入政府的严格管理之下，与清代的情况有所不同。现将这几份文契的内容，并反映的问题略作说明如下。

清道光二十年（1840）的契据，其影印件与文契的全部文字如下：

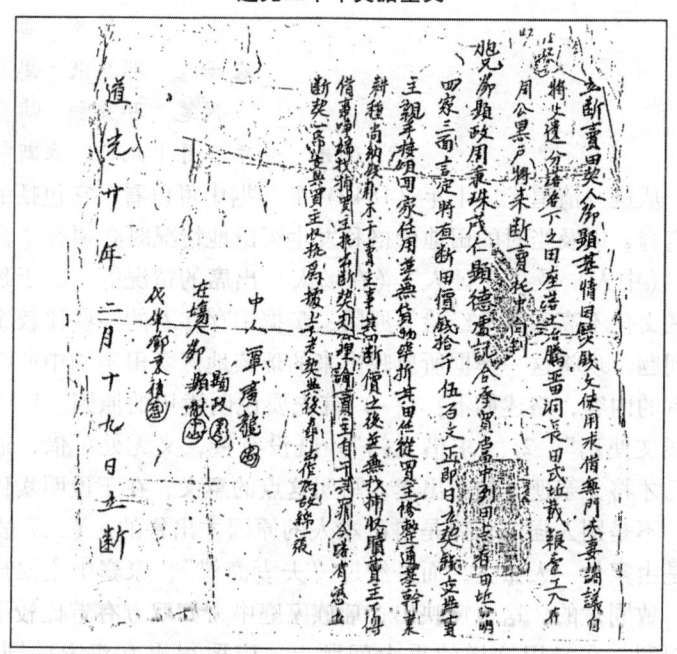

道光二十年契据全文

立断买田契人邓显基情因缺少钱文使用，求借无门。夫妻谂议，自将父遗分落名下之田，坐落土名腾晋洞，长田贰丘，载粮壹工，入在周公黑户，将来断买。托中问到，胞兄邓显政，周秉珠，茂仁，显德处说合承买。当中到田点看田丘分明。回家三面言定，时值断田价钱拾仟伍佰文正。即日立契，钱交与卖主，亲手接领回家任用，并无货物准折。其田任从买主修整，通基干业耕种，尚纳钱粮不于卖主事。其田断价之后，并无找补收赎，卖主不得借事争端找补。买主执出断契赴公理论，卖主自干其罪。今落有凭，立断契一纸，交与买主收执为据。上手老契，与后寻出，作为故纸一张。

中人　覃广龙　㊞

显政　㊞

在场人　邓显猷　㊞

代笔　邓秉积　㊞

道光　廿年二月十九日　立断

从这一清道光二十年（1840）的契据中可以看出它包括的主要内容，以及当时的田地价格和发生买田地情况时必须有"介绍人"（中人）及"见证人"（在场人）出席的情况等。由于瑶族地区文化不高和缺乏经验等原因，契据中存在着的一些比较重大的问题。现将这一契据所反映出来的瑶族地区卖田契约中所必须具有的内容，略述如下：（一）首先要说明卖田的原因。1."缺少钱文使用"。2."求借无门"。既没有钱，又无处可借，逼不得已才将父亲遗下的田出卖。写明这点的意义，在于说明卖田之事，不是别人强迫，而是自己本人的原因才出售的。（二）卖田不是由家长一人做主，而是经过"夫妻商议"，家庭中主要成员所一致同意的。这也反映出在瑶族家庭中夫妇双方有着比较平等的权利，在卖田这样的重大问题上，应取得男女双方的同意。（三）卖田的经过情况是：1. 首先必须问过自己的近亲亲属，即契中所说的"托中问到胞兄邓显政"等人处,因他们有买田的优先权,其意义在于尽量不要将田地流入外姓人手中。直到近亲无力购买,才能转而出售给外人。2. 这件契据中,没有明确表明买主是谁。很难看出买主是否就是"周秉珠、茂仁、显德"等人中的一个,还是另有其人,这是契约中存在着很大的缺陷。3. 卖出的田坐落在"土名腾晋洞"的地方,但东、南、西、北靠近谁的田地,却没有注明。既没有地图,又不写明"四至",只知道在"腾晋洞"地方,这是一种非常含糊不清的说法,很容易发生争执。这种只有当事人和附近当地人知道的说法,却不在契文明确说明,也是这份契据中书写得幼稚的地方。4. 关于出卖田地的面积大小,也十分含糊。只知道它是"长田贰丘,载粮壹工",但却没面积数字。虽说按照当地习惯,这种田地一般都随着地形变化而形成一丘丘的划分,或按照历史上的分割而有了大小不同的田亩。但是在田地契约上没有明确说明,也很容易发生问题。(四)关于这次田地买卖的经过,这个契约上说得比较详细:1. 是首先"当中到田,点看田丘分明"。就是说买卖双方,以及"中人"(介绍人)一起,进行实地踏勘,明确所卖田地的坐落和大小,也有当着介绍人之面,对这块田地的所有权进行交接的意思。2. 然后是"回家三面言定"。一般是到卖田人的家,有"中人"参加,共同商定价格。一般来说,由于在踏勘以前,对价格已有了一个大致的说法,所以共同踏勘以后,有再一次商讨,并最后确认的意思。按照契中所述,这两丘田的价格为"时值断田价钱拾仟伍佰文正"。这是双方同意的价格。时隔一个半世纪以后,而且各地田地价格还受各种因素的影响,因此无法判定其贵贱。3. 契约的最后是"即日立契,钱交与卖主,亲手接领,回家仕用,并无货物准折。"反映出这是一件现钱交易。钱契两交,没有任何遗留问题。表明这两丘田的买卖关系已全部完成。(五)是说卖出的田转移了所有权以后:1. "其田任从买主修整，通基干业耕种"。以及"尚纳钱粮，不干卖主事。"表明有关田亩的权利（修整、耕种）和义务（缴纳钱粮）等，都由买主负责，和卖方一概无关。2. 并指出田地"断卖之后，并无找补收赎"。卖方不得以任何理由增添要钱或退款赎地，不存在任何遗留问题。3. 因此"卖主不得借事争端找补"。否则"卖主自干其罪"。保障了买方的利益。（六）最后一点是说明这田地并非自己开垦，而是祖先通过买卖关系购入的。而在购入时，也曾立有契据，只是已经遗失，所以才说"上手老契，与后寻出，作为故纸一张"。这里的"故（纸）"也就是"废纸"的意思。在这份契据中声明过去的旧契不再有效，成为废纸。（七）至关重要的是契据最后的签名。这份契据有介绍人（中人）、见证人（在场人）和代笔人的签名，但非常令人奇怪的是：却没有卖田当事人的签名。试想既是卖田的契约，却没有卖田人的签名，无法证实卖田人的认可，又怎么能够确认它的法律效力呢？这也表明，田地买卖在过去的瑶族中，不是经常的事情，也没有充分的经验，加上很多人不具备足够的文化水平，因此在照搬照抄汉族地区的田地买卖契约中，会出现这样大的漏洞。这种现象的出现，却没有引起纠纷，很显然是瑶族人的淳朴和诚实，他们不会利用机会钻空子，所以才不会出现从中找漏洞，走歪道的现象。正是瑶族人的诚挚、忠厚为这种不十分充实准确的契据作了补充，保护了田土买卖关系的正常进行和落实。

小瑶山第二份卖田契约，订于清光绪二十八年，即1902年。它距前一份契约有40多年，这将近半个世纪的时间，是清王朝走向气息奄奄，日薄西山的时刻。再有10年时间，到1912年就是使清王朝走向崩溃的辛亥革命的时刻。这时候的瑶族地区贫富分化日益加深，田地买卖关系激增，观察这一时期的卖田契约，将它与近半世纪前的契据相比较，可以得出一些印象。现在先将清光绪二十八年的卖田契约刊录如下，然后再作简单的说明。

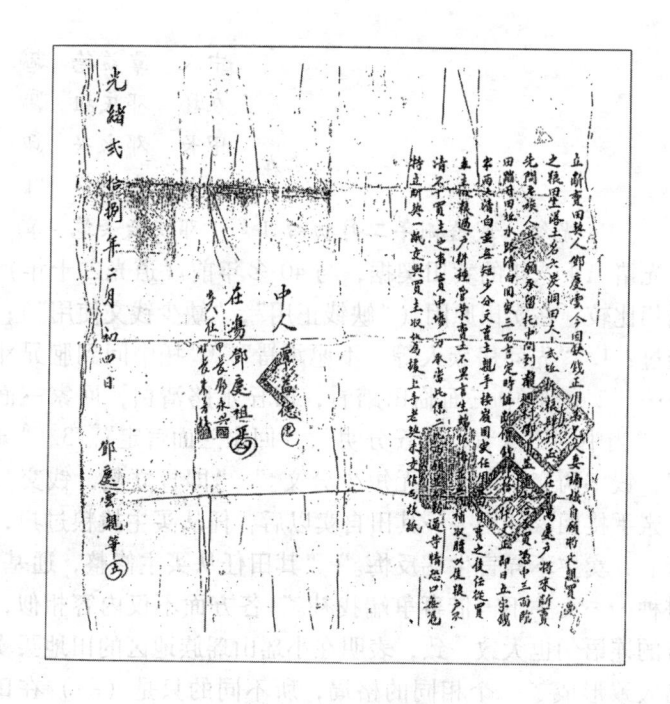

清光绪二十八年契据全文

立断卖田契人邓庆云，今因缺钱正用，弟兄夫妻谪议，自愿将父亲买受之粮田，坐落土名六炭洞，田大小两丘，折粮肆升正。入在邓万庆户，将来断卖，先问房族人等，不愿承留。托中问到龙回村邓甫益处，说合承买。凭中三面，临田踏看，田丘水路清白，回家三面言定，时值断价钱肆拾伍仟文正。即日立字，钱字两交清白，并无短少分文。卖主亲手接领回家任用：其田自卖之后，任从买主拨粮过户，耕种管业，卖主不异言生端反悔，并无找补收赎。以后粮厂不清，不十炎工之事，卖中场一力承当。此系二比两愿，并无勒逼尊情。恐口无凭，特立断契一纸，交与买主收执为据。上手老契未交，作为故纸。

　　　　　　　　　　中人　覃益德　㊞
　　　　　　　　　　在场　邓庆祖　㊞
　　　　　　　　　　甲长　邓永兴　㊞
　　　　　实在　　　村长　朱芳祥　㊞
　　　　光绪　贰拾捌年二月初四日　邓庆云亲笔　㊡

　　光绪二十八年的卖田契据，与40多年前（道光二十年）的契据相比较，在卖田原因（"缺钱正用"，"缺少钱文使用"）；卖田经过：1."先问房族人等，不愿承晋"。"托中问到胞兄邓显政……" 2."凭中三面临田踏看，田丘水路清白，回家三面言定。""当中到田点看，田丘分明"，"回家三面言定"。3."即日立字，钱字两交清白，并无短少分文。""即日立契，钱交与卖主，亲手接回家任用……其田自卖以后，任从买主拨粮过户，耕种管业，卖主不异言生端反悔。""其田任从买主修整，通基干，业耕种……卖主不得借事争端找补。"各方面不仅内容相似，而具有的连语句也大致一致，表明在小瑶山瑶族地区的田地买卖契约已大致形成了一个相同的格局，所不同的只是（一）在田亩折算上，道光年间为"长田贰丘，折粮壹工"。光绪年间则为"田大小两丘，折粮肆升正"。一为以工折算，一为以粮折算。（二）田亩价格有了相当程度的上涨。道光年间两丘长田值价拾仟伍佰文。而光绪年间"大小两丘"田，却需田价肆拾伍仟文正。从各方面观察，前后两次的田亩大小虽有不同，但不可能后者比前者宽大三倍以上。由此可知，主要是田的价格有了变化，因上涨而导致田价上的差异。（三）是光绪年间的卖田契约，不仅增加了基层政权官吏"甲长"和"村长"在契上签名盖章作证，而且由卖主亲手书写契据，并在上画押为证。大大提高了契约的合法有效性。仅此三条，也表明小瑶山地区在不到半个世纪的时间里，在田地买卖上与过去有了变化。田地的商业买卖不仅仅为过去的简单重复,而在内容与价格上比过去也有了发展。

第3、第4份契据,分别订立于民国19年(1930)和民国20年(1931)。这时的中国已是现代的中国。1919年的"五四"运动揭开了中国现代史的帷幕。20世纪30年代初的中国各民族都处于民族灾难深重的岁月,各民族地区经济、文化的发展处于凋零的状况;田地典当、买卖有了加剧。这里选刊的两份小瑶山卖田契约反映了中国20世纪40年代前的一部分瑶族地区的情况。至于为什么要选刊前后才差一年的两份契约,却是有着一定的原因。原来1930年的一份,还沿袭了小瑶山过去的卖田方式,在民间书写的契纸上加盖政府公章,以承认其法律认可的效力。而另一份1931年的契约,却是书写在区政府财务局特地印制的"契纸"上,这份契纸并编有字号,表示这里所有的田地买卖关系已纳入政府管理的渠道。在官制的契纸上书写契约文字,并加盖政府关防一印,以确认其买卖效力。这表明这时小瑶山地区的经济活动已完全纳入当地政府的管制之下,与过去相比,已有了进一步严密的关系。现在先将这两份契约的原文录载如下,再作一些说明。

民国19年契据全文

立断卖粮田字人邓盛益,情因家中欠少银钱正用,无从出处。夫妻子系商议,愿将父手遗一买受之粮田,坐落土名苏木冲口,田大小五丘三工,折粮三升。于在邓余庆户,将来断卖。先问房族弟兄叔戚人等,不意承留。后托中问到本村邓成旺所,拨粮过户卖断。田价钱伍拾仟文正。应言承受其田,当中三面,到田点看丘工水路沟坝清白,上流下折,任由买主通箕修整,子孙永远耕种管业。二比愿买愿卖,亦不得反悔收赎。并无套哄逼勒等情。如有来历不清,不干买主之事,中场一力承当。凭中二面即交田价银,卖主接领,父子一(以)后不得找补收赎。回家任用,并无少欠分文。钱字两交,亦无货物准接。此田有断无赎，一断千休。当中立字，上手契印一张，断字一张，交与买主收存为据。

中人　邓继益　○

在场　邓成智　○

　　　邓　氏　○

卖主　邓盛益　○

民国十九庚午　邓成和代笔

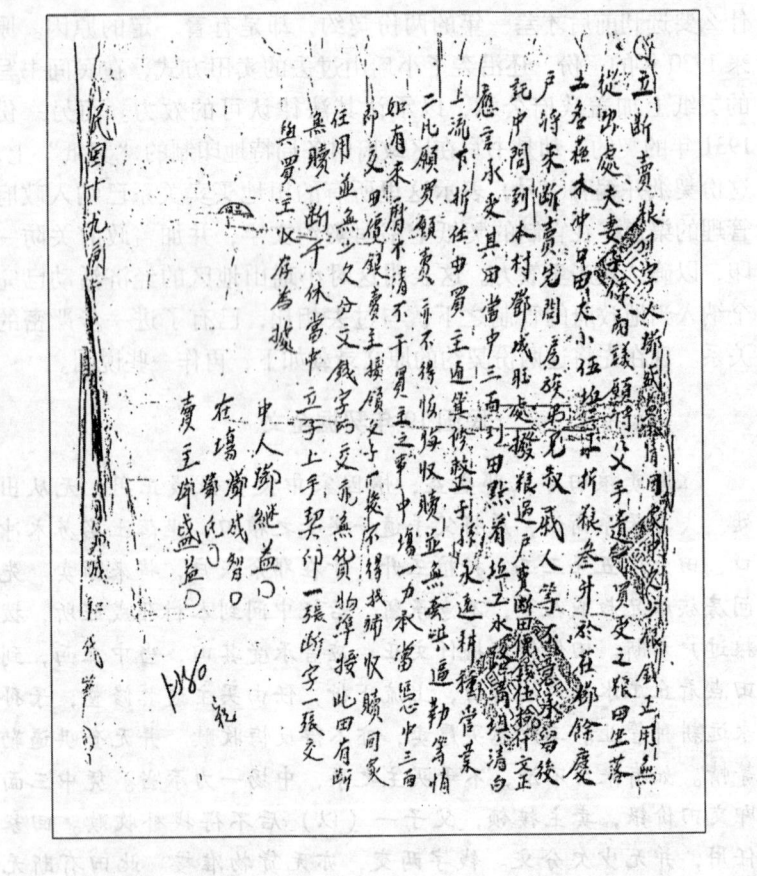

民国二十年契据原文

契　纸

荔浦地方财务局制

　　立承断卖粮田字人邓本福，今因缺少钱文使用，合家房族弟兄谪议，自愿将祖遗下分落之田，坐落土名潢田，大小贰丘贰工，折粮贰升。邓周贰户，将来断卖。先问族内人等，不异（意）承晋。后请中问到龙磨村邓成旺名下，说合承买。同中三面到田看名（明），坝沟水路清白。回家凭中言定时值断卖。田价钱陆佰毫正。立契即日，钱字两交清白。卖主亲手领足回家任用，并无少欠分文。其田点交受主，税契拨粮过邓成兴户耕种管业。亦无后不得找补收赎。此系二比两愿，倘有来历不清，卖主中场一力承当，不干买主之事。并无套哄勒逼等。不德（得）生端枝接。今恐口无凭，特立断契一张，上手契一张，共二张，交兴买主收执为拋。

　　　　　　　　　　　　卖主　邓本福　㊧
　　　　　　　　　　　　中人　覃益富　㊧
　　　　　　　　　　　　　　　邓衍益　㊧
　　　　　　　　　在场
　　　　　　　　　　　　　　　邓成松　㊧
　　中华民国廿年十二月初七日邓成嵩亲笔　㊧
　　　　　　　　汉字第　伍拾陆号　验

这两份卖田契据与以往的两张（道光二十年、光绪二十八年）相比较，可以看到：这两张田契上已开始正式写上"卖主"（卖田人）的姓名，并画了押。在民国二十年的卖田契约上并将卖主置于所有签名人的首位，正式确认这是由卖田人所出具的卖契。所以应该由卖田人首先签名负责，改变了过去那种在卖田契上找不到卖田人签署的不正常情况。表示这里的田地买卖关系已正常进行，而有关契约的书写也日趋完备与正规。

其次是这两份卖田契都附有过去买入时的旧契。新、旧两契同时交给买主（见前引两契："上手契印一张，断字一张交与买主收存为拠"。"特立断契一张，上手契一张，共二张，交与买主收执为拠。"）以示手续清楚。而且也反映了小瑶山地区的田地买卖关系到此时已日益受到人们重视，不像过去那样"上手老契，兴后寻出，作为故纸一张"（见道光廿年卖田契），或"上手老契未交，作为故纸"（见光绪二十八年卖田契）。那时由于对田地买卖关系不够重视，到手的卖田契未能妥善保存，所以往往失落，只好声明作废，"以后寻出，作为故纸"。到了现代，人们已知道旧的卖田契，是该块田地的权利证书，谁拥有它，谁就拥有田地。在观念上，不像几十年前那样，对土地所有权的法律凭证予以漠视。

从这4份田契还可以看出，近百年来瑶山田地价格的变化。道光二十年（1840）的"长田贰丘"，值价"拾仟伍佰文"，过40多年以后，到光绪二十八年（1902）时，"大小两丘"田已升值至"肆拾伍仟文"，虽然田块大小不一，但瑶山田亩一般不会很宽，价格上看，不至于相差到3倍之巨。因此完全可以看做是价格上涨的结果。表明这里的农业正趋于发展之中。再过30年左右，到民国19年（1930）时，大小田"伍贰丘"，才卖"伍拾仟文"。民国20年（1931）时，"大小贰丘"田，也只值价"陆佰毫正"，以一毫值钱百文计算，陆佰毫约相当于陆拾仟文，这与过去的田价也没有很大的变化。由此可以推断，在1840-1940年的100年间，前一段时间田价上升较快；后一段时间，田价却几乎没有什么很大的变化。表明这里在19世纪后半期农业比较发展，田亩开始升值。而到了20世纪前半叶，这里的百业凋零，农业生产不景气，反映在田亩的价格上不再上升。

从19世纪后半期，20世纪初发展到20世纪三四十年代，小瑶山地区的田地契约中增加了"卖主"的签署画押，随新契附交老契的变化，以及田亩价格上的基本没有很大变动，反映了小瑶山半个世纪以来在农业法制上的日趋完备、成熟，表明地土经济已进入到一个比较成熟的阶段。如果与其他瑶族山区相比较；有的仅在口头上订租山契约，有的大量山地、旱地属于村寨、房族共有，基本上没有山地买卖关系，或有的地区在发生田地买卖关系后，只凭口头上的认定，而缺乏文字上的依据，种种情况相比较，可见小瑶山地区农业地主经济已发展到与汉族地区相接近的程度。中国俗语说："一叶落而知天下秋。"小瑶山地区田地买卖关系发展，给了我们以上的启示。这对缺少历史记载，过去很少统计资料的小瑶山地区来说，这些残存的卖田契约，就是我们进行历史研究的珍贵资料。

四

荔浦县于民国37年（1948）在小瑶山地区发放了"广西省荔浦县地籍整理办事处"制作的《土地所有权状》。它的特点是每张所有权状都附有与土地所有权有关的田亩地图。如附图图一所显示的第09035号土地所有权状（见下页插图），是发给住在平地村的土地所有权人邓本芳的证书。它载明了该土地位于19段的2104号处（见所附土地地图的右上角）。共有面积壹亩叁分玖厘伍。从地图上可以看出，这块土地的东部为2105号田，东南部为2106号亩，西南角2102号及2103号田。这样就能比较容易地识别出该水田的所在地区，以及它的形状及面积大小，比较准确地反映出该块水田的状况。这表明小瑶山田地的产权已进入到在地图上标出准确位置以及形状，大小的阶段，使得识别土地的所在等问题有了比较可靠的依据。这是瑶族地区耕地所有权关系已进入到现代化表现手段的标志，表明已摆脱了历史上那种含混不清、缺乏准确而有力的表证的状况，是瑶族地区土地关系发展到较为进步的表现手段的阶段。

从《土地所有权状》可以看出，该块水田不仅登录了面积（1.395亩）、坐落地区（平地村），有了登记编号（9035），盖有"荔浦县地籍整理办事处钤记"的大印，表示受到了法律的保护。而且还反映了当时的地价，每亩值 320 万元，总值为 446 万多元。其时为民国 37 年，即 1948 年，是国民党政府在大陆趋于溃败的前夕。当时物价飞涨，发行不久的金圆券迅速贬值，所以才出现小瑶山地区一块仅一亩多的水田要 400 多万元的高价。这是那个时代遗留下来的记录，是 20 世纪 40 年代末期大陆社会经济处于崩溃边缘的反映。

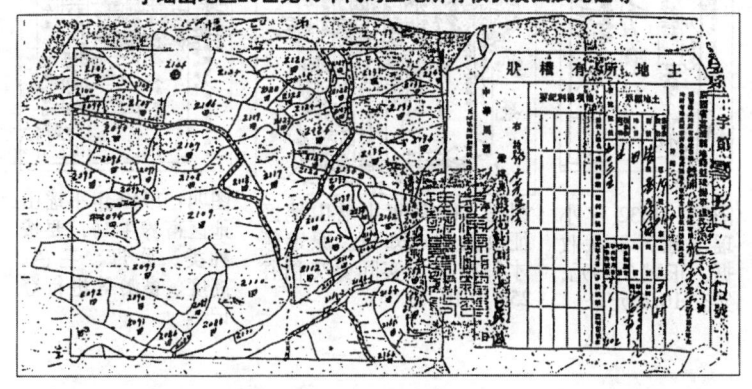

图一：小瑶山地区 1948 年附有田地地图的"土地所有权状"。此"土地所有权状"指的是地图右上方的一块，编号为 19 段 2104 宗，面积为 1 亩 3 分 9 厘 5。

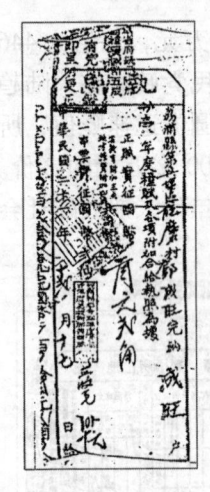

图二：1932年小瑶山地区田赋收据。正赋3.2元，实交10.6元。

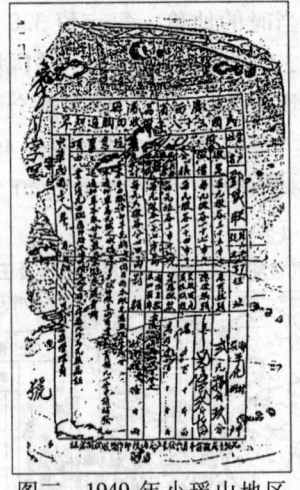

图三：1949年小瑶山地区征收回赋通知单。原定额才2.89元，实际要交稻谷252斤10两。

图四：1949年小瑶山地区畜养牛马，要按种类、公母、毛色、高度、畜龄等进行登记。

附图二发表的是小瑶山地区在民国21年（1932）的粮赋收据"执照"。它反映当时小瑶山人民除了每年要缴纳田赋以外，还有各种"各项附加"，也就是人们常说的所谓"苛捐杂税"的一部分。从这份田赋收据"执照"来看，邓成旺这户除了征收粮赋（正赋）叁元贰角正以外，还要附加"省教育附加三成"、"地方练费附加四成"，以及"奉省府铣电附加□枪费国币五成"、"一串票实征国币贰仙"、"教育局奉令本年度并征廿年度义务附加共四成"等。实际上共计收取10元以上，比原定的正赋增加二倍以上。这还仅是20世纪30年代初期的事情，如果说那时的2倍以上的征费还不算十分厉害的话。那么到了20世纪40年代末期，按民国38年（1949）的《征收田赋通知单》（见附图三）来看，不仅货币田赋改成了实物田赋，而且征收的名目又增加了许多。按《征收田赋通知单》所述，邓成旺一户原有赋额为2.89元，但到20世纪40年代末，由于物价飞涨，货币大幅度贬值，过去的2.89元已成为一个不能购买任何东西的微小数字，因此只能作为一个表示多少数量的测量标志，而不能直接在实际中使用。因此到民国38年（1949）时，就将它作为征收费用的比例定数，而按照它的多少来征收实物（稻谷）。例如这张《通知单》所提示，该年征收田赋时，以每1元征收实物稻谷35市斤的比例计算，邓成旺在民国38年时要交稻谷2.89×35 = 101.15市斤。而在征收其他赋税时，折算的标准又各不相同。如"征借"时，每1元相当于稻谷17市斤；征收公粮时，每1元相当于稻谷14市斤；征收"新兵安家□□"时，每1元折算稻谷为3市斤8两（每市斤为16两）；而征收"每月□□捐"时，每1元又相当于稻谷17斤2两，等等。"1元"已成为一个数字象征，它可以随着征收名目的不同，而乘上不同的数字，演算各种各样的成果。这里"元"实际上已演变成为交赋纳税，负担各种捐税义务的计算单位，与原来的货币单位已不再发生任何关系。将前述的所有苛捐杂税相加，据《通知单》所述，每元共计要征收稻谷87市斤以上，从过去"原有赋额"2.89元演化出共计要上交稻谷252斤10两。这也许是世界上最复杂的计算题，是特殊情况下产生的特殊算式。瑶族地区山高水冷，耕作较为粗放，20世纪40年代时的瑶族地区水稻产量一般都不太高，因此一亩多的水田，竟要交付水稻250斤以上作为赋税，应该说是一笔不算小的负担。

牛、马等作为劳动力的牲畜，在过去的农业生产中是主要的生产工具。到1949年，要登记发证，并将毛色、高度、岁数等情况登记在案，表明小瑶山地区农业生产的管理已相当严密。从土地所有权状到粮赋收据执照，征收田赋通知以及牲畜登记等等，无不表明这里的农业生产管理井然有序。这一整套单据为研究近代瑶族地区农业的发展,尤其是小瑶山地区农业生产关系的发展提供了有关田价、赋税等费用的真实资料。在大量田产契据遭到毁坏的情况下,这些过去的原始资料凭证,将在今后的研究中,日益显示其重要的意义。

载《日本圣德学园岐阜教育大学纪要》第 4 集,1997 年。

花蓝瑶的亲属称谓

花蓝瑶是瑶族中的一部分，人数不多，集中居住在广西金秀瑶族自治县南部的六巷一带的12个村寨。在20世纪30年代，金秀瑶族自治县还没有成立，当时称作大瑶山地区，尚分属附近几个县所管辖。花蓝瑶居住的六巷一带当时属于象县的东南乡，而自治县是在1951年才正式建立起来的。

花蓝瑶自称"穷唎"，意思是居住在山上的人，主要有兰、胡、侯、冯、相五姓，他们的语言与苗语相近。据花蓝瑶群众的传说，他们的祖先是从贵州古州（今贵州榕江一带）迁来的。离开原籍以后，全族人分乘18只大船沿都柳江顺流而下，途经柳州等地。在一河道弯曲、水流湍急、险滩密布的地段，半数船只倾覆，剩下的族人只能在象州、武宣、桂平沿岸一带登岸，住在象州七里、下里、马鞍山、梧桐、江西等地。后因参加明代大藤峡瑶民起义失败，在官军追杀下，被迫分成多路，经象州的大乐、中平以及罗运外围，从大瑶山的西南与东南方面进入大瑶山腹地。现在花蓝瑶的家中还记载有迁入大瑶山以来祖先的姓名，一般可上溯14代至18代，说明他们进入大瑶山已有约400年的历史。

花蓝瑶都是一夫一妻制的家庭，过去男女少年在十一二岁时就由父母择配，以铜钱百文、衣服一套、银饰（手镯或项圈）一件作为聘礼，表示已经订婚。此后每逢节日，娶方要给嫁方送些糍粑之类的礼物，嫁方则带女儿去娶方家吃一顿饭，以表明双方的关系。当女儿长大，不满意已订婚约时，也可以解除，但必须向对方赔偿铜钱三千文（后改三个或六个银元）。

花蓝瑶结婚的年龄比较早，一般在 16 岁左右就举行婚礼。由于结婚早，双方很少了解，所以离婚的较多。据在门头村的调查（1957 年），52 个已婚男子中，结婚一次的仅 19 人，其他有的结婚两次（21 人），有的结婚 3 次（10 人），还有一人竟先后结婚达 9 次之多。在 61 个已婚女子中，结婚一次才 20 人，结婚两次有的 29 人，结婚 3 次的有 11 人，结婚 4 次的有 1 人。由于婚姻的不稳定，所以结婚仪式往往比较简单，一般只要在婚期前一天由媒人带白米、酢肉、烧酒各 8 斤，在嫁方吃一顿饭后，就可将新人带回家。新人入门时，娶方的家长要外出回避，新婚夫妇同坐一条长凳，一起喝酒一杯，婚礼即告完成。照例不宴请宾客，只要用少量酒肉请媒人和接亲的人吃一餐。婚后，如有一方感到不满意，便可提出离婚。提出的一方只要赔偿对方一二千个铜钱或一二十个银元。直到第一个子女出生后，婚姻才比较稳固，在子女满月时，才大办酒席，宴请宾朋亲友，宴请更是具有庆贺孩子满月以及宣告婚姻缔结、家庭组成的双重意义。在大瑶山中部的龙华、南州、六团、丈二等村的花蓝瑶，则没有生子女满月后大办酒席的习俗，在结婚时要送的聘礼较多，婚姻关系也比较稳固。

花蓝瑶的亲属称谓对父系上下三代亲属都有一定的称谓（祖父称"koŋ┤"，可能是受汉语"公"的影响），妻子对丈夫家上下平辈的称呼，都与丈夫相同（见夫系亲属称谓表），而丈夫对妻子家的父（岳父）母（岳母）、兄弟（妻舅）则与妻子所称的不同（见妻系亲属称谓表），反映出他们主要是一夫一妻制的父系家庭。在父系亲属称谓中可以看出，兄与伯父、姐与姑母、嫂嫂与儿媳、丈夫与丈婿、孙子与孙女、弟媳与妹妹等称呼都是相同的，这可能说明了如下的几种情况：（一）尊称。例如将哥哥、姐姐喊成与伯父、姑母一样，将儿媳与女婿喊成和嫂嫂、丈夫一样，这是将哥哥、姐姐的称呼按自己子女的地位来称谓的结

父系亲属称谓表

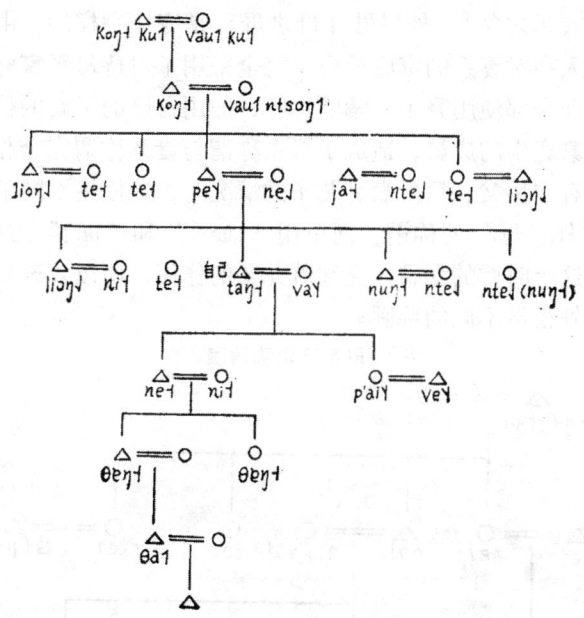

果，而对从外姓而来的下一辈，即对儿媳与女婿，又采用了平辈的称呼。(二)因隔代距离较远而含糊称呼。例如孙子与孙女因系属第三代，距离较远，所以都统称为孙。(三)亲切。例如将弟媳与妹妹称作同一称呼。

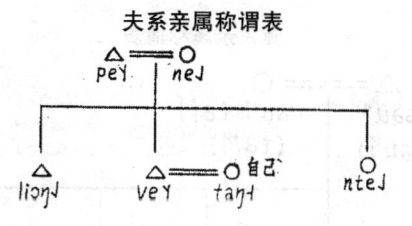

夫系亲属称谓表

从母系与妻系的亲属称谓中也可以看出，妻兄弟（妻舅）、姐（妻姐）、妹（妻妹）和母亲的兄弟（母舅）、姐（大姨母）、妹（小姨母）的称呼是完全一样的，而岳父、岳母的称谓则和外祖父（母之父）、外祖母（母之母）是完全一样的，由此可见花蓝瑶人在对妻系的家庭成员，完全采用了对待母系家庭成员的称呼，即全部使用升了一辈的称呼，即用自己的子女的称谓来称呼妻系家庭中的成员，造成了母系称谓与妻系称谓完全相同的情况。只有在岳父、岳母没有儿子的情况时，才使用不同于"外祖父"、"外祖母"的称谓，而单用"tsau1"和"tai1"，这很可能是因在这个时候的女婿，又起着儿子的作用，所以才改用了与外祖父、外祖母不同的称呼。

母系亲属称谓表

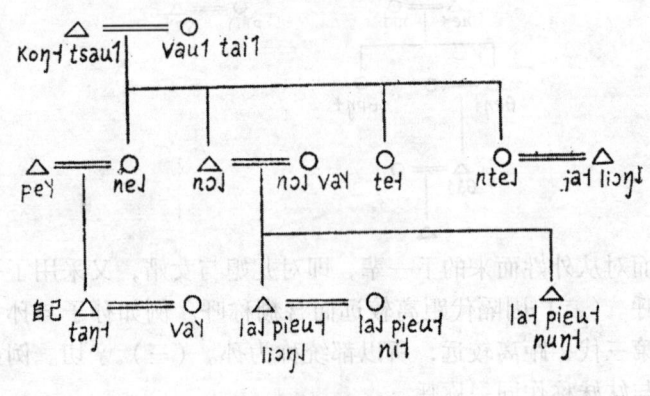

妻系亲属称谓表

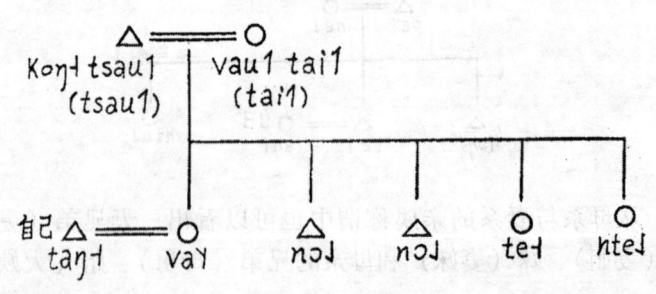

在花蓝瑶语中，亲兄弟姐妹与堂兄弟姐妹之间没有不同的称呼。对姨表或姑表兄弟姐妹一概都在兄弟姐妹之前加"la↓ pieut"的称呼。从"la↓ pieu⊣"的发音看来，显而易见是汉语"老表"的借入。由此可见，对由姻亲关系而发展的亲属概念是受到汉族的影响产生的，但还没有发展到姨表与姑表的区别。

在花蓝瑶亲属称谓中，用得较多的称谓有"te⊣"与"nte⊣"两个。"te⊣"表示的含义有姐姐、大姨（妻姐）、大姨母（母之姐）、姑母（父之姐）。而"nte⊣"表示的含义竟包括有妹妹、小姨（妻妹）、小姨母（母之妹）、叔母（父之弟之妻）、儿媳妇（儿子之妻），等等。即对自己之姐妹、妻子之姐妹、母亲之姐妹、父亲之姐妹等等都是一样的称呼。这种称呼反映了在以男子为中心的社会里，对妇女亲属称谓的简略。

本文所指出的在母系与妻系的亲属称谓中，对妻系的家庭成员全部使用升了一辈的称呼，即用自己的子女的称谓来称呼妻系家庭中成员的情况，完全证实了王同惠在《花蓝瑶社会组织》中所说的"我们疑心是借用儿女所用的称谓"的推论是完全正确的。

亲属称谓的研究只是婚姻、家庭与人际关系研究中的一个侧面，要全面地了解花蓝瑶的家庭社会与亲属关系，还必须辅之以其他方面的调查研究和必要的典型个案，因时间的限制，本文仅就亲属称谓方面做一点记录、分析。

载《花蓝瑶社会组织》，江苏省人民出版社，1988年。

瑶族的姓名

我国瑶族主要居住在华南的广西、广东、湖南、贵州、云南等省的山区，人口有2134013人（据1990年统计），按人口多少排列，在我国55个少数民族中占第12位。瑶族的自称和他称较多，如自称为"勉"的，汉称叫盘古瑶、过山瑶；自称为"谷岗优"的，汉称叫本地瑶；自称为"标敏"的，汉称叫东山瑶；自称为"金门"的，汉称叫蓝靛瑶；自称为"藻敏"的，汉称叫八排瑶；自称为"布努"、"布诺"的，汉称叫背篓瑶；自称为"瑙格劳"的，汉称叫白裤瑶；自称为"炯奈"的，汉称叫花蓝瑶；自称为"拉珈"，汉称叫茶山瑶；自称为"巴哼"的，汉称为八姓瑶，等等。这些名目众多的支系，按其语言情况，可以分为讲瑶语支语言的，如自称"勉"、"谷岗优"、"标敏"、"金门"、"藻敏"，等等；讲接近苗语支语言的，如自称"布努"、"布诺"、"瑙格劳"、"炯奈"，等等；讲接近于壮侗语族侗水语支语言的，有自称"拉珈"的；也有一部分瑶族讲的是与当地汉语方言有些不同的汉语，如自称"炳多优"（平地瑶），"优念"（平话红瑶），"优嘉"（瑶家），等等。在上述各个不同的支系中，其姓名的情况也不完全一样。

瑶族主要居住山区，长期以来从事刀耕火种的农业。由于在山坡旱地上耕作粗放，每当地力贫瘠以后，就要四处迁徙，觅地另垦，长期以来过着游耕的生活。由于不断地流动迁居，所以他们特别注重彼此之间的联系，有的人迁到国外，还以诗代信，托人带回原居地向亲人介绍新居住地的情况。他们在这种情况下，十分注重姓的延续，维护民族的繁衍发展。瑶族的道教信仰占有很大的比重，也反映在人名字的更迭使用上打有宗教信仰的烙印。由于他们大分散、小集中的分布特点，所以分居广大地区的瑶族，在取名习俗上，也带有地方性特点。

一、盘瑶十二姓的由来

在瑶族中占有一半多人口的讲勉话的盘瑶中有著名的"盘瑶十二姓"的传说，这是一个民族起源的故事。据说古代有评皇、高皇二人争夺天下，打得相持不下，评皇就出告示说，谁能将高皇杀死，并将首级献来，就将公主下嫁给他，并封给官职。此时，有评皇平时喂养的一条名叫盘护（槃瓠）的龙犬撕下告示，表示可以办成此事。神犬盘护领命以后，浮游过海，来到高皇殿中。高皇认出这是评皇的爱犬跑来，十分高兴，遂寝食皆与盘护在一起。有一天，盘护趁高皇酒醉之际，将其咬死，并衔首级带回评皇宫中。论功行赏，遂娶得公主为妻。婚后，他们迁入南山，先后生下六男六女，自相婚配，繁衍成为瑶族。评皇将此六男六女各赐一姓，并各封以官职，就成为著名的"盘瑶十二姓"的由来。

这个民间传说不仅在口头流传，而且还被记入瑶族的一个民间文献《过山榜》（又叫《评皇券牒》）之中，它的各种抄本广泛地流传各地。由于世代辗转，《过山榜》也被不同时期的不同人们所传抄，所以具体记述这十二个姓的内容已略有差异。比较常见的是"盘、沈、包、黄、李、邓、周、赵、胡、冯、蒋、雷"十二姓。在别的一些《过山榜》中，也有写郑、唐或蒲等姓，而缺少李姓的。这可能是在传抄过程中，因发现当地有的瑶族姓并未列入原来的十二姓，所以在抄写中予以更改的结果。根据现代的实际调查，在各地盘瑶中，沈、包二姓很少，而多了凤、奉等姓。据在湖南省蓝山、江华等县发现的民间文献《十二姓瑶人来路祖途》中说：明洪武四年因"冯姓盗偷桂林省库银，逃走连州羊古山落居……冯姓改为鸟字凤"。说明"冯"、"凤"（"凤"原来的繁体字是"鳳"）二姓不仅音同，而且还出于共祖。在同一文献中还提到："景定十三年，赵瑞封过了小南渡，住居林子村，落业安住，娶妻二房……大妻子赵宗先，生下金香炉，名为大赵，小妻子生下银香炉，名为小赵。"可见湘南赵姓瑶族很早又有"大赵"、"小赵"之分。由于盘瑶的姓最早是由槃瓠传说引起的，所以过去的有些记载，只将盘姓祖作真的瑶族，而将其余各姓一律看作为"伪瑶"，如清代屈大均《广东新语》认为："诸瑶率盘姓……以盘古为始祖，槃瓠为大宗。其非盘姓者，初本汉人，以避赋役，潜窜其中，习与性成，遂为真瑶。"又说"曲江瑶，唯盘姓八十余户为真瑶，其别姓赵、冯、邓、唐九十余户皆伪瑶"。在历史上，的确存在过汉族或别民族的人因避赋役债务，躲入瑶山，因而瑶化成为瑶族的事情，但是将其绝对化，认为只有盘姓才是真的瑶族，而其余各姓都是后来同化入内的"伪瑶"的看法，无疑是不妥当的。

照前文所述，六男六女各得一姓，自相婚配以后，他们子女应当只剩下六姓，为什么又以十二姓的后代相传呢？原来直到近代，在盘瑶的家庭婚姻中，一是男上女方家门的占很大比例，二是按惯例所生子女有的全部跟随母姓，或者长子女从母姓，次子女从父姓，以次类推，或者在几个子女中，留一个从父姓，其余从母姓的习惯。他们十分重视姓氏的延续，在结婚仪式上要写一个"合同"，订明将来的子女如何跟随父、母姓的条文。所以一个家庭中的亲兄弟姐妹之间，并不是同一个姓；而不同姓的人却完全可能是亲兄弟姐妹。《盘村瑶族》一书提供了广西大瑶山（金秀瑶族自治县）中盘瑶的姓氏材料，如有一户冯春贵与赵玉英（女）结婚后，长女叫赵彩珍，次子叫冯金友，三子叫赵成如，四女叫冯小留，不了解内情的人，很难相信冯金友与赵成如是亲兄弟，赵彩珍与冯小留是亲姐妹。现代的习惯是古代风俗的遗存。从这种婚姻家庭的惯例中可以比较容易地理解古代的十二姓在族内婚的条件下是如何保留下来了。

除了在盘瑶中普遍流传的十二姓以外，在一些史书中也记载了一些瑶族地方性的姓。如《明史·广西土司传》载当时大藤峡地区（今广西大瑶山附近）有瑶族兰、胡、侯、盘四大姓。其中兰、侯二姓是"盘瑶十二姓"中没有的。据调查，现在广西大瑶山的另外两个支系茶山瑶和花蓝瑶中还保留有兰姓。而侯姓则因当时著名的大藤峡瑶民起义中的首领侯大苟、侯公丁、侯郑昂等都属侯姓，所以在起义失败后，他们有的被残杀，有的被迫逃亡，有的隐姓埋名，从而流传下来的侯姓就很少了。

二、密洛陀传说和背篓瑶四姓

除了盘瑶十二姓以外，主要居住在广西西部一带的背篓瑶有着自己的民族起源传说，也说明了他们姓的由来。据巴马、东兰、田东、都安的瑶族说：他们的始祖是女神"密洛陀"，密洛陀创造了天地万物，又生下了九个兄弟，她盖起了房屋，还开荒种地，但天空出现十二个太阳，烧烤着大地。于是密洛陀教那九兄弟用竹制作弓箭，在箭头涂上草药，射下了十个太阳。密洛陀用打烂碗的预兆不允许剩下的两个太阳结为夫妻，而要他一个照白天，一个照夜晚，成了一个月才见一次面的太阳和月亮。密洛陀又用蜂蛹造成人，有的讲汉语（即汉族），有的讲壮语（即壮族），有的讲瑶语便成了瑶族。对讲瑶语的人：

密洛陀送他们走，
密洛陀叫他们结婚。
兰和罗成双，
韦和蒙结对。

姓兰到涅货涅东，
姓罗到坡山坡支，
姓蒙到坡细坡蒙，
姓韦到可昌可听。①

流传下来，就成为背篓瑶兰、罗、蒙、韦四个大姓的起源。他们每年农历五月二十九日过达努节。各姓瑶族都要敲打铜鼓，盛装起舞，就是为了纪念这位祖娘密洛陀。据都安瑶族自治县七百弄的瑶族传说兰、罗、蒙、韦四姓的始祖分别叫做兰得马、罗得元、蒙得众、韦得雄。

在背篓瑶中，除了上述四大姓以外，还有潘、班、袁、卢等姓，有的人数较少。据传说，潘姓原来人数并不少，在他们与兰姓共同迁徙途中，需要造船渡河，潘姓人生性乖巧，选择很轻的木材造了12条船，而兰姓人却用厚重的木料造了12条船。两姓人分别坐自己造的木船过河时，因遇大风浪，潘姓人船轻，被打翻11条船，兰姓人船重，得以全部安全过渡。从此就形成了兰姓人多，潘姓人少的局面。而留下的一船潘姓人中，认为自己一姓遇到水险，和他们潘姓的偏旁"三点水"有关，因此就将潘姓改成了班姓。所以，班姓和潘姓一样，人数也不多。

在蒙姓中，还有大蒙、小蒙的区别。据说大蒙始祖生了七个儿子，分别姓蒙、兰、韦、罗、潘、袁、卢七姓。所以比上述四大姓又多了几姓。除此以外，他们还有陆、王、杨、劳、李、邓、赵等姓。

广西田东县一带的山瑶中，还存在一个与密洛陀相类似的关于始祖母维路桑（米罗纱）的传说，其中也提到了山瑶姓的起源。据说维路桑曾生下七男七女。大男叫"蛙"，就是现在的汉族；二男叫"药"，就是满族；三男叫"休"，就是蒙古族；四

---

① 《密洛陀》——瑶族创世古歌。

男叫"畲",就是回族;五男叫"光",就是壮族;六男、七男,就是现在的苗族和瑶族。后来维路桑给七个儿子分家,五个哥哥都占了有水的地方与平原,最小的弟弟,只得了一些山地。维路桑给七男一人一把手锄,一些小米种,让他们在山上生息,并将住在石头底下的叫他姓石,住在李树下的叫他姓李,等等,并告诉他们子孙同姓不能结婚。直到现在,这里的山瑶各姓每逢5月15日打下新粮食时,还要过"新米节",煮一锅新米来供奉维路桑,感谢她给了小米种的恩德。

田东县的山瑶和蒙古、回、满族的交往很少,所以他们传说维路桑生下七男七女,是汉、满、蒙古、回、壮、苗、瑶七个兄弟的说法,很可能是受到民国时期"汉满蒙回藏(壮)"五族共和说法的影响。在都安瑶族自治县文华区瑶族中有关于始祖米罗纱的传说,说米罗纱在创造天地万物以后,又传下七姓子孙,他们始祖的姓名分别为兰吹马、卢吹根、盘吹辅、潘吹喜、唐公京、韦吹召、黄吹冷七人,也就成为那里瑶族七姓的起源。

广西南丹县的白裤瑶,以男子穿白色至膝盖的长裤而得名。他们传说是洪水过后,只剩下兄妹二人,互相结婚以后,生下一个怪胎,这怪胎的头变成汉族,颈变成壮族,肠胃变成水族和苗族,而手足则变成瑶族。后来在瑶族中出了一个姓兰的瑶王(一说姓李或姓陈),因被姓莫的女婿骗走王印,被驱赶流落各地。现在南丹县大瑶寨瑶族又是后来从四面八方陆续迁入的,主要有黎、陆、何、罗、王、潘、白、李、陈、韦、蒙、兰、谢、岑等姓。

广西十万大山的山子瑶也有与上述相类似的传说,传说洪水过后,兄妹二人成婚三年,生下一个肉团,他们将肉团砍成360块,撒往平原和山区。这360块肉就成为360个姓,哥哥将肉块撒往山下,成了峒人,妹妹将肉块撒在山上,就成了山人(瑶族)。现在他们主要有盘、李、邓、蒋、张、赵、马、黄、陈诸姓。盘、李、邓姓都有来自广东肇庆府的传说。盘姓来到这里，已约有250多年，李姓有经过广西宾州、宁明、防城迁来的说法，他们出于始祖李道日（血）的第四代子孙，现在已是十万大山瑶族中人口最多的姓氏。邓姓远祖为邓道本，后来迁到防城等地，有的曾一度迁入越南，来十万大山也有十多代了。值得注意的是，有些人口很少的姓，各有其来源传说，反映了瑶族姓的变换与民族融合的情况。如传说张姓系从蒋姓改来，因在山子瑶语中，张与蒋的发音十分相近。而陈姓则由盘姓改换而来，其原因不详。马姓在祖父时原为汉族，黄姓祖先原来是壮族，他们因在不同时期入赘山子瑶家，带来了新的姓氏，其后代都成了山子瑶。

广西大瑶山的茶山瑶，他们的语言接近壮侗语族，其姓有苏、陶、全、莫、金、刘、钟、龚、田、兰、龙等，也与附近的壮族相同。那里的花蓝瑶，其语言接近苗语支，所以他们的兰、胡、侯、冯、相等姓中，侯、相诸姓是别的瑶族中没有的。

从上可以看出，瑶族中的姓有因支系不同的集团性，又存在因地区不同的差异性，而且也经常出现因多种原因而产生的改姓现象。至于因继承父母的不同姓而造成亲兄弟姐妹间姓不同的情况，则是瑶族（盘瑶）姓中的一个特点。

三、同姓结婚与异姓不婚

清代屈大均《广东新语》卷7载，瑶族"婚姻不避同姓"，指出瑶族中存在着同姓通婚的现象。但一般来说，都要出五服之外，近亲不婚。但在另一些地区，不仅同姓不能结婚，而且特定的异姓之间也不能通婚，这是因为有的姓氏本是从同一姓中分开来的，它们尽管不同姓，却存在着血缘关系。如广西凌云县等地的背篓瑶中就存在着五姓不通婚的情况。那一带的瑶族中，那、韦、王（含黄）、李、石五个姓的兄弟姐妹之间不能通婚，而罗、杨、卢（含陆）、潘、覃五姓之间也不能通婚，因此那里的男女青年在寻找对象时只能在上述两个集团之间互相寻找，而不能在五姓集团内部找。这种五姓内部不通婚的习俗据说是有原因的。古代有一个瑶家姑娘，先嫁"那"姓家，生一子后丈夫不幸去世；再嫁"韦"姓家，又生一子，丈夫又不幸摔死。她先后嫁给黄、李、石姓诸家，各生有子女。临死时她喊来几个儿子，嘱咐说："你们都是兄弟，后代不能通婚。"因此传留了"五姓不通婚"的习俗。而上述两个集团互通婚姻的习俗据说是由于那、韦、黄、李、石五姓兄弟在一年发大水时，伐木造船在河上漂流，适遇罗、杨、卢、潘、覃五姓姐妹乘竹筏而下，不幸竹排被大浪打散，五姓姐妹被五姓兄弟所搭救，于是分别结成了夫妻，并延续了两大集团之间通婚的惯例。这种通婚制度过去被十分严格的遵守着，如果发现五姓集团内部通婚，就会被骂为"畜生"，不仅不准进入家门，而且还要赶出村寨，甚至受到沉潭的惩罚。贵州省荔波县瑶麓乡还竖有一块民国三十八年（1949）订立的石牌，载明："盖闻我瑶麓风俗习惯，自古以来，覃姓与卢姓原系同宗共族，不能通婚，乃有卢金贵暗与覃姓之女通奸，后又娶为妻室，查与地方规律有坏伦纪，经地方众老等议定，立碑革除条例如下：1. 不准卢金贵与瑶族即卢、覃、欧、奠、姚、常、韦各姓互相工作（指帮工劳动）。2. 不准交借用具。3. 不准与亲戚房族往来。4. 不准其子女与瑶族通婚。5. 办理婚丧喜事不准参加。6. 如有人违犯本规律者，罚洋七百二十毫，猪一百二十斤，酒米供全瑶民尽量饮食，不准包回。"可见在那里如果违犯了覃、卢禁婚的习惯，就会受到从瑶族中革除出去的严重处罚。

四、乳名、书名和法名

瑶族取名的习惯，在各支系中也各不相同。在盘瑶中，人的一生基本上有三个名，即乳名，出生时取；书名，读书及成人时使用；法名，经过成人仪式"度戒"后，在死亡后使用的名。盘瑶的乳名比较简单，一般男孩称"特"，后面加以顺序数字叫"特称"（大）、"特耐"（老二）、"特法"（老三），等等。女孩则称"梅"（即妹之意），后面和男孩一样加以顺序数字，称"梅称"（大妹）、"梅耐"（二妹）、"梅法"（三妹），等等。广西上思县十万大山中的山子瑶则将男孩称"端"，女孩叫"沙"，然后亦按一、二、三顺序排行称呼。而当结婚生孩子后，则改成父亲在孩子乳名前加"发"，母亲在孩子乳名前加"力"来作自己的名字。

他们的书名，一般要请教师或识字的人代取，很多地方都有固定字辈，10个或20个，轮流循环使用，使用排定的字取名，可以明确这个人是哪一代人，谁是上辈，谁是晚辈，达到"长幼有序"的目的。流传在广西防城各族自治县中的盘姓瑶族谱中记载了他们使用的字辈是"家国常开泰，善良必永昌，云初从太启，世泽衷传芳"20个字。瑶族同一个姓在不同地区，汉字排辈不同。如广西兴安县一带的赵姓瑶族相传以"富贵荣华启，家支永长春"作为字辈；而在湖南新田县赵姓瑶族中则以"福正天子久远春，富贵仁文开国兴"14个字作为排辈；在广西大瑶山的赵姓中，又分为大赵和小赵，小赵仅用"明成文春进"5字作排辈之用，而大赵则用"如得生有进才至"7字作为排辈之用，因此前者又叫"五代赵"，后者则称作"七代赵"。这种以字排辈的情况，在盘瑶十二姓中普遍存在，如大瑶山黄姓有"元通进文金"，冯姓有"荣成春文金章祚"等字辈，此处就不一一列举了。

盘瑶男子在15岁以后，如果家庭经济条件允许，都要请六七个以上的师公到家里作法，为该男子"度戒"。经过度戒的男子，不仅取得了成年人的地位，而且也有了今后当宗教人员"师公"的资格，死后可以升天，并以法名写入"家先簿"（瑶族简单的家谱）中。这种只有人死亡以后才使用的"法名"，习惯上根据度戒时挂灯的多少不同而起，凡挂七灯以上的法名称"×××郎"，第一个"×"是该人的姓，第二个"×"是该人生前名中的一个字，第三个"×"是该人的兄弟排行一或二、三，等等，如"盘安三郎"、"盘用一郎"。（民国）凌锡华《连山县志》载，瑶族"儿之聪颖者不与读儒书，唯从瑶道士学，亦有科仪，其文不可晓，学优者则诸道为受箓，受箓者得衣朱衣，髻缠朱布，称为一郎、二郎、三郎"，就反映了这种情况。他们的妻子也跟随丈夫在死后用"×氏×娘"的写法记入家先簿中，其中第一个"×"是该女子自己的姓，第二个"×"是指她在姐妹中的排行，如称"赵氏二娘"、"邓氏三娘"，等等。如果度戒时只挂三灯的话，起"法名"的办法是男子去掉排辈的字，一律改成"法"字。如赵家按排辈取名的"赵荣凤"、"赵华元"等（荣、华系排辈用字），死后的法名就一律改成"赵法凤"、"赵法元"等。他们的妻子也都改成为娘家的姓加"氏者"二字，如"冯氏者"、"李氏者"，等等。

盘瑶一生中使用的乳名、书名和法名，反映了一个人的生命历程。刚出生的孩子的乳名比较简单，用区别男女性别的专用名称，加上该婴孩的兄弟姐妹排行数词即成。这样，在村寨中当然免不了就有一些同名的人，但在家庭内部呼叫，一般是不会发生重名的问题的。书名是成年人使用的正式的名字，它反映了汉文化的影响，这不仅表现用汉字取名，而且也表现在使用排辈用字方面。而法名的使用则与宗教生活有着密切的关系，它不仅反映了一个人生前在社会上的地位，也表现在死后脱离了活着时的字辈排行，而以同样的"×郎"或"法×"的名字出现于家先簿。这也说明了瑶族人对人间和阴世的看法。必须指出的是，这仅仅是瑶族中的盘瑶（或称过山瑶）支系的取名习惯。而其他支系的取名习惯，则各有自己的特点，后面将分别予以介绍。

在有些地区，瑶族儿童的乳名以出生年份的地支名称命名。如贵州省黎平县的平荣村瑶族，男孩大都喊作耿、贵或王保，女孩叫作妹生、妹五，等等。除此而外，常以出生年份的地支名称取名，在名前分别加以"老"或"妹"。如当地瑶族读"子"为"巳"，子年生的男孩就叫老巳，女孩叫妹巳。"丑"读作"求"，丑年生的男孩叫老求，女孩叫妹求。"寅"读作"英"，寅年生的便叫老英、妹英。"卯"仍读作"卯"，卯年生的便是老卯、妹卯。"辰"读作"生"，辰年生的便是老生、妹生。以次类推，巳年生的为老水、妹水，午年生者为老伍、妹伍，未年生者为老委、妹委，申年生者为老胜、妹胜，酉年生的叫老育、妹育，戌年生的叫老些、妹些，亥年生的为老海、妹海，等等。

五、白裤瑶的乳名与父子孙连名制

广西南丹县的白裤瑶过去没有书名，也不用字行排辈。一般称男孩为"业"，女孩为"亚"。长大成人结婚，生第一个孩子以后，要在"业"与"亚"之前加"甫"（父亲）或"米"（母亲）的称呼，如罗甫业、谢米亚，等等。其中罗、谢为姓，甫、米为父母，全名意思是：罗姓父亲的男孩和谢姓母亲的女孩。

他们还相信男女孩的生辰八字，如果认为孩子的生辰不好，必须拜寄给别人或某件物体才能长大成人。孩子拜寄给别人后，这个人就成为该儿童的"保爷"，而这个儿童的名也应当使用保爷的姓，男孩加一个"保"字、女孩加一个"妹"字作名，如谢家男孩拜了王姓保爷，就取名"谢王保"，谢家女孩拜了陆姓的保爷，就取名"谢陆妹"，等等。如果拜寄给某一物体，也要以该物体的名称来作为名。如何姓拜寄土的男孩就叫"何土保"，罗家拜寄给树的女孩就叫"罗木妹"。一般男孩有叫木保、土生、水生、岩保、岩养等，女孩则名土妹、木妹、水英、岩妹，等等。凡有拜寄后名字的，村中一般用拜寄名称呼，而很少用原来的名。

结婚三年后尚未生育，或虽生育但孩子夭折而亡，或只生女未生男的时候，都要举行象征性的"搭桥"宗教仪式，即请魔公（巫师）举行宗教仪式，象征性地搭起一座桥梁，以便将婴儿接来投胎，凡是经过这个仪式后生下的孩子，名字中必须要加"桥"的瑶语发音，汉文一般写作"叫"、"究"或"龚"等，如"谢业究"、"黎吉龚"，等等，这反映出他们是经过宗教仪式才出生的人。近些年来，由于受布依族的影响，南丹白裤瑶喜欢用"金"、"银"、"家"、"吉"（即"老"的意思）等字作名，例如叫谢金玉、罗银山、覃银邦、兰家银，等等。因为在取名上有这样一些惯例，所以村寨中同名的人很多。

在少部分瑶族地区还有"己名—父名—祖父名"的"父子孙"连名习惯。在贵州省黎平县滚董乡平茶村的瑶族中，就有着这样的连名制。如一个叫"卜王保"的瑶人，他的父亲名"英"，祖父名"苟"，那么他的全名便是"卜王保英苟"。如果他的儿子叫"和"，那么他儿子的全名便是"卜老和王保英"。不仅如此，而且随着结婚生育，他们的名字也要发生变化。例如有一对夫妇，男名叫沈老耿，女名叫卜妹巳，那么他们生育子女后，就要改名反映这种情况，父亲的名字是在姓氏之后加"补"（瑶语"父亲"之意）字，再加了女之名以及自己原来的名字，"沈老耿"有了女儿取名"妹生"以后，他自己的名字就要相应地改为"沈补妹生耿"，而作为母亲的改从夫姓后，还要加

"奶"（瑶语"母亲"之意）字，加子女名字及丈夫的名字，"卜妹巳"生女儿"妹生"后，她的名字就要改成"沈奶妹生耿"，表现了她的夫妇、子女关系。

六、八排瑶的命名及其变化

八排瑶主要集中居住在广东省的连南瑶族自治县，因其居住村寨有军寮、火烧军、大掌岭、里八峒、马箭、油岭、行祥（南岗）、横坑等八个大排（村）而得名。清代李来章《连阳八排风土记》称，八排瑶"一曰盘、一曰房、一曰唐、一曰沈、一曰李、一曰莫、一曰冯、一曰黄、一曰邓、一曰何，大略不过此十姓，以行次为名，间有呼共别号者，如青菜、烂酒、戆狗、蚂蟥、鸡臀、尖中、山镇、老虎、熊黑、毛尖之类，必排中之豪者也"。实际上，八排瑶人一生中名称变化的丰富与复杂，远比此为甚。

一个八排瑶人完整的姓名，包括几个部分，而且随着人生的各个阶段发生不同的变化。其构成格式包括如下六个部分：

（一）姓
+（二）房族名
+（三）父名
+（四）本人名
+（五）本人排行顺序
+（六）本人婚否、有无子孙的专用称呼

以上六个层次加在一起，是八排瑶人的完整姓名。如"唐因努亚理买尾四贵"就是由唐（姓）+因努（房族名）+亚理（父名）+买尾（眼大之意，本人名）+四（本人排行顺序）+贵（未婚专用称呼）构成。由于它比较繁复，所以在实际使用中，往往采取简略的形式，如唐买尾四贵〔（一）姓+（四）本人名+（五）本人排行顺序+（六）未婚专用称呼]，或邓四贵〔（一）姓+（五）本人排行顺序+（六）未婚专用称呼]。现将八排瑶姓名的六个部分的情况分别介绍如下：

据《连阳八排风土记》介绍，八排瑶有10个姓，但其人口多少是不一样的，1943年出版的廖炯然著《连阳瑶民概况》称："瑶民姓氏，以房、唐、邓、李为多，沈、盘、赵次之，祝、莫、黄、冯为少。"除此以外，还有龙、方等姓。据说由于人口发展的原因，唐姓还分为两支，有大唐与小唐之别。

在各姓内部，由于始祖有若干兄弟，所以又各分为若干房族，如遇纠纷，"初面口角，继而召集房族或外家，宰猪摆酒，倘调解不成，即行诉诸武力"①。可见房族在八排瑶人日常生活中还起着很大的作用。据20世纪30年代末的调查，前述的大唐分喜伙、隆彭、法罗、卖口四房，小唐分烟糯、大家、久之三房。但20世纪50年代中期的调查则认为，大唐有火生、担印、管止、瑶真、亚孔、唐山、句胡、庙大、马零九房，小唐分中火、瑶山、介九、大口、流真、户唐、中公七房。有的在房之下，还有不同的"小房"的区别。在八排瑶人的姓名中，在姓之后，首先就要冠以房族的姓，以表明他是哪一姓中哪一房族的人。

八排瑶人名中的父子连名，在姓名的几个部分中的重要性，比不上本人排行顺序与本人婚否、有无子孙的专用称呼部分，它在姓名中似乎还不是一个十分必备的部分，在省略中往往最易脱落。从这个意义上说，与其他民族的父子连名制相比，八排瑶的父子连名有着自己的特点。

本人名往往以一个表现该人身体特征的如买尾（眼大之

---

① 廖炯然：《连阳瑶民概况》第五章风俗习惯，第一节习性、第六节勇敢好斗，新亚细亚学会1943年版。

意）、大鼻或表现其命运如担当（命苦之意），或直接加以卑贱之物如大猪、鸡臀、老虎、蚂蟥等名称为名。如邓买尾一贵（邓姓大眼睛的老大）与"邓担当一贵"（邓姓命苦的老大），就可将同是邓姓家的大孩子区别开来。这也就是前引的《连阳八排风土记》所述的用青菜、烂酒、戆狗、蚂蟥为名的情况。本人排行顺序是指在家庭中出生时兄弟或姐妹的排行顺序，一般都用一、二、三的数字加以表示。最后加一个不同性别与身份的专用称呼。有贵、釜（音 biα，八排瑶专用汉字）、莎×釜、公、莎×公、黄公、莎×黄公，等等。如男子从少儿到婚前这一段时期，用"贵"字。婚后并生育了第一个儿子后就要改用"釜"字（音 biα，八排瑶族专用汉字）。如生子女后，则加"莎某釜"（"某"为本人排行顺序数）。有了孙子或孙女后，则又要将"釜"改称为"公"、"莎×公"。有曾孙的就要改"公"为"黄公"了。例如前面举例的"唐因努亚理买尾四贵"，婚后生了个儿子，就要改名为唐因努亚理买尾四釜。生的如果是女儿则改称唐因努亚理买尾莎四釜。有了孙子或孙女以后，则又改名为唐因努亚理买尾四公，或唐因努亚理买尾莎四公，待有曾孙或曾孙女以后，还要改名唐因努亚理买尾四黄公，或唐因努亚理买尾莎四黄公。此人死后，则改用"唐君×××郎"的名字。其中前两个"××"系请先生公（巫师）起的死后应用的"法名"，后一个"×"则是该人生前的兄弟排行数。如唐因努亚理买尾四公死后，取了"法旺"（发达兴旺之意）的法名，他死后的全名是"唐君法旺四郎"。这里的"四郎"与生前所曾用过的"四贵"、"四釜"、"四公"、"四黄公"是一致的。

八排瑶妇女一生名字的变化，要比男子更为复杂，少儿时期的女孩，一般最后一字用"妹"，如"邓佳命孟拜六妹"，指的就是邓姓家、佳命房、父亲叫孟拜的第六个子女。结婚后第三天，就要将"妹"改称为"莎"，叫"邓佳命孟拜六莎"。生育子女后，这个邓佳命孟拜六莎就要改用丈夫的姓名，并加上"妮"姓"尔"，如邓佳命孟拜六莎的丈夫是李瑶里八贵，那么生育子女后，不仅李瑶里八贵，要改称李瑶里八釜，而且他的妻子邓佳命孟拜六莎，也要改称李瑶里八妮，意思是当了母亲的李瑶里八釜的妻子。等到有了孙子或曾孙后，也要相应地"妮"改成为"婆"或"黄婆"了，李瑶里八妮就要改称"李瑶里八婆"或"李瑶里八黄婆"了。妇女在生育子女后，完全改用丈夫的名称的习俗，反映出八排瑶的父系制度已完全确立，妻子已成夫系家庭的一部分。但到妇女死后，又恢复用娘家原来的姓，以"×氏××好"的方式取名。"×氏"即妇女的娘家姓氏，后面的"××"是死后为妇女起的法名，"×好"的"某"为该妇女出嫁前原来的兄弟姐妹排行，如前述的邓佳命孟拜六莎，生子女后，改名李瑶里八妮，死后取法名为"法妮"，那么她去世后的姓名为"邓氏法妮六好"。

　　八排瑶人这种繁复的命名制度，其意义在于明确该人不仅是哪一个姓的人，而且是属于该姓中的哪一房。还通过父子连名，可以知道是谁的子女，还可以知道该人是否结过婚，有没有子女，有没有孙子女或曾孙子女，等等。而当人死以后，就不再注重其属于什么房，而只用"义君……郎"、"×氏……好"的格式来区别死者的性别。并用"法名"来称呼他们。名字的构成与变化，反映了他们的人际关系、婚姻状况、社会地位（瑶族尊重老人，称"公"与"黄公"的说明他们已是有了孙子、曾孙的老人），等等。

　　在八排瑶的社会习俗中，有时也会出现与上述改名惯例不同的状况，如初生儿子，但父母却想要一个女儿时，就将这个儿子按生女儿的格式命名，本来应该叫"盘××·贵"的，却故意称其为"盘××一妹"。让男孩用女孩名，以祈求下一胎生一个女孩。与此同时，他的父母本来应叫"盘×××釜"和"盘×

××妮"的，也故意改叫为"盘××莎×爷"、"盘××莎×妮"，使用了生女孩的专用称呼。

由于八排瑶姓名中包括了房名、父名、本名、排行顺序及婚否等等称呼，相当长的名字在日常生活中不便呼叫使用，所以在平时往往使用简便的呼叫方法，最简单的如"龙一贵"、"冯二妹"等。为了与同姓同名的"龙一贵"、"冯二妹"相区别，也可以加上本人名呼作"龙买尾一贵"、"冯担当二妹"，等等。对八排瑶命名制度的研究，不仅有姓名学方面，而且有民族学、社会学、伦理学等多方面的意义。

载《中国人的姓名》，中国社会科学院出版社，1992年。

盘瑶语的"巧话"

盘瑶族中有一种秘密语，本族人管这种秘密语叫做［uaɣ tɕauɣ］，意思是乖巧话，我们将它省略地说，可以译作"巧话"。据我们的了解，"巧话"的起源大概是这样的：

（一）由于封建迷信，瑶族人过去上山砍树干活时，照例有一部分词汇是避而不说的。据说如果不小心说了，可能斧头会砍到自己的脚，因而遭到不利。这种迷信风俗在汉族也有类似的情况。如浙江一带的船户行船时不允许客人把吃汤用的羹匙反放，或者把筷子放在碗上或盘边，这意思是忌避船的翻身和搁浅。

（二）过去由于民族关系比较隔阂，所以瑶族人在对话时，如遇到懂瑶话的汉人在一旁，他们即说一声：［uə˧ la:n˨ mien˨ diaŋ˨ nə m˨ fa:ɣ ȵei˧］（直译意思是"那个人树叶干的"，就是说，这个汉人懂得瑶话，需要注意啊），他们这样招呼一声以后，就用"巧话"来进行交谈了。

在这里，我们还可以找一个瑶族民间传说来作旁证。传说，从前有两个馋嘴的婆媳，有一天她们正在蒸糯米准备舂粑粑吃的时候，忽然有一个汉人到她们家来玩。那个婆婆很小气，汉人不走，她就不拿蒸好的糯米出来舂粑粑，这时，那个媳妇可等得不耐烦了，尽催着她婆婆说："好啦，好啦！"她婆婆问，"什么好啦？"媳妇说，"舂粑粑。"这个时候，婆婆一边骂她媳妇一边说："［liŋ ca:ŋ˧ haʎ ma:iʎ baŋ˧ ic˧ kɔŋʎ koŋ˨ cɐʎ dzɐ ȵei˧］"（直译是"田基还未坍，要说［koŋ˨ dzʎ cɐʎ］的"，意思是汉人［田基］还未走［还未坍］，不应该说舂粑粑，而应说"koŋ↓ dzɔλ dzɔ↓"的)。这个小故事，盘瑶族人把它引作是"巧话"的起源。我们认为，不管怎样，这个传说至少是反映了"巧话"中有一部分是为不让汉人听懂而创造的。

当然，随着人民革命的胜利，各民族间的不平等和隔阂消失了，这种"巧话"现在也不瞒着汉族人了。前年我们在瑶族地区收集有关这方面的材料时，瑶族人都踊跃热情地供给了我们。

根据现在已有的材料，我把盘瑶族"巧话"的创造方式和来源归纳为下列几点：

（一）比拟　例如"鸭子"能浮在水上，像船一样，所以他们管"鸭子"［a：py］叫"船"［dzaŋγ］。同此道理，还有下面一些例子：

盘瑶语普通口语　　　　　盘瑶语"巧话"

酒［tiny］　　　　　　　混水［uamγ dɕuat↓］

棉被［pui↓ tsatγ］　　　天［luŋ↓］

小孩哭［fei↓ tɕueiy nomγ］　唱长歌［pa：uy dzuŋ↓ da：uy］

（二）忌译的替代　例如山间做工时不能说"有鬼"［ma：iy mienγ］，而改说"有蛙"［ma：iy tɕεŋγ］。再如：

盘瑶语普通口语　　　　　盘瑶语"巧语"

死了［taiλ ay］　　　　　缺了［guay ay］

杀［tai˥］　　　　　　　摸［muey］

（三）暗示　前面举的用"那个人树叶干的"来暗示"那个人懂我们瑶话的"就是一例（盘瑶语中耳朵叫［mə↓ nɔm↓］，树叶叫［diaŋ↓ nɔm↓］，只相差一个音节，此处有关系）；此外又如他们用"发癫药"［puty diny diey］来叫"酒精"［piŋγ］（酒药做酒，人喝醉后如癫狂状）。同此道理，我们还可以举些例来看一下：

盘瑶语普通口语　　　　　盘瑶语"巧话"

汉人［tɕien˥］　　　　　　田基［liŋ↓ tɕa：ŋ˧］

走［jaŋ↓］　　　　　　坬［baŋ˧］

喝酒［hopy tiuy］　　　　过河［kyə ʌ suaŋ˧］

（四）诙谐　例如把"小偷"［tɕien↓ tsat↓］叫"长手指"［puə↓ du↓ daːuy］，把"生了一个男孩子"［tuy tau↓ tə n˧］叫做"得个挑担的"［tuy tau↓ daːm↓ daːm↓ daːm˧ ȵeiy］，把"想回去"［namy dzuanʌ］叫做"脚底有霜"［tzau˥ diə˥ kyə˥ buan˥］（想回去的人脚不断移动，好像脚底有霜，因冷而不断移动一样）。

（五）古代瑶语的遗留　有一部分"巧话"词汇，瑶族人自己也不知道作何解释，而是祖辈所传，相沿为用。例如把"米"（或"饭"）叫做［bien↓ tɕan˥］，这［bien↓ tɕau˥］原来是什么意思现在就不知道了（单是一个［tɕau˥］，意思是"蛋"）。又如他们把"吃"叫做［ȵin˧］，而［ȵin˧］本身有什么意思，他们也无可考了。我们所以把它归为古代瑶语的遗留，主要是从方言的对照上来寻求根据的。

在盘瑶语兴安方言中，把一种毒蛇叫做［hou↓ haːp↓ gaːi˧］（直译是"芋苗干"），可是我们在另一个地方，龙胛和永福的方言中，却把"芋苗干"这种蛇名认为"巧话"，这种蛇的原来名称是［naŋ˧ beiλ］。又如有一种酒在兴安方言中叫［puə˧ ŋau˧ tiuy］，在另一个方言中却认为是"巧话"，而把这种酒的原来名称叫做［tiuy piaŋ↓］。当然，由于我们掌握的方言材料不够多，还不能作详细全面的比较。在这里，我们只能根据有限的材料，把盘瑶族人自己也无法解释其原来意思的这部分"巧话"词汇，作这样的解说。

最后应当指出，盘瑶语"巧话"虽有如上的五种构成方式和来源，但是它的语法构造和语音系统还是依照着本民族语言的内部发展规律的；它虽然在一个民族的内部自由而广泛地流通着，但是，它毕竟是属于社会方言的性质，绝不能长期和盘瑶族普通口语"分庭抗礼"。

虽然这样，可是我想我们研究它还不是没有意义的，因为通过这样的研究，我们可以了解一部分有关这种语言的演变历史以及无数有关民族关系史等方面的材料。

载《中国语文》，1957年第7期。

瑶族的产育制度

人类的全部生产活动，有精神的生产和物质的生产两个方面。在物质方面生产，还可以分成两个方面，即客观的物质生产与人类自身的生产。人类自身的生产是人类社会、民族繁衍的基本手段。

由于人是社会的动物，所以人类自身的生产，不同于一般的物质生产。今天我们研究瑶族的产育制度，就正是在这个意义上进行的。我们知道，人类自身的生产，一般来说，受着下述三个方面的影响：

（一）社会的影响。人类社会本身给予人类自身的生产以一定的影响。从历史上看，如人类的战争、社会的动乱，以及一个政府的奖励和限制生育的政策，都直接影响人类自身的生产。例如第二次世界大战以后，有的国家曾奖励人口的增殖，把生育五个孩子以上的妇女，称作"英雄母亲"。而现在世界上有不少国家推行"家庭计划"，适当地限制人口增长的速度。在中国，则称之为"计划生育"。这些都在一定程度上影响人口的生产，有时还成为影响人口增长速度的主导因素。

（二）科学技术发展的影响。由于医学落后，过去不少地方的婴儿死亡率很高，或者由于各种疾病，造成妇女受孕率很低，或者虽受孕但不能正常生产，或者生产前后母子因感染而死亡等等原因，直接影响了人口的生产。现在由于医疗、防病，产前产后的卫生保健，新法接生等科学技术的发展，保障了妇女的健康与婴儿的生长，有利于人口的增殖。由此可知，科学技术的发展，尤其是医学技术的发展，对人口的生产有着直接的影响。

（三）客观物质生产的影响。客观物质生产的丰富或贫乏，也影响人口生产的增长。从历史上看，有的时候，出于自然灾害等各种原因，造成物质生产的下降，食物的缺少，甚至出现饥荒，就影响人类自身生育率的提高。有时还影响人口的质量，使婴儿体质衰弱，造成所谓"先天不足"的情况。

因此，研究一个民族的产育制度，要联系上述这三个方面。就是要在一定的社会条件之中，于一定的经济基础之上，在一定的医疗科学条件之下，来考虑产育制度各个方面的问题。

今天，就瑶族的产育制度，简单地谈几个问题。有不妥当的地方，请予指正。

作者曾应日本著名文化人类学家中根千技教授的邀请，于1982年12月至1984年6月到东京大学东洋文化研究所进行学术访问。本文系作者在上智大学白鸟芳郎教授主持的中国大陆古文化研究会上所作的学术报告，日文本发表于1986年日本国立民族学博物馆《民博通讯》第32期上，这里刊载的是该报告的中文本。

一、产育的意义

从自然界来说，所有的生物都要延续后代，繁衍种族，否则就要面临灭绝。但是，这只是生物学上的意义，是任何生物的自然本能。而人是社会的动物，因此人类的繁殖，还有它的社会意义。例如人类有了氏族、部落、民族以来，为了保证氏族、部落、民族的延续、繁荣和强盛，它们就必须繁衍人口。从一个家庭来说，从有了私有财产以来，就存在着财产的继承问题，有老一辈人的赡养问题等等，它们就需要有家庭的下一代出现，才能解决这些问题。中国的汉族封建社会，很早就有"不孝有三，无后为大"的说法，认为生育子女，传宗接代，比孝顺父母重要得多。而如果没有后代，那就是断了祖先的根，这比"不孝"要坏得多。而在封建社会里，丈夫遗弃妻子时，有所谓"七出"的七个理由。丈夫只要有这七个理由中的一个，就可以把妻子送回娘家，进行遗弃。而"不会生育子女"就是这七个理由中的第一个理由。可见古代汉族是十分重视下一代的繁殖和继承的。在汉族的封建社会里，父系的家庭重视血统，强调"亲骨肉"。在一个家庭里如果没有后代而需要接养时，也必须首先接养亲兄弟姊妹的子女，采取"近亲接养"的原则。这与封建社会里的私有财产、家庭门第、等级地位等等权力利益不能外溢有着密切的关系。在过去的汉族社会里，还重视辈分，后辈必须服从和尊敬上一辈，不能以下犯上。这也与过去森严的等级关系有关。

但就上述这些产育的意义来说，瑶族却和汉族不同，有着自己的特点。它表现在重视姓氏的延续，却不计较血统的联系，以及对于后一代的看法是男女并重，并不一定要儿子才能继承姓氏。这些都与他们的民族形成、社会发展和生活习俗有着密切的关系。

我们知道，瑶族有一个著名的"槃瓠"传说。它讲到过去有一只神犬槃瓠，因立有功劳而和皇帝的公主（一说宫女）结婚。婚后生了六男六女，互相婚配，繁衍后代，就形成了瑶族。这六男六女，各有姓氏，合在一起共有十二个姓，就是有名的"盘瑶十二姓"。这个传说不仅在史书中有所记载，而且在瑶族各地流传的《过山榜》等民间文献里，也都是以这个传说为主进行叙述的。举数例如下：

《后汉书·南蛮传》："生子一十二人，六男六女。槃瓠死后，因自相夫妻……其后滋蔓，号曰蛮夷。"

湖南江华县《评王券牒》："……身生六男六女，转奏评王，龙颜大喜。敕赐名姓派名，盘、沈、包、黄、李、邓、周、赵、胡、唐、雷、冯。"

湖南蓝山县《十二姓瑶人下山祖途（图）》："十二姓瑶人（景定元年）八月十五日漂湖过海，各分春内。就在南海小南渡各写路途，下山落业。"

湖南宁远县《瑶人出世根源》："（评王）传下旨意，敕封盘护为始祖盘王，敕赐六男六女为王瑶子孙……就安一十二姓，长男随父姓盘，其余姓沈、包、黄、李、邓、周、赵、胡、唐、曹、冯氏也。敕令六男婚娶外姓女子为妻，以传其后。敕令六女招赘外姓男子为夫，以继其宗。所传十二姓之源也。"

广西大瑶山《世代流传祖居来历书》："十二姓板瑶，出世在南京道、十宝店、千家洞。开有田地很好，有吃有饮。太翁十二姓，共只香炉，敬奉烧香，上供盘皇。"

由上可知，"槃瓠"虽然仅仅只是一个神话故事，但是也反映出从瑶族的形成开始，就和十二个姓氏有着密切的关系。因此民族的发展，也与姓氏的延续有着重要的联系。所以瑶族（主要指盘瑶）在结婚以前，夫妇双方首先必须议定未来的子女如何承继姓氏的问题。如果是男方入居女家的，还要讨论男子是否改姓的问题。一般来说，在盘瑶家庭中，子女姓氏采取双轨制的较多，即有一半子女从母姓，另一半子女从父姓。只有到了近代，因受汉族影响，才出现子女全部都从父姓的情况。

如前所述，盘瑶在后代的延续问题上，并不重视血统。一对夫妇结婚两三年后，如果没有子女，往往要接养别人子女作为自己的子女（以接养女孩为多）。这种接养的子女，除了本族的孤儿外，大多为附近汉、壮族贫苦人家的子女。这些家庭在接养子女以后，如果又有了亲生子女，一般都是同等对待，没有歧视冷遇的。在后代延续的问题上，是不分亲生或非亲生的。

根据我们在广西大瑶山的盘村调查，包括已迁走的三户在内，共21户中，有14户接养有子女。而在这些接养来的子女中，有66.6%的人系属于外族的孩子，占一半以上。以居住在大瑶山金秀村的汉族覃满为例，他因生活贫困，在7个儿子中，有三个被瑶族所接养，成了瑶族人。这三个人，两个改姓赵，一个改姓冯，他们现在的语言、习俗、信仰、心理状态等各方面，都与当地的瑶族完全一样。据在广东连南八排瑶的田坑排（村）调查，全排740多人中，竟66人为从别处收养的子女，而其中绝大部分都是汉族贫苦人家的儿童。

在姓氏的继承延续上，瑶族人对生儿育女同等看待，没有重男轻女的现象。这是因为他们在婚姻上还在很大程度上保持女方居住婚的情况。女儿与儿子一样可以顶门立户，传宗接代。因此，只要姓氏得到延续，无论是由儿子或女儿继后传宗都是一样的。这也表现在一般女方居住婚时，往往议定第一个孩子要随母姓，但这第一个孩子是儿子或是女儿则并不计较的。

在瑶族中，产育除了有上述意义外，在花蓝瑶和茶山瑶中，还起着巩固夫妇间婚姻关系的作用。过去在这些瑶族中，婚姻关系不稳定，离婚和再婚的较多。据在大瑶山门头村的花蓝瑶中调查，在20世纪50年代以前，52个男人中，结婚一次的只有19人，两次的21人，三次的10人，另有一人竟再婚达九次之多。而在61个妇女中，结婚一次的只有20人，二次的29人，三次的11人，四次的一人。在金秀村茶山瑶的72对夫妇中，男的结婚一次的只有20人，女的只有22人，其余都为结婚两三次，甚至多达四五次的。由此可以看出其婚姻关系的不稳定。而生育子女后，夫妇双方都有抚养子女的责任，所以产育的意义，又起了巩固婚姻的作用。它具体表现在茶山瑶结婚时，礼仪十分简单，一般只要请一个媒人向嫁方赠鸡一只（也有不赠的），然后将新人领回即可。但在生第一个孩子时，却必须杀猪请客，即所谓"办大酒"，要给嫁方的父母送猪肉（父亲36斤、母亲12斤），请师公（巫师）做法事，而嫁方也必须向小孩及小孩的父母送礼物。通过大宴宾客，不仅庆贺下一代的诞生，也正式宣告父母婚姻的确立。在这一部分瑶族中，产育的意义已不仅限于后代的延续，而反过来显示上一代婚姻的缔结，这已超出一般的产育意义了。

二、产育的礼仪与禁忌

在瑶族中，产育是姓氏延续、民族繁衍的重要手段，所以结婚数年后，如果没有子女，就要进行祈求子女的活动。其方法有二：

一是举行宗教仪式，进行"架桥接花"，以此来祈求子女。其作法是请多子女的先生公（巫师）作弓形的竹片扎成一座纸桥，并用纸扎成红、白花各6朵（或12朵），再以小狗一只、糯米糕、米饭、酒、油炸豆腐泡等物到村头路口或大树下作法念经，表示希望将婴儿由天国"花园"接到人间来。

二是接养外姓的子女为自己的子女，希望通过这种礼仪引来自己的亲生子女，它的名称叫做"接花灯"，是瑶族家庭祈求生育子女的另一种方法。

孩子出生以后，不仅意味着家庭人口的增加，姓氏的延续，婚姻的巩固，而且也认为是神灵护佑的结果。因此在子女出生后，还有一套叫做"还花"的礼仪活动，一般是用鸡、小猪、米饭、酒、纸钱等，到原来"架桥"的地方去做法事，"还纸收花"。而在茶山瑶中表现得更为完整。

茶山瑶认为，小孩是"花婆神"或"婆王"送来的，因此生育子女后，必须向神酬谢，才能使小孩平安长大。在小孩长到15岁以前，要举行仪式八次。

（1）架七星桥。用师公一人，以长约四五寸、宽约二三寸的平石板一块，以及酒杯大小的石子六枚，一一镶嵌在路上，表示架成了一座"七星桥"。然后用鸡及很小的粽粑进行祭祀。

（2）架水沟桥。用木头一根，架在小水沟上。用前面所述的东西进行祭祀。

（3）架冲桥。"冲"是两山之间的小山沟，一般都有小溪水流淌。架冲桥就是用直径三寸左右、长约三四尺的树木一根，架在小山冲上，以利行人往来，故名"架冲桥"。架桥时，也要用师公祈祷。

（4）做前身鸡。主要在家里祭神祈祷，用的祭物如同前述。

（5）做前身鸭。也是在家里祭神祈祷，但供物中用鸭而不用鸡。

（6）做前身猪。祭法同前，但祭物中不用鸡鸭，而用小猪。

（7）作平楼。主要在家屋的门外祈禳。祭物要用"五牲"，就是用一只鸭及四枚曾经孵过几天的鸡蛋。

（8）还花。是成人以前的最后一次礼仪，一般比较隆重。举行时要用师公数人祈祷一昼夜。同时，还要广邀亲戚朋友，来一起饮酒食肉。每次要杀猪四头到七头，用肉五六百斤。而祭物则用孵过几天的鸡蛋若干枚，凑成九牲、十五牲或二十一牲等等进行祭祀。至此，孩子已接近成人，表示已由幼儿平安地长大成人。

从此以后，进入"度戒"的礼仪，表示已脱离少年时代，正式成为一个成人。

以上系从怀孕前直到生育后的一整套礼仪，它显示了对孩子降生的重视，也反映了幼儿抚育长大的艰难。由于瑶族居住南方山区，山冲溪沟很多，必须架桥才易于通行。因此在宗教法事活动中，多以架设象征性的或简易的木桥，作为酬神的"功德"，并以此沟通人间与天上的关系。而由于山区生活的贫困，原来汉族中用于祭神的牛、猪、羊、鸡、鸭等"三牲"或"五牲"，在瑶族中却简化成只用孵过几天的鸡蛋，以此表示也是一个动物的生命而已。

除了产育的礼仪而外，瑶族中对于产育也存在着一些禁忌，

简述如下:

瑶族妇女在怀孕后,一般都照常参加劳动。但也有一些迷信,作为传统习俗需要遵守。例如在同一个地点劳动的人们中,如果有妻子已怀孕的夫妇,那么别的人就要让这对夫妇首先开工劳动后,才继续动工。他们认为,倘若不这样做,在劳动中就会出现刀斧误砍伤人或滚落岩石压坏手脚的不幸事件。又如一起出外狩猎时,妻子怀孕丈夫只能担任放狗撵工作,而不能持枪射击。否则,也会发生不幸的事故。

在过去,瑶族地区医药卫生条件较差,没有经过现代医学科培训的接生人员,因此产育时一般只由老年妇女帮助照料,同时请先生公来念经催产。大都使用旧剪刀或瓦片割断脐带,十分不洁,容易感染。胎盘要埋在产妇的床下,认为只有这样才有利于婴儿的成长。如果不幸接下的是死婴,或者产后不足一个月而婴儿死亡,也都埋于床下。既不作棺木,更无坟墓标志。

在过去瑶族人民的迷信观念中,认为因难产而死亡的"产妇鬼"是一种"恶鬼"。安葬时,既不能从正门抬出尸体,也不能用棺木安葬。而且出殡时要采取与普通人相反的方法,即不是脚先出门,而是头先出门,意思是不让鬼魂再返回家来。年轻妇女深恐受影响,所以也很少参加送丧。甚至其丈夫要续娶后妻,也有一定的困难。有病人的家庭,也不欢迎他前去探望。这都是过去医药条件差,产妇死亡率较高所引起的恐惧心理的反映。

如果母子平安,顺利产育以后,则要在门上插一支青绿的树枝作为标志。这种标记在各地的瑶族中并不完全一致。有的是生儿子时挂带叶的竹枝,生女儿时挂带叶的树枝。也有的则一律挂树枝或稻草束、挂草鞋或米筛等等。其意义都在于表示内有产妇与婴儿,不欢迎外人随便闯入,尤其是不让师公、道公(巫师)入内,以确保母子平安。对于外来人的闯入,尤其是穿白衣、白鞋或草鞋的陌生客人进入,认为会惊扰初生的婴儿,使婴儿终夜啼哭不止，或者不肯食奶，不愿睡觉。因此，如果有误入的话，则要请客人喝清水或茶水以作禳解。关于不让师公、道公进入的原因，也有说是因为产房秽气较大，如闯入以后将会造成这些巫师今后做法事不灵验的结果。

在产育后的一些日子里（有的地区规定为30天或40天），产妇不能出门，也不能进入供奉祖先神龛所在的厅堂。不和生人谈话，也不借东西外出（否则将对小孩不利）等等。还忌用冷水，一年内不吃公牛肉、南瓜、母猪肉、笋、黄豆、狗肉等。不能用手触摸正在孵蛋的母鸡（否则蛋要坏）。不吃用猎枪射死的鸟兽，怕火药中的硝磺有毒，吃了影响健康。花蓝瑶妇女甚至一个月内不吃油、盐，只吃白饭和清水煮白菜。在茶山瑶中，不欢迎外人直接询问生下的孩子是"男"或是"女"，而只能用隐语说，是"找鱼"（男）还是"打螺蛳"（女）。在盘瑶中，过去也有说"得一个挑担的"（男）或"失掉了一床棉被"（女）以隐喻生儿子或生女儿的。

从瑶族关于产育的礼仪与禁忌中可以看出，他们认为子女的降生是"天命"所赐，只有不断地做"功德"（架桥、祈祷）才能保护儿童健康地成长，并借此感谢神的恩赐。对于产育和产妇，则认为是污秽的。因此把死于产育的妇女看成与凶死（杀死、淹死等）一样的可怕。为了祈求产妇和婴儿的健康，又有一系列的禁忌，把产育的前后都笼罩在神秘的烟雾之中。

三、命名规则

子女出生后，作为家庭中的一员，首先遇到的问题是随父亲的姓氏还是随母亲的姓氏。一般来说，这在年轻的母亲结婚的时候就已经商定。从盘瑶来说，大致有下述几种情况。

（一）丈夫入居妻家的，子女姓氏有三种情况。即：

1. 女子全部从母姓。
2. 子女大部分从母姓，只有一个从父姓。
3. 子女分两半，一半从母姓，一半从父姓。其办法是第一个从母姓，第二个从父姓，第三个从母姓……以次类推。

在这三种情况中，一般以第三类为最多。

（二）妻子入居夫家的，子女姓氏情况大致为两种：
1. 全部从父姓。这种情况在受汉族影响较多的家庭或村落中，发生较多。
2. 子女分两半，一半从父姓，一半从母姓。但第一个孩子大都从父姓。

由于这样的原因，所以往往发生亲兄弟姐妹却不同姓氏的情况。在有的家庭里，情况更为复杂。以广西大瑶山盘村为例：

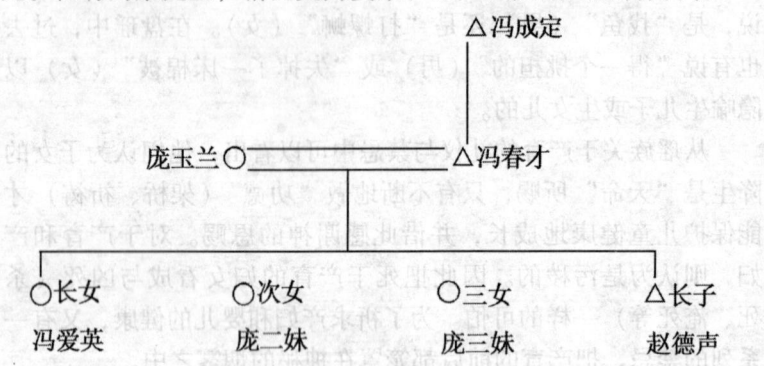

```
                     △冯成定
                        │
       庞玉兰○━━━━━━━━━△冯春才
                        │
        ┌───────┬───────┴───────┬───────┐
       ○长女    ○次女         ○三女    △长子
       冯爱英    庞二妹         庞三妹   赵德声
```

上表中，冯春才是冯成定的养子，原姓赵，10岁时成为孤儿，被接养，改姓冯。后来他与庞玉兰结婚，生了四个子女。长女从父姓，姓冯。二女、三女从母姓，姓庞。第四个长子却从了父亲原来的姓，姓赵。这样四个兄弟姐妹有了三个不同的姓氏。长女冯爱英与祖父冯成定都姓冯，但却没有血统关系。长子赵德声与父亲冯春才并不使用同一个姓，但是却有着血统关系。可见盘瑶人重视姓氏的延续，却并不深究其间的血统关系。

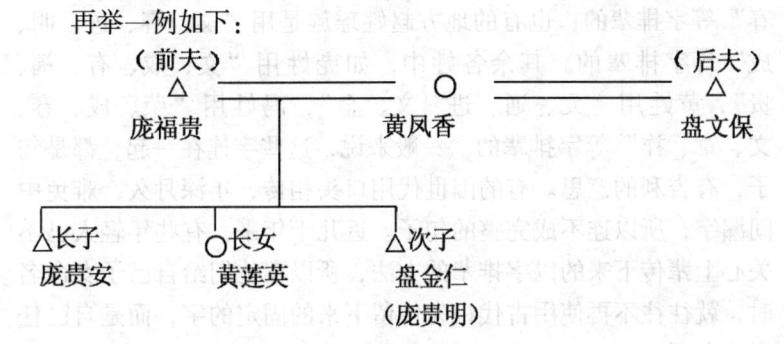

再举一例如下：

```
        （前夫）                              （后夫）
          △ ————————— ○ ————————— △
         庞福贵           黄凤香              盘文保
            ┌──────────┼──────────┐
           △长子       ○长女       △次子
          庞贵安      黄莲英       盘金仁
                                 （庞贵明）
```

妇女黄凤香先后嫁了两个丈夫。与前夫庞福贵生了三个子女，长子从父姓，长女从母姓，次子又从父姓。自前夫去世后，又和后夫盘文保结婚。盘文保要求有一个孩子跟随盘姓，所以把次子由原来的庞贵明改名为盘金仁。这样就使三兄妹有了三个不同的姓。盘文保与孩子虽然没有血统关系，但有一个孩子改姓了盘，使盘姓后继有人，他也就心安理得了。

这种瑶族家庭内兄弟姐妹的姓氏复杂的情况，与过去在民族压迫的条件下，如果不重视姓氏的延续，就会使得有的姓氏绝嗣，造成姓氏消亡的现象。而姓氏的消亡，也就会影响到民族的繁衍和发展。事实上，我们在各个瑶族地区的调查中，已很少见到或基本上已没有发现沈、包、曹等姓，就说明这样的危机的确存在。

子女的姓氏确定以后，还有命名的问题。

在瑶族中，正式的命名一般盛行以若干个固定的字进行排辈，循环使用。同一辈分的人使用同一个字，下一辈的人则使用另一个字。这些固定的字，不仅在各处中不一样，即使是同一姓氏，也由于地区不同或姓氏中分房的不同，而使用不同的字。这种方法起源于何时，已难于查考，但因它实际上是用汉字命名，所以很可能也是学习了汉族命名排辈习惯的结果。例如有些地方的赵姓瑶族，有用"富、贵、荣、华、启、家、支、永、长、春"等字排辈的；也有的地方赵姓瑶族是用"文、春、进、明、成"等字排辈的。其余各姓中，如庞姓用"文、成、有、福、贵"，黄姓用"元、通、进、文、金"，冯姓用"荣、成、春、文、章、祚"等字排辈的。一般来说，这些字连在一起，都是句子，有吉利的意思。有的因世代用口头相传，年深月久，难免中间漏字，所以连不成完整的句子。近几十年来，有些年轻人已不关心上辈传下来的以字排辈的方法，所以在他们给自己子女命名时，就往往不再使用古代祖先传留下来的固定的字，而是自己任意命名了。

盘瑶除了上述正式的命名（又叫"书名"）外，还有幼儿时的"乳名"和度戒后的"法名"。乳名只供长辈呼叫，而"法名"则在死后应用。如果不了解"法名"与"书名"间的关系，就不容易把一个"家支簿"上的法名和当时活着时使用的书名联系起来。在这一方面，广东连南县的八排瑶有着一套完整的命名规则。他们随着年龄和生育子女的情况，各阶段改变其名字称呼。这样就明显地表示出他们在人生道路上正处于一个什么样的阶段。其命名情况简述如下：

（1）乳名：孩子出生后，一般以长幼为序，用一、二、三……排行。在数字后面，男孩称"贵"，女孩称"妹"，叫一贵，二贵、一妹、二妹……

（2）长大结婚，生育子女后，则"贵"改称"爸"（音bia），"妹"改称"沙"，叫一爸、二爸、一沙、二沙等等。

（3）子女长大，生有孙子、孙女时，则"爸"改称"公"，"沙"改称"婆"，叫一公、二公、一婆、二婆等等。

（4）由于以上方法命名的结果，村中的一贵、二贵等同名的太多。所以在排行前面又往往加上以身体上某一特点或其他方法的名称，以示区别，使用如"买尾（眼大）"、"大鼻"、"担当

(命苦)"等名称。如南岗排的邓买尾八公,幼年时为邓买尾八贵,结婚生子后为邓买尾八爹,有了孙子后则称邓买尾八公。

(5)男人死后,一律改称"郎",这是"讳名",在死后做法事进行超度时使用。

八排瑶的这种命名法,与汉族不同。而且"爹"字系使用汉字独创的新字。由此看来,这很可能是瑶族的原来的命名方法。至今在一部分瑶族村寨中,还有把村内有声望的老人称作"××公"的习惯,也可以看成是这种命名法的遗留。

瑶族的命名规则,或者反映了一个人在同一姓氏中辈分的高低,或者显示了他在人生道路上的地位,而这种地位与他有没有子女或孙子女有着密切的关系。

四、产育节制

在瑶族中,对于子女的产育繁衍,有着的两种截然不同的反映。在盘瑶也就是过山瑶系统中,大都希望家庭中人口众多,所以总是重视子女的诞生,对每一个孩子都尽力地抚养成人,而在另一部分瑶族中,过去却有溺婴的习惯。其情况有三:

(1)生活困难,实在无力抚养。出于这种原因而溺婴的很少。一般在无力抚养的情况下,都拿来送给别人抚养。

(2)迷信思想。在广东连南八排瑶中,过去认为凡是农历五月出生的孩子都是"败家子女",长大后对家庭不利。因此一般都要在出生后溺死,或送给汉人扶养。也有认为农历书上属于"破"日出生的女孩,与父母相克,所以不能要;而男孩却没有关系(有十二个代表吉凶的日子,即:建、除、满、平、定、破、危、成、收、开、闭。破、危等日都是不吉利的日子)。还有认为每天的"午"时(十二点到两点之间)出生的孩子也不好,忨为这个时候出生的子女,将来对双亲不孝顺,是忤逆的孩子,也不能要。

由此可见，凡一年中的五月、每月中的"破"日、每日中的"午"时出生的孩子，都有十分不幸的遭遇。

（3）控制人口。在广西大瑶山的茶山瑶和花蓝瑶中，过去种水田较多。他们出于害怕子女太多，田地分家，造成今后人多田少，饮食不敷的现象出现，所以长期以来实行人工控制人口，使每个家庭只保留两个孩子左右。由于过去的自然科学知识很少，不懂得避孕的方法，因此，往往只能采取杀婴的办法来控制家庭人口的增加。按照一般的习惯，家中养育两个子女，一个在家传宗接代，一个（不论男女）则嫁到别家去，使每一个家庭只有一对夫妇继承财产。在金秀村一带，如果一个家庭拥有水田在600把禾以上时（割稻后，连稻秆一起捆绑成一"把"，每"把"约重12斤老秤，合7公斤左右），就是说每年可以从水田中收获600把以上稻谷时，夫妇两人愿意的话，也有养育三个小孩。留两个在家分田，一个出嫁去别的人家。这种习惯的形成，与他们刚刚迁入瑶山时，在开田种地中深深感到生活的艰苦有关。当时以竹或木的尖棒挖地开田，粮食不足时靠挖野薯度日，从人口增加威胁到日常生活的体验中，才逐渐形成晚婚（男子30岁、女子20多岁结婚），以及堕胎、杀婴等控制人口的不成文法。从调查统计中可以看到，在1950年以前，这种情况还相当普遍。

		夫妇（对）	生育	堕胎	杀婴	夭亡
六巷区门头村	花蓝瑶	84	207胎	4个	53个	27个
罗香区罗运村	坳瑶	76	207胎	2个	14个	56个
金秀区白沙村	茶山瑶	43	194胎	8个	42个	47个

由于人为的堕胎、溺婴，加上少年儿童死亡的结果，往往造成一些家庭绝嗣。在解放前的一段时期里，茶山瑶、花蓝瑶村庄的人口有日渐减少的趋势。到20世纪50年代初为止的100年时间里，花蓝瑶的六个村（六巷、古浦、门头、黄桑、大凳、新

村），由原来的194户，减少到111户。据坳瑶的罗运村传说，过去有居民120户，到20世纪40年代，却只剩下了43户。当然其中可能也包含了因搬迁外村而减少的因素在内，但是据老人的回忆，仅在19世纪到20世纪中叶这一段时间里，他们亲眼见到因绝嗣而消失的就有15户。由此可见，人口下降的情况是很严重的。

解放以后，经过人民政府的宣传教育，说明杀婴是犯法的事情，因此溺婴现象得到了制止。近30多年来，人口有了很大的增长。以1982年与1952年的人口相比较，茶山瑶增加了一倍，花蓝瑶人口增长74%，坳瑶人口也增长37%以上。由此可见，过去那种人口下降、民族衰微的现象得到了根本的改变。（见下表）

花蓝瑶、坳瑶、茶山蓝人口增长比较表：

	1952年	1982年	增长百分比
花蓝瑶	822人	1434人	74.45%
坳　瑶	1225人	1685人	37.55%
茶山瑶	4251人	8586人	101.97%

现在中国的总人口已在10.3亿以上，根据这种人口众多的情况，全国正在推行适当的计划生育，以免发生人口急剧增加的现象，使得全国人民的生活水平能够稳步地提高。由于少数民族的人口较少，所以允许各地因地制宜地放宽政策。在大瑶山，对过去人口较少的花蓝瑶、坳瑶，茶山瑶等瑶族人一般都不限制仅生一个，可以允许多生一点，以利于他们民族的发展。这种新的计划生育制度与过去习惯上的产育节制是有着很大不同的。由此也可以看出社会的因素在人口繁衍上起着巨大的作用与影响。

综观瑶族的产育制度，可以看出，处在过去的社会历史条件下，他们为了保持姓氏的延续、民族的发展和日常的生活水平，而采取了各种各样的成为习惯的规则。它表现为一定的礼仪、禁忌和各种不成文法。由于认识上的限制，瑶族人在产前产后，有着一系列的宗教活动。由于他们把产妇看成为肮脏的人，因此有着一系列的禁忌。尤其是把产育中死亡的妇女，看作不祥的"恶鬼"，更觉得可怕。所有这一切，都和我们开始叙述时所讲的一样，瑶族的产育制度和他们的社会条件、科学技术发展以及物质生产水平都有着密切的关系。我们只有联系这样几个方面进行探讨，才能真正进一步认识瑶族过去的产育制度。

载云南《民族调查研究》，1987年第2、第3期。

瑶医简述

在我国华南一些小城镇和广州、南宁、长沙、贵阳、衡阳、柳州等大中城市里，经常可以看到瑶族卖药人，摆摊行医，就地卖药。他们凭借着世代相传的一套草药验方，为人们诊病抓药，具有一定的疗效。但是，对于瑶医、瑶药的研究，至今还是一个空白。本文拟做一点初步的介绍，以期引起有关同志的注意。

一

历史悠久的瑶族主要居住在我国南方山区。这里生长着茂密的植物，为瑶民识别各种草木的性质，利用草木的枝、根、皮、叶、花、果医治疾病提供了条件。长期以来，瑶民遇到疾病、创伤时，除了求神问卦、送鬼治病等迷信办法外，主要还靠传统的草医、草药解除病痛。由于世世代代的摸索积累，加上串村走寨的汉族小商贩中懂一些中草药知识的人的传授影响，瑶族慢慢发展起了自己的一套民族医药。

据汉文史书记载，瑶族很早使用山区土特产向外进行交换，在这些用于交换的林、农、副产品中，除了杉木、燕脂木等以外，还有可作药用的诸如蜜蜡、砂仁之类。砂仁即缩砂密之种仁，宋代苏颂《图经本草》称：砂仁"今唯岭南山泽间有之"。可见当时已是岭南山区的特产。清道光时屠英《肇庆府志》说：广东瑶族长期以来，"依深山以居，刀耕火种，以砂仁、豆、芋、楠、漆、皮、藤为利,至地力竭,又徙他山"。① 另外,刘德恒《四会县志》、余瀚《开建县志》都有类似记载。这就反映了瑶族人民以药材砂仁为重要贸易商品的情况。除了蜜蜡、砂仁以外,瑶族人民培植、采集的药物,种类尚多。《纪录汇编》载,瑶人"山中多杉板、滑石、胆矾、茴香、草果、槟榔诸药物,时时窃出市博鱼盐"。② 瑶族人民利用山区药用植物资源丰富的有利条件,在采集、使用的过程中,扩大了出售的品种,并逐渐与治病相结合,形成了既诊病又卖药的瑶医、瑶药。

在一些旧方志及其他史书中,多有瑶族卖药治病之载,如:"瑶人虽有男女居屋,然移徙不常……善识草药,取以疗人疾,辄效"。③ "瑶人,黔旧无之,雍正时,自广西迁来清平、贵定、独山等处,居无定址……耕作之暇,入山采药,沿寨行医。"④ "瑶人盘姓,古盘瓠之裔也……平时多出桂头圩贸易,或负药入城。医治颇效。"⑤ "(乐昌县)邑有瑶不知始于何代……唯其人尚有诚信,常以药、茶、材木运入市肆,交易无欺。"⑥ "蛮人(主要指瑶族)以草药医治跌打损伤及痈疽、疮毒、外科,一切杂症,每有奇效。"⑦

瑶族中族支系较多,在城市卖药治病的主要是"盘瑶"(又叫板瑶)。早在20世纪30年代,由费孝通教授执笔、以王同惠名义出版的《花蓝瑶社会组织》一书中就写道:"花蓝瑶人生了病,有两种办法:一种是吃药,一种是问卦,但是这两种方法都

---

① 《肇庆府志》卷3,又《瓯江杂志》卷23亦有此记载。
② 《纪录汇编》卷60。
③ 《南中纪闻》。
④ 《黔记》卷3。
⑤ 《曲江县志》卷3。
⑥ 《乐昌县志》卷3。
⑦ 《岭表纪蛮》,商务印书馆,1934年,第196页。

不是花蓝瑶的特长，虽则每一个道士，其实就是家长，都知道用这些技术来对付一家有不幸的事情发生，但是逢着有重要的事情，他们要去请板瑶（即盘瑶——引者注），板瑶才是熟习巫术和医药的人。"

现代各大城市中卖药的都是盘瑶，茶山瑶、蓝靛瑶、背篓瑶等从不进城行医卖药。

瑶医卖药的历史究竟始于何时，由于缺少记载，已难于考查。从上述零星资料看来，很可能是从出售少数品种的山区特产草药开始，以后才扩展品种，并发展到兼而为人诊病下药的。如果说在过去民族压迫、民族隔阂的情况下，瑶医在城市治病尚获有"医治颇效"的评价，那么在解放以后，瑶医入城的人数、次数更多，涉足地区也就更广了。1958年出版的金宝生著《可爱的大瑶山》一书中，就反映了这种情况。说："大瑶山的药材非常丰富，药名不下三四百种……每年都有几十名草医，将10多万斤草药运往国内各大城市，一面行医，一面销售。每人出去一个多月，除自己的食用和交给社一百几十元之外，有的还有几百、一千、几千元纯收入。"这是20世纪50年代后期，大瑶山（即金秀瑶族自治县）出外卖药的情况。1981年，我们在行医卖药较多的广西荔浦县浦芦公社调查获悉，1962年达到外出卖药最高峰时，仅这一个公社就有300多人到各个城市行医卖药，1980年也达到200人左右。他们的足迹遍布广东、湖南、福建、河南、江西各地。出去最久的达一年多时间，大部分都是在外卖一两个月，回来采药后再继续出去，来来往往，络绎不绝。出去的人，除了自己的车费、住宿、饮食费用外，每月还要给生产队缴纳40—45元（多的达60元），剩下的作为他们自己的收入，带回来养家糊口，有的并因此盖起了新房屋。由此可见他们在外面的收入不少，也反映出他们在当地行医受到欢迎的情况。

二

瑶医没有专著，全靠从医人口传心记，在采药与治病实践中逐渐掌握各种草药的名称、形态、功用，学习各种秘方、验方和使用方法。聪明好学者跟着经验丰富的瑶医，一两年基本上就可以独立开业。

瑶医治病与中医不同。在中医的"望、问、闻、切"四诊当中，瑶医一般用"望、问、闻"三种，尤重问诊。他们通过患者主述，确定病症，再对症下药。

瑶医治病，其法甚多。对一些流行传染病，往往采用隔离法，以杜绝传染扩大。对一部分诸如肚子痛、骨节痛与头痛感冒，采用艾灸、姜盐擦或刮痧的办法。在使用瑶药方面，有水煎饮、冲酒服、炖肉吃，以及外用于洗、敷、搽、点等法。

由于医学水平的限制，瑶医对天花一类烈性传染病往往感到束手无策，但是他们却知道它有传染作用，因此只好采取严禁天花病患者回归原来村寨居地的办法，将病人与居民进行隔离，以减少这种疾病猖獗流行的可能。在广东连南瑶族自治县的八排瑶地区，把这种流行性传染病，叫作为"发人瘟"。据粤北连南大掌排（村）瑶族老人回忆，在20世纪20年代、30年代、40年代都发过不同程度的"人瘟"，每次都要死亡几十人。因此在八大排中，往往采用将病人移到排外田峒居住，健康人则极力进行躲避的办法，以防传染。[①] 这种以隔离求得安全的消极方法，在广西大瑶山的罗运地区也曾经实行过。

使用艾灸一般都要懂得穴位，因此不是所有的瑶医都精于此

---

① 参阅全国人大民族委员会广东少数民族社会历史调查组编印：《广东连南南岗、内田、大掌瑶族社会调查》，第27、第268页。

道的。他们寻找穴位，一般也用手指作为尺度进行测量。如医治"花风病"，即遇发高烧、讲呓语、癫狂打人的病人时，要在膝盖上段横四指处找穴位（相当于"顶上"穴），膝盖下四指处找穴位（相当于"足三里"穴），又在腕关节上用食指至中指的长度找穴位（相当于"间使穴"）等等，然后烧艾火进行灸治。①这种找穴位的方法，与针灸医师找穴方法基本上是一样的。他们自己说是逐代传下来的，不知始于何时。看来很可能在历史上与针灸科有过密切的关系。

瑶药以植物类药材为主，有一定配方，全靠从事瑶医的人死记硬背。据1980年广西金秀瑶族自治县卫生局的调查材料统计，在大瑶山的范围内共搜集到各种秘方、验方达1354个，治疗的疾病包括：内科的心脏病、高血压、肝炎、胃病、肾炎、胆囊炎、心悸、腰痛、肠胃炎、上吐下泻、二便不通、浮肿、气管炎、甲状腺肿大、腮腺炎、淋巴结肿大、风湿骨痛；外科的刀伤、枪伤、出血、蛇咬、蜈蚣咬、烫伤、跌打损伤、骨折、腰肌劳损、竹木刺入肉、骨卡喉咙、钉扎、鼠咬、血尿、尿路感染、脱肛、痔疮；五官科的咽喉肿痛、眼痛（角膜炎）、眼球起白斑、眼内胬肉、中耳炎、突发性耳聋、夜盲、鼻流血不止、牙痛；妇科的月经不调、痛经、月经过多、血崩、产后防病、恶露不尽、倒经、瘙痒、白带、催产、闭经、子宫脱垂、绝育避孕；皮肤、神经科的羊癫疯、皮肤瘙痒、皮肤溃疡、疥癣、疮疖、肿痛、痛疽、癣、湿疹；儿科的小儿肺炎、感冒高热、消化不良、百日咳、惊风、中暑等等。每一种病一般都有几种验方，瑶医根据患者生病的不同状况，决定用哪个配方进行治疗。

瑶医用药的一个特点是不讲究药物的计量，一般都是凭经验

---

① 全国人大民族委员会编：《广西大瑶山瑶族社会历史调查》生活习俗文化宗教部分，第59页。

用手指抓撮，所以现代不少口授记录的验方，虽有药名，但无药物重量或数量的多少，一般都写作"适量"。有的医务工作者在调查中，为了取得比较准确的数据，也曾设法了解这种"适量"的具体分量，以老秤的"两"或现代的"克"予以标记，但由于药物本身随生长期的长短不同、药效大小不等，患者体质好坏、病的深浅不同，各个瑶医在医治经验上的体会不同，所以药量的大小不因人而异，略有差别。这种没有刻板规定药物分量的做法，看起来似乎比较粗放，但从根据病人具体情况不同而对药物分量略有增减的角度看，似乎又合乎一定科学道理。一般说，他们对带有毒性的药物掌握较严，审慎使用；而对普通热药、凉药、补药，则按病酌情下药。

由于瑶医看病的种类多，所以外出时，携带的药物品种也必须丰富，这全靠平时采集积累。宋代周密《齐东野语》云："方春时，瑶女数十，歌啸山谷，以寻药挑菜为事。"可见很早以来，采集药材就是瑶族妇女的一项任务。药物分鲜用、干用两种，鲜用者一般都现摘现用，疗效较好。携药出诊的，只能携带干品，就是药材采集后，经过加工晾晒，自动曝干，一般没有炮炙。

瑶山药材十分丰富，在过去的一些书籍中有所记载。如解放前庞新民的《两广瑶山调查》说："瑶山出产，以药材为最多。据古陈方面知所产者，为苡米、黄柏、归身、黄连、玉竹、勾藤、防风、防己、花粉、马胎、党杞、苓香、罗汉果（果实，形圆，直径约一寸五分，煮汁甚甘，可以和肉食）、桂子、桂枝、桂皮（以平林为最多而较好，大概中部所称为安桂者，多系其产品）、八角（产罗运等处）、五倍子、金叉、麻黄、八角莲、七趾莲、独脚、大龙伞、小龙伞、两便汁、一包针、留雕竹（能止蛇毒，虽极毒之青蛇咬伤，亦可诊好云）、桔梗（极多）、双柏、杜仲、草薜、蔚京等类。"①

瑶药一共有多少种，现尚无确切统计。据广西壮族自治区民族药调查专业队在1978年5月到1979年9月的调查，认为全区有药用植物3000多种。他们在壮、瑶、苗、侗、毛南、仫佬、京7个民族的36个县调查，搜集植物药975种，据我们统计，其中有瑶语专门名称或瑶族知道药物效用的就有543种，反映出瑶药使用的种类是很多的。

瑶族山区还有一些特产药材，有的从名称上就可以看出它们主要产自瑶族地区，如"瑶山十大功劳"②、"大瑶山蜘蛛抱蛋"（即"小叶地蜈蚣"）③、"瑶山金耳环"④等等。有的在名称上虽然没有冠以瑶山的称呼，但却以瑶山出产为主，或是瑶山独特药材。

苓香草，又叫香草、蕙草、薰草，属多年生草本植物，茎具纵纹及棱边，质脆易断，单叶、互生，花黄色，根呈须状，生长时没有香气，但拔后烤干，香气甚烈。它入药可以散风寒，活血止痛，治感冒、头痛、牙痛等。早在宋代即为瑶区的著名特产。一般只生长于深山老林的荫凉腐殖土。历史上最高年产量在7万斤以上。它至今还是大瑶山原始密林的特产。

石耳。"石耳产于山中之悬岩绝壁上，为瑶山产品之一。因为其能治咳嗽病，故其价颇昂（未干者每斤1.6元或2元——系1931年价格，引者注）。采取石耳为板瑶之特别技能，他种瑶人采之者颇少。石耳与木耳不同，木耳生于木上，有柄蒂，石耳则平铺于石面，无柄蒂，且甚薄，此其较著之差别也。"⑤

---

① 庞新民：《两广瑶山调查》，中华书局，1934年，第136—137页。
② 中国科学院植物研究所编：《中国植物照片集》第1集，1959年，第313页。
③ 黄燮才等编：《广西民族约尚编》，广西药物检验所印，1980年，第299页。
④ 《植物分类学报》第13卷，第2期，第20页。
⑤ 庞新民：《两广瑶山调查》，中华书局，1934年，第137页。

千金草，茎细长，周围密生针状短小细叶，一株丛生数茎或二三十茎，条条下垂，形似马尾，所以又叫马尾千金。由于它生长缓慢，且大多数寄生在高大的古树枝桠之上，寻找采集极其困难，因此价格昂贵。清光绪年间，有人收购运往桂林，每两可值银币五毫至一元。1982年上半年，农贸市场上每两卖人民币45元。千金草味苦有毒，多吃能使人昏迷。瑶医将它冲酒服用可治跌打损伤；口含能疗牙痛；以少量千金草与猪脚炖食，可作滋补药；孕妇难产，缚之于腹部，还有催生作用。现因瑶山古树被砍伐较多，千金草已很难寻采。

天花粉，即以括楼之根研粉，用清水淘澄而得。据《本草纲目》载，天花粉"苦寒无毒"，主治"消渴身热"、"唇干口燥"，并有"排脓生肌长肉，消扑损淤血"的功能。括楼以小段块根埋于地下，萌发成藤，匍匐蔓延，叶掌状，有缺刻，与西瓜叶相似。一般要栽种五年后才能收获。瑶族在刀耕火种山地垦殖粮食作物数年后，地力将要耗尽，准备丢荒时栽植，是合理利用山地的一种耕作方法，每年的产量很大。

罗汉果，现已成为十分著名的润肺治咳药物，它主要产于广西永福县，附近其他各县瑶族山区也有出产。罗汉果有圆形、椭圆形两种，而以椭圆形似鸭蛋者为上。瑶医很早就知道罗汉果煎水煮汁，或与猪肉炖服，用以治疗多年的久咳。早在清光绪二十八（1902）、二十九年（1903）大瑶山中的金秀四村，年产量就已达到1000斤左右。可惜由于对资源的爱惜不够，有些地区的罗汉果产量锐减，直到近几年通过人工培植，才又有上升的趋势。

桂皮，瑶族山区盛产桂皮，其质量之优，十分闻名，故又有"瑶桂"或"瑶山桂"之称。《桂平县志》载"瑶人生汁"说："地为桂树，外人来买，必呼其群，宰猪大嚼，约银之多少，剥桂给之。""地产香菇、苓香草等物，而桂皮最良，以山深林密，饱经风霜,气味醇厚故也。"① 瑶山桂树大都采苗移植,移植后要待15年或20年,树长至高约一丈五尺,胸径约四寸左右,始能剥皮,以皮薄而多油、味清香不燥为上品。由于培植所需时间长,加上过去的破坏,相当长一段时间以来,瑶山桂皮无论产量、质量都有所下降。

由上可见,瑶山独特药材名声甚著,药效颇高。但是,今天与历史上最盛时期相比,产量大都有下降的趋势。恢复瑶山特产药材的培植,改良其品种,保护其资源,对于我国中医药事业的发展,增加少数民族收入,改变山区简单经营的局面,都有一定的好处。

三

山区瑶族十分重视洗澡,无论严冬酷暑,每人每晚都必须入"黄桶"(高约1米的洗澡木桶)内浸泡洗身,既洗涤刀耕火种时沾染的炭灰泥迹,又通过温水浸泡解乏,使血脉流通,便于入睡。在冬天浸泡后,更能在料峭的山风中抗御寒冷,弥补因生活贫困而带来的衣服被褥的不足。瑶医在这一良好的生活习俗上,发展了采集药物,经煎煮后,用药液浸泡擦身的治疗方法,使温度较高的药液接触全身皮肤,让药力透过毛细管进入体内,以取得显著疗效。这种药浴疗法,可说是瑶医结合民族风习在治疗方法上的一种创造。在此基础上,瑶医有产妇生育后的煎洗药方与治疗风湿病的煎洗药方,效果良好。

妇女产后的防病、保健药方,可以使产妇迅速恢复健康,有的甚至七天左右就可以参加劳动。这种煎洗药方在各地瑶医中掌握得并不完全一样。(1)煎洗药:大小钻、大小发散、五加皮、

---

① 程大璋:《桂平县志》卷3。

过山风、鸭仔风（黑血藤）、鸡血藤、穿破石、四方藤、七叶莲、杜仲、枫木叶、樟木叶、山苍子叶、香蒲，各适量，煮水洗澡。（2）同时内服药：红背菜、十全大补、地榆、韭菜头、一身保暖、走马风、仙鹤草，各适量，炖鸡或鸡蛋服。如果产后流血较多，则加红藤根、狗脚爪根、臭牡丹根、血藤、红叶山苍子根，各适量，煎水服。另一种产妇洗身药方为：散风藤、威灵仙、金银花、上树蜈蚣、五爪龙、金耳环、枫木叶、半枫荷、杉树叶，各适量，熬水洗身，产后十天就可参加劳动。①

治疗风湿病，往往由煎洗、内服外搽及与食物共同煮食等三种药方构成。处方如：（1）煎洗药：过山风、野山麻、麻风草、葛麻藤、鸭仔风、毛线草（茅根）、柚子叶、生姜，各适量，熬水洗澡。（2）内服外搽药：过山风、野山麻、麻风草、鸭仔风、大力王、地龙蜂，各等量，浸酒，内服外搽。（3）煮食药：大力王二两、牛奶木根二两、小钻三两，配猪蹄煮食。以上三方，每两天至三天用一剂。曾治疗风湿病300多例，其中风湿性瘫痪20多例，一般一天至七天见效，重者三星期见效。广西荔浦县马岭公社新场大队黄××，女，24岁，因患风湿病，腰伸不直，近似驼背，已两年多，施用他法治疗，病情有反复，用上述验方，十天即愈。

除药浴疗法外，瑶医的另一特色是需将植物药分别与猪蹄、猪心、猪肠、猪耳朵、猪肝、猪肺、鸡肝、鸡肉、鸡蛋、牛尾等共煮同食，才能发挥药效，这实际上是把食物作为动物药使用，将植物药与动物药煮成一锅，用以治病。试列举这方面的验方如下：

治风湿性心脏病：用小牛奶根、毛冬青、车前子各一两，与猪蹄共煮食。每天一次，好转后改为一周一次。

---

① 此方引自全国人大民族委员会编：《广西大瑶山瑶族社会历史情况调查报告》（生活习俗文化宗教部分），1958年，第58页。

治胃热痛：用少花龙葵（白花菜）适量，煮鸡蛋食。

治脱肛：用木贼一两，猪大肠半斤，煮食。

治腰痛：用空桐木（有粘毛）根、牛尾蕨根、鸟梨木根各一两，煮牛尾服食（一条牛尾分三次用）。

治月经过多、血崩：用鸡血藤二两，与公鸡的肝和胸肉炖服，食后半小时即可慢慢止血。

治夜盲：用紫背金牛、一身保暖、黄花水吊莲、土人参等量，与猪肝三两煮食。

治百日咳：用一箭球两半，第一剂加猪肺一两，水煎服。第二剂加冰糖二两，水煎服。第三剂加蜜枣六个，水煎服。

瑶族山区中遭蛇、蚂蟥、蜈蚣的咬伤，跌打损伤，以及在刀耕火种中刀伤和骨折的机会较多，因此在这方面也积累了一系列验方。它大致可以分"敷"、"搽"、"点"等几种。

1. "敷"

治刀伤：（1）用黑脚蕨嫩叶嚼烂敷，一天一次，两次后改用花生嚼敷。（2）金花草，捣烂敷。或晒干研粉用茶油调敷（亦治烧伤、烫伤）。（3）地钱，捣烂敷。（4）路边菊、小金花草，各适量，捣烂敷。（5）姜三七根，嚼烂敷。（6）鸟不企、毛冬青，各适量，捣烂敷。（7）茅莓叶，嚼烂敷。（8）半枫荷叶，研粉，撒伤口。（9）铜锤玉带草，研粉撒伤口。

治蛇咬：（1）青竹蛇咬，用葛麻藤叶，捣烂，冲洗米水，服汁敷渣。（2）"芋苗乾"（蛇名）咬，用野葡萄叶，捣烂冲洗米水，服汁敷渣。

治骨折：先用小公鸡一只，去毛与内脏，捣烂。敷一两个小时，然后拿去鸡。再用大小凉伞、大小钻、九节风，各适量，捣烂，加酒炒，热敷。如遇开放性骨折，则先用苤叶煎水洗。

治跌伤：荜草，捣烂，加酒炒，热敷。

治无名肿毒：老虎耳、黑心姜，各适量，捣烂加少量盐，外敷。

治乳腺炎：野花生叶，捶烂，敷患处。

治头痛：用草决明叶、鸟不沾根、臭茉莉根，各一两，水煎后饮汁，以药渣敷前额。

2."搽"

治烧、烫伤：（1）毛冬青叶，捶烂用第二次洗米水调搽。痊愈后无创疤。大面积受伤亦有效。（2）用九里明、鱼腥草、凤尾草，各适量，以水煎浓，用鸡毛沾药搽伤处。（3）石耳，研粉调茶油，涂患处。

治毒蛇咬：（1）先用铜器或银器扩伤，并以水洗创口，然后用犁头半夏捶烂，加适量酒，由上向下搽。（2）野粟禾（白背桐）花序，嚼食适量，并泡酒，由上向下搽。（3）枫树蚕屎，适量，浸酒，内服外搽。（4）鸟不沾根，适量，浸酒，内服外搽。（5）槟榔一两，水煎服，并以其适量，用醋磨汁，搽伤口周围。

治水、火烫伤：用酸枣树根皮1斤，放水5斤，熬2小时，过滤，用汁熬成膏，涂搽患处。

3."点"

治眼外伤：用人乳、熊胆汁，点眼伤患处。

治牙痛：用水花椒、两面针，浸酒，点牙痛处。[①]

瑶医是山区瑶民长期防病治病的经验积累，也受到中医中药、草医草药的知识影响，所以他们在华南一带从大城市到小村镇能站住脚跟，拥有不少信服的患者，绝不是偶然的事情。如果从清代道光年间的史书记载算起，他们在南方城镇行医卖药至少已有150年以上的历史；假若从宋代瑶民出售苓香草、蜜蜡等药材产品算起，则已历时六七百年。对这样一种有较长发展历史，拥有大量验方，散布在南方几省的带有自己特色的瑶医、瑶药，

[①] 文内所引瑶医秘方、验方，用以治病时，务必征求医生的意见。

是值得作为民族文化的宝库来加以很好开发的。

载《中央民族学院学报》，1983 年第 1 期。

论瑶传道教

关于瑶族的宗教信仰（这里主要指的是说勉话系的瑶族），各家说法大同小异，一般都认为与中国的固有宗教道教有着密切的关系。如说"道教传入瑶族社会后，瑶族宗教信仰的内容发生了深刻的变化，既有道教的成分，又有原始宗教的残余，二者长期糅合而形成具有民族特点的以道教为主的宗教信仰"[1]；或说"在近代瑶族社会中，瑶族固有的原始宗教进一步与外来宗教，特别是道教互相结合、互相吸收，使瑶族信仰的道教有别于汉、壮族的道教，而有本民族的特色，从而构成了近代瑶族宗教信仰的一个基本特点"[2]，等等。

笔者认为，瑶族的这种"两种长期糅合而形成具有民族特点的以道教为主的宗教信仰"和"有别于汉、壮族的"，"有本民族特色的"瑶族宗教信仰，应当是道教在华南少数民族中的重要一支，可以称之为"瑶传道教"或"师公教"，它既是道教发展史上重要的一部分，又是瑶族宗教信仰发展中所结出的丰硕果实。它的宗教世界观、宗教哲学、宗教文化与宗教仪轨等都打有瑶族从事游耕、长期山居、与当地汉族经济、文化交往密切，以及瑶族在形成发展中具有自己特点的历史烙印。对瑶传道教的研究不仅对瑶族自身的宗教信仰具有很大意义，而且对中国道教的

---

[1] 赵廷光：《瑶族度戒与道教的关系》，载《论瑶族传统文化》，第41页，云南民族出版社，1990年。

[2] 张有隽：《瑶族宗教信仰史略》，载《瑶族传统文化变迁论》，第123－124页，广西民族出版社，1992年。

研究也具有不可忽视的意义。

一

据宋代范成大《桂海虞衡志》对当时瑶族的记载,只说他们"岁首祭槃瓠,杂糅鱼肉酒饭于木槽,扣槽群号为礼。十月朔日,各以聚落祭都贝大王"。还看不出他们的信仰与道教有什么关系。其实宋代瑶族"岁首祭槃瓠"的习俗却由来远矣。早在晋干宝的《晋记》中就有"武陵、长沙、庐江郡夷,槃瓠之后也,杂处五溪之内,槃瓠凭山阻险,每每常为害。糅杂鱼肉,扣槽而号,以祭槃瓠"。可见范志之文就是《晋记》记载的转引与发展,可以从《桂海虞衡志》中看出来的,只有当时瑶民已有轮回报应的思想,其中瑶族首领在表示归顺广西经略安抚司时,曾在誓状中说,他们在充任山职(山官)以后,要约束子侄不得生事,"其翻背者,生儿成驴,生女成猪,举家灭绝",并说"不得翻面说好,背面说恶,不得偷寒送暖"。要"同杀盗贼","不用此欵者,并依山例。山例者,诛杀也。"可见他们在向上级的发咒赌誓中,也还是将天道报应(生子女成驴、猪)与按习惯法处置(山例)二者并列的。其实瑶山内很少有驴这种家畜,因此关于天道报应"生儿成驴"的说法,也许是代笔书写的师爷的创作也未可知。

道教源于中国古代的巫术,秦汉时的神仙方术。黄老道是早期道教的前身,东汉顺帝时张陵倡五斗米道,奉老子为教主,以《老子五千文》为主要经典,道教逐渐形成。其后发展有太平道、北天师道、南天师道等等。唐高宗李治以老子为李氏祖先,为老子上尊号"太上玄元皇帝",玄宗李隆基令士庶家必须藏《老子》一本,使其与《庄子》、《列子》并列,称为"真经"。宋徽宗赵佶更自称"教主道君皇帝",布诏天下,访求道教仙经，予以校勘刻板、刊行全藏。这是道教大盛之机，也可能就在此时，一部分瑶族地区与汉族的接触日益密切，随着经济、文化的交流，道教也传入瑶族地区。

宋代是瑶族史上活动频繁的一个时期。据《宋史》所载，在经济方面，"湖南州县多邻溪峒，省民往往交通徭人，擅自易田，豪猾大姓或诈匿其产徭人，以避科差"。朝廷为了保持这些地区的安定，曾几次下令："禁民毋质田徭人，诈匿其产徭人者论如法，仍没入其田，以赏告奸者。田前卖入徭人，俾为别籍，毋遽夺，能还其田者，县代给钱赏之。""诏平溪峒互市盐米，价听民便，毋相抑配，其徭人岁输身丁米，务平收，无取羡余及折输钱，违者论罪。""宜诏与溪峒接壤州郡毋侵徭人，庶使边民安业，以广陛下柔远好生之德。"① 如此等等。在政治上，这一时期的瑶族斗争亦接连不断。"建炎后，（杨正修）与弟正拱率九十团峒徭人出武冈军，纵火杀掠民财为乱。""（乾道）三年，靖州界徭人姚明教等作乱。""（十年）比年徭蛮为乱，边吏虑妨赏格，往往匿不以闻，遂致猖獗……""嘉定元年，郴州黑风峒徭人罗世传寇边……"② 都反映了宋代瑶民在经济、政治各方面动荡不安，与当地统治者寇边作乱及与汉族以田产典卖或寄籍的种种情况。其中最大的一件事，就是宋熙宁五年（1072）梅山峒的开发。

梅山是道教中的一支梅山教的故地。在 20 世纪 30 年代多次到广西大瑶山进行调查的唐兆民曾指出，大瑶山瑶氏的宗教信仰，"有的是'梅山教'，有的是'茅山教'"③。道教中的茅山派，是因南朝宋时因陶弘景于今江苏省金坛县西的大茅山筑馆修

---

① 《宋史》卷494，蛮夷传二。
② 《宋史》卷494，蛮夷传二。
③ 唐兆民：《瑶山散记》，（台北）新文丰出版社公司重印，1980 年，第70 页。

道，尊奉三茅真君为祖师，故创立茅山派。他们主修《上清经》，兼修《灵宝经》、《三皇经》，以符咒召鬼神，兼修辟谷导引及炼丹术，与龙虎山、阁皂山同为道教三大符箓派。元成宗大德八年（1304）封张陵第38代孙张与材为"正一教主"，总领上述三山符箓，故统称为"正一道"，或道教的正一派。而关于道教梅山派的状况，人们知之甚少。考我国较为著名的梅山地名有二，一为今湖南省新化县东北，一在今河南省郑州市南。《左传》襄公十八年，楚师伐郑，"右回梅山，侵郑东北"，即指此地。而道教中梅山派的梅山，当指古代为上、下梅山，今为湖南省新化县、安化县的梅山。它在《宋史》中也就是"梅山峒蛮"居住的梅山。

梅山之名，始于西汉高祖这里属于长沙国的时期。《湖广总志》载："长沙国、汉高祖始王吴芮，芮将梅□，时以益阳梅林为家，号梅山。"当时的长沙国，其居民中少数民族的成分占很大比例，南越国王赵佗在汉文帝元年（179）致书朝廷时称："（南粤）西北有长沙，其半蛮夷，亦称王。老夫故敢妄称帝号，聊以自娱。"就反映了长沙国的"蛮夷"至少要占一半的情况。而梅山更是"蛮夷"的集中居住地之一。在瑶族的民间传说和宗教经典中有三个值得重视的地名：即桃源洞、千家洞和梅山洞。瑶经载"桃源洞头七条水，三条污浊四条清，三条污浊桃源水，四条流下向南京。桃源木桥四月架，架起木桥无万条，仙人桥头饮六酒，新娘桥尾饮三朝。""此水不是非凡水，水在桃源洞里来，一条流过东沙海，二条流过海南京，三条流过郎坛下，四条流过庙门前，家主奉还良愿位，水来奉劝众神仙。"可见桃源洞在瑶民信仰中占有重要的地位。千家洞是瑶民传说中祖先居住的丰饶之地，由于外力迫害，才四处逃迁，成为世代怀念的故居。而梅山洞（峒）无疑也是瑶族的祖先居地之一，现广西《开坛书》中吟诵："一魂踏上梅山界，二魂踏上奈何桥，脚踏梅山深深全，不见师父心里休。"《忏饭书》的开端就说："一声鸣角去哀哀，去到梅山殿上来；亡师无命归阴府，请迎魂魄下灵台。二声鸣角去连连，去请梅山殿上前，亡师无命归阴府，请迎魂魄下台前。"梅山也是瑶家人死后的归宿所在。在敦请诸神中，梅山法主也是必请的神祇之一。"桃花御（谢）了李花开，李花发在应河南，上有三请高大道，下有梅山兵马神。""又叫功曹四直圣，飞云走马去分分（纷纷），通到梅山殿上去，又执杨山屋里人。""上元二圣管兵将，先峰（锋）二圣管兵头，唐葛三将齐付我，梅山法主一齐临。""十月红豆抛求落，郎今长念祖师爷，当初学法第一先，如今打落已多年，莫放香炉上鸡迹，莫放水碗上梅山，水碗上山去学法，炉中无火鬼出游。深山便是祖师屋，西海便是祖师家，执得祖师一个诀，不通（懂）何处得荣华。"梅山在瑶族宗教信仰中所占的分量，由此可见一斑。瑶传道教应当包含梅山与茅山两个支派，它们既各有分工，又互相配合。而梅山派又是与瑶族传统信仰紧密结合的一个独特的支派，它更体现了瑶传道教的特性。

奇怪的是有个别记载，说梅山瑶族"笃信佛法"，这是从一则当时章惇开梅山的故事中所反映出来的。其文不长，转引如下：

宋熙宁间（1068-1078），章惇开梅山，兵抵宁乡，入沩山，转由径路，进兵失利。遣军沩山密印禅师，馈饷缺乏，寺为供应。惇遣人入峒招谕不从，徭人笃信佛法，乃遣长老颖诠三人入洞说之。颖诠携营中二官先入，见徭主给以从者。徭一见遽曰：此官人也。颖诠曰：主眼高，认之不差。此官人之子。乃使供茶，失手因而故掌之，二官作惶惧状，徭主乃不疑。颖诠辈说法对谕，徭悔悟，率众出降。惇奏凯、赐名报恩，特免本寺诸科差役。（《古今图书集成》职方典1217卷，长沙府部纪事之六）。

我们说"徭人笃信佛法"的记载十分奇怪，是因为从当代各地的瑶族中,还没有发现以信仰佛教为主的现象。有的只是部分地区瑶族的信仰中杂有一些佛教神仙或某些影响而已,而不会是虔诚的佛教信徒。而当时居住地区的又应当是瑶族确凿无疑,这从章惇写的《梅山歌》所反映的生活习俗看来,如"人家逦是板屋,火耕硗确多畲田,穿堂之鼓半壁悬,两头击鼓歌声传,长藤酌酒跪而饮,何物爽口盐为先。白巾裹髻衣错结,野花上果青垂肩;如今丁口渐繁息,世界虽异如桃源"。① 描写的如木板屋、火烧田、长腰鼓、山居缺盐、内外交通不便等情况,的确是湖南山区瑶族的一些特征。

那么,笔者以为当时"猺人笃信佛法"一语,应是"笃信道法"之误,其理由有:在当时对远居深山的瑶族情况了解不够,只知道他们崇信宗教,而没有实际分清到底是道教还是佛教;其次是在当时南方一些地区,佛教与道教信仰并无严格区分。笔者在贵州黔东南镇远等地就发现有将儒、道、佛三者神像共塑一起的现象;在一些书籍中也有将僧道并称的情况。因此将"笃信道法"说成"笃信佛法"是完全有可能的。而在瑶族现存宗教经典中,也还有提到"和尚"或将"和尚"与"师公"相提并论的情况,如"盘古何年何月死,又到何年何月埋,乙(壹)佰贯钱请和尚,七曾礼拜狱门打开。盘古辰年辰月死,又到辰年辰月埋,三佰贯钱请和尚,七巡礼拜狱门开。""和尚念经口为贵,不脱神头到几时,师公跳鬼脚为贵,不脱神头到已时。""桃花李花共一所,和尚低头同路一为;不信但看州门上,一官退印二官来"等等。尤其值得注意的是,一般来说道教寺院多称宫、观,而佛教寺院才称寺、庙,但在瑶族经典中对于宗教寺院却一律都称为"庙",如连州庙、行平庙、付灵庙、福汪庙、厨思庙、阳州庙等等。由此可知在瑶族经典中,也夹杂有佛

---

① 《全闽诗话》卷2。

教的东西，因此在外界看来，偶然地将"道法"说成"佛法"也是不足为怪的。但是尽管如此，在瑶经中却直率地说："学法便学老君法，莫说释迦法不真，老君得法传天下，释迦空度久年村。"他们崇尚道法，而认为"佛法不真"的态度是十分明确的。

梅山派教主是"梅山法主九郎"，这位梅山九郎的历史已难于查考。瑶经中说："心里思量拜师父，不知师父在何方，得我南朝李十六，叫我着衣拜九郎。拜得九郎开方便，师男头上放开光，前放毫光一丈二，后放毫光八尺长。"据瑶经《贡廷大会鬼脚科》载，梅山有唐、杨二姓结婚联姻后，生三子先后到梅山、庐山、雪峰山学文习武得道，他们的法师就是九郎和真武。三兄弟精通道法以后，法师以他们为"三元"，命名为"朱交度命天尊"、"九幽拔罪天尊"、"太乙救苦天尊"。瑶民"度戒"时都要挂三元画像，尊为神皇。也许从梅山法主九郎到梅山三元是瑶传教梅山派一个发展过程。在广西恭城一带，也有直接传说张天师为梅山始祖的，说他狩猎经验丰富，并是各种猎具的发明人。① 这是将张天师传说演化的结果，也是天师道存在瑶族信仰中反映。

现在北京白云观收藏有《诸真宗派总簿》手抄本一册，是1926年时由迎宾道士梁至祥抄写，1927年冬至后之日送交客堂存查，作为考核来往的游方道士之用。其中共记载了道教宗派86个，截止于清宣统年间（1910－1911年）如过往道士说不清本派源流，背不出本派系谱的就有被看做假冒道士的危险。这80多个道教派别有混元派、尹喜派、五祖派、正阳派、海蟾刘祖派、七真派、随山派、南无派、华山派、嵛山派、金山派、阎祖派、崂山派、甬清派、静一派、正乙派、天仙派、吕祖蓬莱

---

① 《广西恭城瑶族历史资料》，漓江出版社，1980年。

派、果老祖师云阳派、铁拐祖师云虚派、何仙姑云霞派、曹国舅金丹派、鹤山派、三丰祖师自然派……唯独没有"梅山派"的记载。李养正《道教概说》指出:"一支道派,实际上是以宗教为联系纽带的一个大家族,有共同崇尊的祖师,有共同遵循的代代相嗣的系谱,有共同的规戒,有共同信奉的经典和信行的道术,有共同的祖庭,在本道派内丛林财产公有。"作为瑶传道教的梅山派流传于南方山区,他们在生活中有着渗透了宗教信仰的习俗、在形成的过程中融合了原来的始祖信仰,有着世代相承的系谱,创作了共同诵读的经典,其在群众中辗转传抄的普及,远远超过其他教派经典的广度。他们有共同敬奉的教派发生的母地和民族历史上的故乡,而且长期有着与民族经济发展相适合的财产共有,主要是山林共有的制度。但另一方面,由于瑶族人民生活的普遍贫困,还没有产生大量的脱离生产的职业道人,而且一般的文化知识偏低,限制了他们云游四方的条件。作为与正一派相接近的少数民族的"瑶道士"①,自然就很难来到全真派祖庭的北京白云观,就不可能在白云观的《诸真宗派总簿》中留下自己的名称。但是值得注意的一点,就是在《诸真宗派总簿》中,对道教各派除了少数记有教派祖师简单情况以外,大多只有五言或七言的韵文若干句,这大约就是该教派的世系班辈用字,如"第四,少阳派。弘宣无极道,习学理自明,有个长生路,飞升上云程。""第五,正阳派。阴阳生造化,动静合本元,自得神仙指,方知妙中玄。""第十九,崂山派。复驾云龙去,至教延七真,中元通玄理,福泽自德春"等等。按照道教各宗派的惯例,勉话系统的瑶族一生中有乳名、书名、法名等几个名字。其

---

① 广东连南八排瑶的坐帅在当地义有"瑶道士"的称呼。参阅练铭志:《连南排瑶与汉族的历史关系》,载《广东民族研究论丛》第一辑,广东人民出版社,1968年。

书名系按各个姓氏不同家族而有一定的五言或七言韵文作为排辈用字，如广西的一部分盘姓瑶族所用的世系排辈用字就是"家国常开泰、善良必永昌、云初从太启、世泽衷传芳"。在赵姓的一支中则有"宝贵荣华启、家支永长春"或"福正天子久远春、富贵仁文开国兴"等等。由于的年代久远，只凭口耳相传，所以现在不少瑶族民间已经说不完整。关于取名的按字排辈，并不仅仅是道教宗派中的惯例，而在相当多的汉族中都有此习俗。如中国的孔子，至元代54代孙孔思晦时，始用同一字为同一辈人取名，其兄弟之名都用"思"字。第55代孙时，都共用"克"字。到了明代，已成为时尚。明太祖朱元璋御赐孔府20字，从第56代孙开始使用。这20字为"希言以彦承，弘闻贞尚衍，兴毓传继广，昭宪庆繁祥"。清乾隆时，又加赠10字，后来北洋政府又批准颁赐20字，从56代孙算起，可以一共排到105代。现在台湾的孔德成是孔府77代孙，使用的"德"字就是清乾隆时颁赐的10个字之一。湖南韶山毛氏，在清乾隆二十一年（1737）始修族谱时，也定下20个字的字辈为"立显荣朝士、文方运际祥、祖恩贻泽远、世代永承昌"，毛泽东为字辈中的第14代传人，他的曾祖父毛祖人，祖父毛恩普，父亲毛贻昌，大弟毛泽民，儿子毛远仁（毛岸英）、毛远义（毛岸青）、毛远智（毛岸龙）都是按这个字辈排行取名的。只有毛泽东长孙毛新宇已开始不再以排辈用"世"字取名了。但他的侄孙还有叫毛世美（毛臻）、毛世奇的。瑶族的各个姓氏的排辈究竟是与汉族的习俗有关，还是从道家的惯例传入，现在还很难下定论。但是有一点是值得参考的，就是凡是信仰瑶传道教的瑶族中大多有此字辈，而在没有瑶传道教信仰的瑶族中则往往也没有字行排辈。

在中国少数民族中存在着一个闻名遐迩的佛教宗派，即藏传佛教（俗称喇嘛教），它在藏族地区发展流行，也经历了一个历史过程。原来藏族的早期信仰为"苯教"，藏语称苯曲，俗称黑教。它经过"笃苯"(原始的苯教)、"恰苯"(流传的苯教)、"觉苯"(改信的苯教)三个阶段。从5世纪开始,佛教传入吐蕃,7世纪时松赞干布信奉佛教,建大昭、小昭二寺,创制藏文,译写佛经,经过与苯教的长期相互影响和相互斗争,终于形成了以佛教教义为基础,也吸收了苯教一些神祇与仪式,教义上大小乘兼容而以大乘为主,显密俱备,尤重密宗的"囊巴曲"(藏传佛教),它具有自己的若干教派,严密的寺院组织和学经制度,以及译为藏文的三藏教典,成为学者们研究的重要对象。

道教产生于中国本土,传入瑶族地区以后,与瑶族的多神信仰、盘古始祖信仰相结合,创制了大量的瑶经和结合道教的神祇、仪轨等,形成了自己的瑶传道教。只是它长期默默地蕴藏于瑶族民间,在过去民族歧视及一定的民族隔阂之下,一直未彰显于世。也由于他们经济、文化的限制,客观上居住山区、经常搬迁游动等等原因,所以一直没有自己的宫观,也缺少有关记录这个教派发生、发展的记载。在过去民族歧视的日子里,他们的宗教信仰当然也不会得到应有的重视。现在根据了解的情况和掌握的资料,可以对瑶族信仰的梅山教,即瑶传道教做一些简略的叙述。

一、道教信仰多神,最早祀奉太上老君(道德天尊),晋代又奉元始天尊,其位置要在太上老之上,晋末因上清灵宝风教大行于江南,奉灵宝天尊(太上道君)为尊神,位置更在元始天尊之上。隋唐时有老子一蘖化三清之说,所以将上述三位天尊总称之为"三清"①。此外,主宰天地事务的"四御"(四位天帝)即诸天之主,地位仅次于三清的玉皇大帝,以及勾陈上宫天皇大帝、中天紫微北极大帝、后土皇地祇,此外还有十方诸天尊,园

---

① 三清即玉清境清微天元始天尊、上清境禹馀天灵宝天尊、太清境大赤天道德天尊之合称。

明道母天尊，天、地、水三官大帝，掌管文化教育的文昌帝君、张道陵化身的降魔护道天尊，五岳神之首东岳大帝，专司长寿的南极真人、总司风雨雷电的北方尊神真武大帝，以及十天灵官、九地灵官、水府灵官、五百灵官、各路神仙等等。在瑶传道教瑶经"起头第一请"中，首先"一心拜请奏事功曹……请上家主祖宗香火，玉清境元始天尊、上清圣境灵宝天尊、太清道德天尊、昊天金阙玉皇大帝、东极长生大帝、南极承华大帝、西极商灵大帝、北帝紫微大帝、南北二斗星君、财福二库判官、先峰（锋）、都元帅、天逢副至将军……"然后在"请下坛兵"中"奏到家主梅山①殿上、梅山十界十洞案前，请一家主下坛兵马，天门李十五官、梅山法主九郎……"以后再请"盘皇圣帝、盘古圣人"、"五龙司命灶君"，以及天堂大庙、阎罗地狱、五海龙门、九州地名……各位神祇，还有太上老君、唐王圣帝、十三游师、五漤（婆）圣帝、盘王圣帝、五旗兵马、六丁六甲等等。其中有很大部分都是道教的诸位尊神，但也有一小部分是瑶族自己信仰的神祇。

这里要重点说明一下瑶经中提到的"盘皇圣帝"与"盘古圣人"两个相近似而又有不同名称，据葛洪《元始上真众仙记》（枕中书）所载，在二仪未分、天地日月未具时，已有盘古真人，自号元始天王，游乎其中，后与太元圣母通气结精，生扶桑大帝（东王公）、西王母。后又生地皇、地皇生人皇。庖牺、神农、祝融、五龙氏皆其后裔。在道教中，盘古真人成为独树一帜的人文始祖，瑶经中的盘古圣人显然就是道教中的盘古真人。尊其为"圣人"，是为了与其崇高的身份更为相衬。但是，长期以来对《元始上真仙记》此书存有疑问，它旧题东晋葛洪撰，自称系玄都太真王所授，但清《四库全书总目提要》却称其为伪

---

① 字迹不清，疑为"山"字。

托之作。在讲到以五帝分治五岳时，似乎与南方民族古史有关，吸收了传说中的古部族首领为道教的众神。如果此说属实，那么盘古真人无疑是吸收了"槃瓠种"的传说，从槃瓠演变为盘古真人，再由盘古真人回返到瑶经中成为圣古圣人。

在瑶经中的另一个"盘古圣帝"则是瑶族始祖神盘护的演化。发现于湖南兰山、署年号为"真（贞）观二年"的《南京平王敕下古榜文》中，就将盘护直接称作"盘古大皇"①，而后更多的《盘王券牒》、《平王券牒》都直接将盘护称作"盘古圣皇"、"盘古圣帝"或"盘古皇圣帝"②，其称呼与瑶经中所称是完全一致的。由此可知，瑶经中的"盘古圣人"与"盘皇圣帝"是分别来源于道教神祇与始祖传说中两个不同的神，而如果进一步追究道教神祇盘古圣人（真人）的起源的话，则与"盘皇圣帝"的起源又是合二为一的。

瑶传道教信奉的神祇除了道教神祇以外，还包含有自己的始祖神等等，而某些道教神祇就其起源而言又很可能与南方古部族的祖先有关，这就构成了道教与南方少数民族的微妙关系。

二、由于瑶传道教既有道教神祇，又有本民族原来信仰的包括始祖神在内的各种神祇，因此在宗教信仰活动中就有"还盘皇愿"（"作唐"）③、过"盘皇节"的种种活动。这两个活动祭礼的神祇虽然都是同一个对象盘王，但是它们的意义却是不一样的。前者的起因据说是盘瑶十二姓民众在"漂洋过海"的搬迁途中，忽遇大风浪，船只无法前行，因此各姓民众都在船头祈祷，请求盘王护佑，并许愿在平安到达陆地以后，一定祭祀盘王以示感谢。后来十二姓瑶人果然在盘王护佑下到了陆地，因此用

---

① 《瑶族〈过山榜〉选编》，湖南人民出版社，1984年，第2页。
② 《瑶族〈过山榜〉选编》，湖南人民出版社，1984年，第21、第26页。
③ "作唐"（tzou dang），也有记音作"奏档"。

猪、鸡祭祀盘王,以示还愿。年长月久相沿成习,就形成了还盘王愿的宗教活动。而"盘王节",主要是在盘王诞日举行祭祀始祖的活动,其意义在于慎终追远、缅怀先人。前者没有固定的日期和期限,一般在遇到灾难时,为了禳灾祈福,要以户或村为单位,请师公许愿祈福。然后再养猪还愿。还愿时,除请盘王外,还要请六甲鬼神或七甲鬼神临坛受祭,小祭搞一天一夜,大祭要两夜一天。有的地区在农历十月十六日进行。盘王诞节各地定在七月初七或七月十四、七月十五日。届时师公要吟诵瑶经《流落歌书》、《师哥》、《大哥书》、《男女歌书》等。还有击长腰鼓、跳长鼓舞等活动。宋代沈辽《踏盘曲》记载湖南湘水流域一带瑶族人民的"踏盘"活动"社中饮酒不要钱,乐神打起长腰鼓"。可见很早以来,击打长腰鼓就是宗教活动的一部分。无论是"还盘皇愿"或"过盘皇节",都有一定的仪式规范。瑶经《持索度戒科》虽指出度戒的意义,但对瑶传道教中依科奉行的仪式程序,还没有一本规范性的著作。因此正如瑶族社会长期以来缺少成文法,而只能依靠约定俗成的习惯法一样,瑶传道教的科仪也存在于口传心授的习惯仪式之中。

  与此同时,瑶族群众十分重视自己的祖居和梅山教的发源地梅山。在广西的东部等地,瑶族老人尤其是师公去世以后,都要将他们的灵魂送归梅山十洞。所吟诵的《梅山歌》十分形象地描述"化师不管人间事,道遥快乐入梅山","仙童玉女前头引,梅山法主相护行","坛前兵马纷纷乱,旗号飞飞入梅山"的情况,对梅山十洞的一路风光景致都有逼真的叙述:"送入梅山第一洞,石岩出水九重弯","送入梅山第二洞,牛楄架桥路难行","送入梅山第三洞,黄龙吐水不通行","梅山十洞好景致,一路大路水弯弯","众师相送到十洞,龙树法师坐中央,十府洞中有海水,龙蛇龟鳖尺收藏。灵山洞中好景致,化师快乐住梅山。"经过师公的道法相送,又有梅山法主的护卫,瑶人亡故后的灵魂终于来到了向往的梅山,而且有的瑶族村寨,相送亡灵的仪典上还要悬挂画有各种场景及众多神像与人物的《梅山图》,它有些类似畲族民间珍藏的《祖图》,长短不一,内容有反映瑶人祖先生产耕作、打猎捕鱼、击鼓起舞的多种情景,据说最长竟达四五十米。这是瑶传道教在十八神像以外,一种富有民族特色的连续图像。它的流传地域虽然不是很广,但却是瑶传道教中富有特色的法物,它丰富了道教法器的内容。

三、瑶传道教有着丰富的经典,即驰名于华南地区的瑶经。由于过去缺少总的搜集研究,又加上"十年浩劫"中的破坏烧毁,所以现在还很难得出一个准确的数字,据张有隽在《十万大山瑶族道教信仰浅释》一文中所述,他在广西十万大山地区就搜集瑶族师公与道公的经书共八十余种①,但不知其中是否有重复抄本。比较确切的是有山子瑶师公"一套较完整的本子"共十余本,约二十万言。而山子瑶道公的经书则较之为多,"共三十余种,近百万言"。据练铭志等人《排瑶历史文化》所载,广东八排瑶的瑶经有72种之多,可分为24类,包括歌堂经、打斋安葬经、灭火经、医生救病经、收金经、安葬迁葬经、求雨经、架桥经、杀虫经、买牛经、迎亲出嫁经、建屋经、催生经、接生求子经、风水拜山经、打道录经……②几乎覆盖了瑶民生产、生活的各个方面。赵廷光根据云南省文山等地区蓝靛瑶的调查,仅"度戒"用的瑶经就有20多种③。1989年2月至4月,广西民族学院的有关学者去泰国瑶族地区调查,在那里登记到"瑶经"共计235种,其中也包括看男女合婚用的《合盆书》、《合婚书》,教育子女学生用的《学文书》、《七言书》、《四言杂字》、

---

① 见《瑶族研究论文集》,民族出版社,1988年。
② 《排瑶历史文化》,广东人民出版社,1992年,第466-468页。
③ 赵廷光:《论瑶族传统文化》,云南民族出版社,1990年,第33页。

《三光宝》、《自从书》以及歌书、家先单等，其中也可能有若干同样内容、不同名称的抄本。但即使如此，可见泰国民间存在的瑶经数量仍是十分庞大的。瑶族是一个跨境民族，而跨境民族的规律之一，往往是"迁居异国的跨境民族在传统文化的保持上，往往会比原居住地的民族居民所保留的更为原始和古老，往往一些在原居住地已消失了的东西，但在跨出境外的那部分民族居民中却能完整的见到"①。因此在研究瑶传道教经典时，我们必须十分重视流传到国外瑶族民间的各种瑶经与有关文献。

法国的勒莫瓦那（李穆安 Jacques lemoine）教授在搜集整理瑶经方面做了很多工作，笔者曾得到一本由他收集整理、复印装订成册的《开坛书》（全集）。此外，笔者在广西等地也搜集到《踏阳歌曲》、《踏接客大讨路歌》、《踏令歌》、《忏饭书》、《上情意者说前话后》、《流落歌书》、《大传书》、《阎罗书》、《歌堂书》、《架桥书》、《解大秽》、《大传书》、《请神书》、《收退书》、《指路经》、《变宅经》、《医生救人经》、《花间甲坛经》、《洒秽书》等的印本、复印本与抄本。从实际工作中，深感要全面了解、搜集一套完整的"瑶传道藏"尚存在着较大的难度。

关于瑶经产生的具体年代，已难于查考。大致的时间各家也说法不一。从道教的发展来看，如果从东汉张道陵算起至东晋中叶上清派出现为止的200多年中，据葛洪《抱朴子》及有关材料统计，大约共有道书300多种，1300余卷。但从东晋中后期上清派和灵宝派出现以后，道教经书的造作速度大大加快，到唐开元中（713－741）广泛搜集、校勘讹谬、纂修成"藏"时，已有3744卷，（另说为5700卷或7300卷），于天宝七年（748）诏令传写流布，即《开元道藏》，原称《三洞琼纲》。至宋中祥符五

---

① 胡起望：《跨境世族初探》，载（日本）《金泽大学文学部论集》第12号，第115页。

年（1012）时，按三洞四辅例总成一藏，得4565卷，466函，即《大宋天宫宝藏》，它奠定了道藏编纂的体例。此后又多次搜集补充，编有《崇宁重校道藏》（5387卷）、《政和万寿道藏》（5481卷）、《大全玄都宝藏》（6455卷）。元代有《玄都宝藏》（7800余卷）、《正统道藏》与《万历续道藏》（共5485卷）等等。由此可见，道教经典到宋、元时期已基本完成，可惜由于明代以前的道经由于历经战乱，加上佛道之争与经书的焚毁散失，已难见全貌。

瑶传道教经典造作，也是陆续完成的。从有些道经中提到的"子（梓）木原来青山出，生在石头石岭地，瑶人深山倒落地，匠人担归为做控，子（梓）木爱生则（侧）半岭，榕杵（树）爱生坪（平）地坪，瑶人深山倒落地，匠人担归来听控。""四山坛主都来到，十洞瑶兵同赴坛，闻说今朝有状请，狐狸咬尾解枝灾。""盘古留传十二面，刘王传古到如今，京（景）定元年过大海，圣王圣帝救瑶人。""不信便看明月晏，老鼠担枷入县门，瑶人爱担格木弩，散客爱担操樵技。""出门逢着流罗客，买卖不成番仗归，打上湖南大路上，半作瑶人半作民。"可见这里提到的"瑶人"已是一个十分明确的自在的民族，其时代当在宋代或宋代以后的明代时期。此外还可以根据瑶经中经常出现的"鲁班"、"梁山伯"、"祝英台"人物名字，来测定造作瑶经的时代。鲁班即公输班，为春秋时鲁国人，但发展为建筑行业的祖师，并作为传说传入华南瑶族山区还需要经过相当长的一段时期。梁山伯据说为晋时会稽人，见清代吴骞《桃源客语》梁祝同学引《宁波府志》，但是梁祝姻缘的流传主要是依靠戏曲与唱词的传播，明代传奇《同窗记》、川剧剧目《柳荫记》都讲述的昰同　颙材的故事。瑶经造作者知道梁祝事迹当与这些曲艺传奇有关，利用瑶经本身内容反映的情况来测定瑶经产生的年代，应当是研究瑶经的一个重要手段。

四、写作瑶经所使用的文字，主要是汉族方块字，但也有不少根据瑶语发音的自造字。据有的专家研究统计，共约有300多个，因此认为瑶族具有自己的文字，其文字结构就是借用汉字以及利用汉字改造而成的瑶文。当然这只是对瑶族文字的一种看法。从瑶族民间文献《评王券牒》、《过山榜》及瑶族起源传说中就有盘瑶十二姓的说法看来，可以说从瑶族形成的开始时间起，就已传入和使用汉文。而在瑶经中利用方块字构造规律、制造瑶族自己的形声字或会意字，则是瑶族群众在使用汉字过程中的一种创造。它补充了在造作瑶经时不能表达某些瑶语的不足，也反映了当时利用汉字进行改写的一种风尚。唐代武则天曾颁行天下十八个自造字如曌（照）、而（天）、埊（地）、秊（年）、囗（国）、恖（臣）等等。而与瑶族相邻的壮族早在宋代以前也使用了自己的"土俗字"，如䄂（矮）、阌（稳）、跂（脚、腿）、堥（泥、土）、炽（煨）、鲂（鳖）等等。值得注意的是，道教在符箓等制作中，也有不少自造字。有人解读刻于古楼观说经台老子祠大门内《道德经》碑石之侧的一副石刻楹联："玉炉烧炼延年药正道行修益寿丹。"其中每一个自造字，都含有道家独具的意义，被称作太上老君的十四字养生诀。由此可见，在瑶传道教的经典内，出现若干适应瑶语特点的自造字，就是一件奇怪的事情。

关于出现在瑶族民间文献、经典及日常使用中的瑶族自造字，已有《云南金平瑶文》一文（载《民族学报》1981年第一期）可供参考。本文因限于篇幅，所以不再展开叙述。从瑶经中出现的文字看来，除了大量正常使用的汉字以外，一般还有以下几种情况，即异体字、错别字、自造字和难解字几种。异体字包括当时的简体字，如厅（廳）、旧（舊）、归（歸）、庙（廟）、坛（壇）、罗（羅）等，以及同字异写的㜑（婆）、枀（桃）、六（头）等。还有错别字子木（梓木）、哥堂（歌堂）、则半岭（侧半岭)、卦(挂)、陀圯(拖圯)等等。自造字不仅使用在瑶经之中,而且在民间文献如《过山榜》、《寻亲信歌》、《瑶人来路经文》、《盘古圣皇牒榜》……也有出现。很可惜的是在辑印成书的过程中,往往或因检字困难,或困辑注者主观意图而被删落或用另字替改,造成了研究方面的遗憾。这一类自造字如夆、峚(父)、爷、㚲(母)、螚(稻飞蚤)、蜻䨄(飞蝗)、畲(梯田)、臿(羞)、蠊(晴蛉)等等。也有的是借用汉字发音,来表达瑶语意义的,如苦(khu 好)、罗(luo 找)等等。一些难解字,主要见于瑶经之中,如《忏饭书》中的"䨄"("受沾法食,香花拜清,大䨄")以及"㝅"("好声参法上光堂,㝅血"),这和道教神符中出现大量诸如䨻、䨺、胴、魖之类的难解字,情况是相同的。

　　五、从瑶经的内容看,可以发现它掺杂了大量瑶族民间文学作品,包括情歌、谜歌、叙史歌等等。它突破了宗教经典的严肃性,庄谐并出,活泼引人。如"入连(莲)垌,二人相半(伴)入莲塘,人话莲塘花发早,郎来今夜正含双。""一双白鹤飞南上,一对姣娥现出身,归家打破双杯盏,莫放姣娥连别人。""三更半夜鼓声修(休),青云飞过白云头,青云飞过白云上,过娘们外作风流。""邋遢便是你邋遢,犁哥便是你犁哥,路上逢娘不放过,手拿娘奶笑微微。""一更哨(悄)悄上大路,二更悄悄入娘房,同盆载水郎洗脚,洗了上床共妹眠。眠到一更真是好,眠到二更心里愁,眠到三更人来捉,锣声鼓响在床头。"此外又有"当初未曾进大话,如今唱条大话哥(歌),鲤鱼上山吃果子,蚂蟥下水㧅田螺。""当初未曾讲大话,如今唱条大话歌,猪母上山㧅猛虎,老鼠□猫把尾拖。"以及"何物团圆在手转,何物排排罗四边,簸箕团圆在手转,白米排排罗四边,何物有气飞出咱,何物无气里头眠,米糠有气飞出路,白米无气里头眠。"如此等等。瑶经中保留大量口头文学作品,不仅打消了诵经时的单调寂寞，为漫长时间的宗教科仪注入了民间的欢乐，也体现了瑶民对宗教信仰的一份洒脱，这可以说是瑶传道教经典的一个特点，在下述的对待瑶道士——师公的态度上也可以看出来。

六、瑶传道教很少有脱离生产的专业宗教职业者，绝大多数的师公、道公都是村寨中的普通农民和手工艺匠人。但是，与其他宗教在一些民族社会中的宗教职业相比较，这些瑶道士在村寨中的比例却是很高的。从理论上说，一个村寨中的瑶族凡是经过"度戒"（度师或度道）的男人，都有做师公或道公的资格。而只要家庭经济有能力举行度戒仪式的，一般都要为儿子进行度戒。而经过度戒后的男子只要他一心好学，跟随老的师公学习诵经拜忏，慢慢地就会成为一个业余的瑶道士，可以参加送鬼、还愿、度戒、治病等种种活动。据20世纪50年代的调查，广西大瑶山的一些村寨中，师公、道公约占瑶村中男子总人口的23%强。① 如果抛开未成年的少年儿童，这个比例将会高出许多。可见在瑶传道教中从事宗教活动的人带有一定的群众性，但是又都不是专业的。近几十年来，由于"破四旧"、"反封建迷信"以及文化提高、科学知识的普及，从事师公、道公活动的人已大为减少，由于举行"度戒"仪式活动已经不多，所以具有做师公、道公资格的人也不多了。

奇怪的是，瑶经本身对从事宗教活动的师公却采取了十分幽默的态度，这也是在其他宗教中很少见到的。在瑶经中，往往先说师公的不好，为人浪荡，接着又为师公辩解，承认师公的地位。《开坛书》称："有女莫嫁师公屋，师公浪荡不耕田，人屋耕田一般过，十月禾仓望望空。一日打卦便得三碗米，不使耕田也过年，人话师公得酒吃，生铁裡（犁）头得嘴光。""人话师公得钱使，不见师公买马骑，人话师公得肉吃，已（几）多磨

---

① 《广西瑶族社会历史调查》第一册，广西民族出版社，1984年，第416页。

炼得成师。""人家养子出官职，我家养子出师公，若有十方人相请，香烟郁得眼睛红。""老君面前一坰田，借把师男耕一年，耕得一年兴旺了，宝贵荣华千万年。""师男师父打开卅六条香花富贵路，条条通到好人家，不图香花做富贵，且图名字久流传。不图手巾做被盖，不图米碗不耕田，学得祖师一个诀，强如买得一庄田。上村救男男兴旺，下村救女女平安，保得人丁兴旺了，富贵荣华千万年。"在瑶经中，对师公时行了淋漓细致的议论，肯定了自身的价值。很多村寨中的著名师公、道公往往也是当地的能人，他们在过去还经常兼任村寨首领，在当地既是宗教的，又是行政的自然领袖。

瑶传道教经典的广博深邃，不仅丰富了瑶族传统文化的内容，而且又为中国道教的研究打开了一座新的宝库。

七、一定的仪式规程是构成一个宗教的重要组成部分，朱法满的《要修科仪戒律钞》，对道士的引经典（录钞）、定规范（科）、司罚违（律）、令修持（戒）、立典制（仪）都有具体的条例。无论修炼、持诵、斋醮、祈禳、疾病、医药、书启、丧葬、礼忏都需要遵循一定的规制。对于信奉瑶传道教的瑶族群众来说，有的已体现在习俗之中，有的作为世代传习的科仪，还一直施行于宗教活动之中。

师公、道公从事宗教活动时，一般都有特殊的服饰"法衣"，要悬挂神像、携带经书，要请神、招五旗兵马、上酒、祈祷、上表等活动。如果举行度戒活动则更要有长时期的准备，被度的青少年要经过忌交友、忌唱歌、不动荤腥的"投坛"隐居生活，然后在村边搭天台，在神台前装花坛，从迎接师公、道公开始，自午夜动鼓念经，请诸神降位，被度男子到坛前的草席上拜见诸神，要跳盘王舞，"过阴"、"翻云台"、授法名，先后诵经二十余部，并传授戒律，才算完成。清道士王常月曾撰《初真戒律》，收入《道藏辑要》张集七，为顺治十三年（1656）白云观主坛所传。其中规定有三皈依戒、积功为根五戒、初真十戒等，不分出家或在家道士都要遵循。此外各道观还订有自己的"清规"等等。瑶传道教也有十条戒律①，成为瑶族社会的日常道德规范。此外，如日常生活中禁食狗肉，死后要以法名登录入"家先簿"，做法事时必须洁身斋戒，直至有重大事件要举行大规模的打醮活动等等，都体现了瑶传道教贴近人民群众生活，各种仪式规程、戒律遵从融化日常生活的情景。

斋醮是道教设坛祭祷的一种仪式，即供斋醮神。《云笈七签》卷103载，结坛之法有九坛、上三坛为国家所设，中三坛为臣僚所设，下三坛为士庶所设。《道藏》第265册收有《罗大醮设醮仪》等修醮设斋的各种仪式。1933年桂北瑶民大起义时，曾分别在起义的中心地区全县桐木江的大屋浸屯打"开天醮"和在东山弄岩村打"万民醮"，其目的都是为了聚集群众，鼓舞士气，操练武艺，编队祭旗，准备起义。这实际上是一种为了国家、民族的上三坛醮仪。在打醮的现场，有的扎了高台，打长鼓等响器，烧香纸、念咒语、喝符水，据说村寨瑶民人人"发降"（降神附身发抖），邻近的瑶民除了远道赶去参加打醮外，有的地区也自己组织打醮活动，如全县桐木江、盐塘村，兴安县的清水江、旧屋、财喜界、黄家寨、华江、马瓢水，龙胜县的大寨、梨子根、孟山、水银等地瑶民也都纷纷打醮，他们在打醮期间只吃豆腐和斋米粑，在高台上吹牛角、念经文、开天门、向天帝奏表，将参加者的名单上奏天庭。成为瑶族现代史上最普及、最盛大的一次瑶传道教活动，也是与政治结合得最紧密的一次瑶传道教活动。

瑶传道教是中国道教中一个历史古老，而又被湮没在深山密

---

① 十条戒律参见赵廷光：《论瑶族传统文化》，第36-37页；张有隽：《瑶族传统文化变迁论》，第155页。但二者互有不同，可能存在首一些地区性的差别。

林中的一个教派。在过去不是把它们看成为一种迷信，就是认为它仅是道教在瑶族中的重要影响，而没有意识到无论从神鬼系统、仪典、经书、宗教工作者、社会影响等方面，都已形成一个带有自己特点的教派。它像藏传佛教一样，是中国少数民族中具有重大价值的宗教文化宝藏。全面研究瑶传道教，搜集编辑出版"瑶传道藏"，已成为当前研究中的迫切工作。笔者呼吁有识之士，共同担负起这个历史赋予的光荣任务。

第四届瑶族研究国际研讨会论文，1993年11月。

近代国外瑶族研究概述

瑶族是一个跨界民族，大多数分布在我国境内，还有的分布在东南亚等地。据不完全统计，全世界有瑶族164万余人，其中我国有140万人，越南20余万人，老挝2万人，泰国约1.6万人，缅甸不超过几百人①。由于老挝、越南战争的结果，那里的瑶族自1975年以来，陆续作为难民迁居美国、法国和加拿大等地。据美国瑶族协会的介绍，现在美国的瑶族可能有1万人左右，主要居住在俄勒冈、加利福尼亚和华盛顿等州。

瑶族又是一个历史悠久的民族。早在《梁书》中就已出现了"莫徭"的名称。到了宋代，对瑶族已经有了比较详细的记载。

由于瑶族分布面广，历史悠久，引起近代中外学者的注意。就国内来说，对瑶族的调查是近代资产阶级民族学所进行的最早的一次调查②。而国外一些学者，也陆续发表了一些论文和著作，其研究达到了新的阶段。

一

20世纪初，德、英、法等国的传教士和学者，先后到华南及东南亚一带做过调查。德国传教士莱斯契纳尔于1910—1911年间曾三次到广东乳源瑶山调查，著有《华南的瑶族》一书。

---

① 参阅胡起望、范宏贵：《盘村瑶族》，第5—6页，民族出版社，1983年。
② 参阅胡起望、华祖根：《瑶族研究概况》，载《民族研究动态》1981年第3期。

法国巴黎对外传教会的传教士萨维那 20 世纪初曾在老挝北部及我国西南少数民族地区传教，著有《苗族史》、《苗—法词典》、《法—侬—汉词典》、《法—曼（瑶）词典》等。与此同时，曾任印度语言调查局督办的爱尔兰东方学家格里森，从 1894 年到 1927 年编著了 19 卷的《印度的语言调查》，认为瑶语与苗语属于独立的曼语系。德国天主教神父施米特，在研究了澳大利亚、大洋洲和东南亚各民族语言，特别是孟—高棉语言以后，1926 年出版了《世界语系及语族分类》。他的看法与法国的汉学家马司帛乐（又作马伯乐）相同，认为瑶语与苗语都应当属汉藏语系的语言。这种把瑶语归入不同系属的争论，一直延续到现代。

马司帛乐曾就学于东方语言学校，1920 年后任法兰西学院的中国学教授，并在中国研究所及高等研究院兼课。在他编辑搜集于东南亚地区、收藏在亚洲学会的少数民族文献中，就有瑶族的"山关簿"。据介绍，亚洲学会收藏的"山关簿"（箱号 NM，2235）共 4 页，用古汉语写成，可能其中杂有记录瑶语的汉字，所以一般人很难读懂。这件"山关簿"是清乾隆五十五年（1790）的抄本，内容分为四个部分。日本东京大学名誉教授、东方学会理事长山本达郎博士 1955 年曾著文《蛮族的山关簿》（载东京大学《东洋文化研究所纪要》第七册），详细分析了这一文献的内容，认为前三部分可能属于一个文献，而第四部分则是后来加上去的。日本民族学振兴会理事长、上智大学的白鸟芳郎教授将这个"山关簿"前三部分与《评皇券牒》（《过山榜》）进行比较，指出所谓《山关簿》实际上是《过山榜》的另一种抄本。除了马司帛乐教授的收藏外，河内的法国远东学院又编有《谅山省禄平州蛮书》，其中就收集有《世代流传刀耕火种评皇券牒》。这些入藏的文件大概是国外学者最早搜集的瑶族民间文献。

介绍瑶族社会风俗民情的文章也不少，1925 年赛拔司汀发表在《暹罗社会》杂志（19卷2期）上的《瑶族》，是根据《暹罗社会》杂志散发的问题调查表格的答案整理而成的。1932年英国东南亚民族学者薛登化登等人在泰国的民族地区调查以后，写有《泰国境内的泰族》等文章，把瑶、苗、格良等民族列为"未分类的民族"，指出"瑶人的大本营乃在中国的西南部，主要是在广西省"，"他们也和苗人一样，分作很多支系"。文章描述说"瑶人男女的衣服皆为深蓝色"。"妇女则穿短衣和裤子，裤子用红纱绣得很华美。此外又穿上一件长衣，两旁的开衩直到腰间，前面用红纱在边缘缀成和毛皮一样的绒毛。这件外衣在盛装的时候，还用一列长方形的银扣子，从颈直扣到腰部。把衣服扣住。"① 尽管时间已相隔半个多世纪，但这种服饰至今在泰国、老挝、越南直到美国的瑶族中基本上还保持着。

二

第二次世界大战后对瑶族的研究，是从20世纪50年代开始的。从20世纪50年代到60年代不仅出版了一批有关瑶族研究的论文和专著，而且也涌现出一代新的研究者。这一时期国外瑶族研究的收获主要表现在语言与历史两个方面，同时民族学调查工作也开展了起来，并有成果问世。

1954年发表了法国语言学家奥德里库尔的《苗—瑶语历史音位学概论》（《法兰西远东研究院报》），作者认为苗、瑶语和汉藏语系无关，同孟—高棉语一样，应归入南亚语系。他在1971年又出版了《苗瑶语》一书，重申他的看法。与奥德里库尔持类似观点的有美国语言学家本尼迪克特，他提出了关于汉藏

---

① 转引自陈礼颂：《暹罗民族学研究译丛》，第31—32页，商务印书馆出版，1946年。

语系的新体系论点，不仅把侗台语、苗瑶语排斥在汉藏语系之外，另立一个所谓"南台"语系（或称澳台语系），而且还把藏语与卡伦语合在一起，与汉语相并列。本尼迪克特提出的原始南亚语系包括有：台语、卡岱语、印尼语、孟高棉语、安南语和苗瑶语等。其著作有《澳台语》（1969）、《澳台语新研究，澳台语与汉藏语》（1967）等。

与上述意见不同，认为苗瑶语是汉藏语系一部分的，有美籍华人著名语言学家张琨和李方桂等。张琨早年就发表有《苗瑶语声调问题》的论文，1949年到美国后，又连续发表了《论苗瑶语声调系统》（1953）、《原始苗瑶语声调构拟》（1973）、《苗瑶语比较研究》（1974）、《中国境内非汉语语言学研究的发展》（1974）等文章。李方桂早在1930年就发表《广西凌云瑶语》的论文，认为苗、瑶语关系密切。1973年他在发表有关汉藏语系语言分类的文章时，仍把苗瑶语列入汉藏语系，作为其中的一个独立的语族。这与目前中国学者的看法是一致的。苏联语言学家雅洪托夫1964年在莫斯科召开的第七届国际人类学和民族学会议上，作了《语言起源年表和汉藏语系》的报告，也认为苗、瑶语是汉藏语系的一部分；他在1967年6月于苏联民族研究所列宁格勒分所的同一题名的报告中，甚至认为苗族和瑶族大约在公元前8世纪就开始分开[①]。

英国语言学家唐纳，根据自己对东南亚瑶族地区的调查，先后发表了《高地瑶语词的音韵学》（1961）、《汉、泰、苗、瑶语音的比较》（1961）、《瑶语勉方言中的汉语借词层》（1970年）等文章。特别值得提出的是美国康奈尔大学1968年出版了远东研究部的隆巴德和珀内尔编著的《瑶英词典》，这是他们从1952年开始，在泰国清莱府及其附近和在老挝南部与越南邦美蜀瑶族

[①] 转引自依茨：《东亚南部民族史》（中译本），第259、第275页，四川民族出版社，1981年。

地区调查、搜集了大量盘古瑶语（即"勉"话）的材料后，使用编者自拟的拉丁字母音标记音，并用英语进行注释的词典。全书共有 1.1 万多个词条，还附有关于泰国瑶语语音、成语、数词、量词、姓名和名称等方面的论文。《瑶英词典》收词丰富，解释和词意辨别相当精确，它不仅是一本外国人学习和研究瑶语的工具书，也为中国和东南亚瑶语的比较提供了一份详尽的材料。

在瑶族历史的研究方面，苏联和日本学者在此期间都作过可喜的探索。苏联列宁格勒大学人类学教研室主任伊茨，是一位研究中国南方民族，尤其是苗瑶族历史文化的专家。1957 年他发表了《民族学和人类学博物馆收藏的越南苗、瑶（蛮）的服装》（《苏联科学院民族学和人类学博物馆丛刊》第十七卷），1959 年又在《苏联民族学》杂志第五期上发表了《苗瑶民族起源于蛮》。他认为现代的苗、瑶民族与古代汉籍记载中的"长沙、武陵蛮"有着密切的关系，这与一些中国学者的看法大致相同。1959 年又写了《东亚各民族》一书中的《苗、瑶族》一章。1968 年他获得史学博士学位的论文题目是：《中国南方民族起源（壮、苗和彝族民族史纲要）》。1972 年又出版了《东亚南部民族史》一书，他运用了包括历史学、民族学、考古学、语言学、人类学等学科的理论和资料，进行综合研究，论述了我国华南一些少数民族从新石器时代到 16 世纪的明代逐步形成的漫长历史过程。此书已有冯思刚同志的译本，1981 年由四川民族出版社出版。莫斯科大学民族学教研室主任、已故的切博克萨洛夫教授，1956 年至 1958 年受聘来中国任中央民族学院院长顾问，并在历史系担任一个研究生班的教学工作。1958 年初，切博克萨洛夫教授随该研究生班到广东连南瑶族自治县的南岗排对八排瑶进行调查，回国后先后发表了《在中华人民共和国民族学的实地调查工作》（1959 年《苏联民族志》杂志第 5 期）、《中国民族人类学的主要问题》（1960 年，莫斯科，《第二十五届国际东方学家会议》)、《东亚各民族》一书中的《居民的人类学成分》(1965年,莫斯科——列宁格勒),以及《东亚民族人类学》(1966年,莫斯科,第十一届太平洋科学会议)等文章。

日本著名民族学家、日本民族学振兴会理事长白鸟芳郎教授,早年研究中国的东北民族史,后来转而研究华南民族,1957年发表了《对中国西南少数民族的民族历史调查》。从20世纪70年代开始,他组织了一些日本学者,在泰国北部瑶族地区调查,取得了相当大的收获。日本大阪国立民族学博物馆的竹村卓二教授是著名的瑶族研究专家,20世纪50到70年代曾发表过《关于瑶族社会组织的几个特征——以广西花蓝瑶的家族和婚姻作为研究的中心》(1959年《社会人类学》第二卷第二号)、《瑶族有关农耕仪式的记载》(1965年《中国大陆古文化研究》第一集)、《从〈广西通志〉中看到的瑶族和壮族》(1967年《中国大陆古文化研究》第四集)、《通过族谱看畬民(瑶族)的社会状况》(1968年,东京都立大学人文学部:《人文学报》第64号)、《瑶族的支系的分歧》(1968年,《日本民族和南方文化》)等。1960年在《日本民族学》杂志(第24卷3期)上发表了他的学位论文《瑶族文化概论》的简介,对苗、瑶、畬族之间的关系作了探讨。此外,日本民族学会会长、东京大学文化人类学科的大林太良教授在《苗、瑶族的民族形成理论中的若干问题》(1967年,《中国大陆古文化研究》第四集)一文中,就苗、瑶语系属的各种看法,五胡十六国时期汉族的南迁,蛮与楚,苗、瑶语的分别发展,以及槃瓠神话的历史意义等问题进行了综述。

20世纪60年代发表的论文中,已经有了关于瑶族民族志情况的报告。例如1965年美国康奈尔大学出版的《泰国北部的民族学笔记》(东南亚研究论文集第58号)中就有汉克斯写的《一个瑶族婚礼》。同年,在《泰国社会》第一卷中发表了康特莱等人的《优勉瑶人中的财富积累，祖先崇拜和家庭稳固性问题》。1967年美国普林斯顿大学出版的《东南亚部落、部族和民族》，又发表了康特莱的《社会组织的自治和联合问题——瑶族山地居民及其近邻》。

三

从1969年11月日本上智大学白鸟芳郎教授组织"泰国西北部历史文化调查团"到泰国北部瑶族等地区调查开始，在20世纪70年代国外兴起了一股瑶族研究热，出版了一批研究瑶族的论文和专著。

白鸟芳郎教授于1969年12月曾只身到泰国西北部进行探视，回国后就着手组织"调查团"，三次前往泰国西北部进行调查，前后延续四年余。调查内容包括有山地民族史、民族宗教与礼仪、社会结构、民族经济形态与技术等。除了调查瑶族以外，还涉及苗、傈僳、阿卡（拉祜）等族。调查的主要成果是出版了《东南亚山地民族志》和《瑶人文书》两本巨著，他们认为最大的收获是搜集到一份泰国瑶族珍藏的民间文献《评皇券牒》（即"过山榜"）。由于白鸟芳郎在这方面的贡献，1982年他获得日本天皇颁授的紫绶勋章。参加调查团的有江上波夫、竹村卓二、常见纯一、量博满、比嘉政夫、中塚发夫、上原宏一郎等人。

《东南亚山地民族志》是一部图文并茂的以瑶族研究为主的专著。江上波夫教授在序言中指出：调查团搜集了将近2000件的有关民族学资料及数万张照片和许多古代瑶族文献，为研究东南亚诸山地民族的系谱关系、迁徙路线、传统与文化的演变等提供了重要的依据。白鸟芳郎教授编的《瑶人文书》（1975年，讲谈社出版），是他从1969年到1970年在泰国西北部昌堪县梅罗村及夜差县班会当村等地搜集的瑶族民间文献合集，包括《评皇券牒》、《家先单》、《招魂书》、《超度书》、《金银状书》、《游梅山书》、《开坛书》、《叫天书》、《安坟墓书》、《洪恩赦书》及《女人唱歌》等11种瑶族民间文献和宗教经典，对研究瑶族的起源、迁徙、宗教等提供了很好的资料。《瑶人文书》全书近340页，所编入的文书全部采用影印，对辨识瑶族经典中所独特使用的文字带来了很大的方便。

此外，白鸟芳郎教授还撰写了不少研究瑶族的论文，如《华南文化史的构成——以民族系谱及种族文化为中心》（1971年，《国学院大学日本文化研究所纪要》第27辑）、《评皇券牒和槃瓠的后裔》（1972年，《山本博士还历纪念东洋史论文集》，山川出版社）、《从评皇券牒看槃瓠传说和瑶族的十八神像》（1972年，《上智史学》第17号）、《瑶族的文书和祭祀礼仪》（1974年，《东南亚历史和文化》第四期）、《民族形成的要素——以瑶族为例》（1977年，《上智史学》第22号）。白鸟芳郎教授近几年来曾几次访华，1982年在《上智史学》第27号上发表了《华南文化史研究和日中学术交流的成果》。最近，他又在《东南亚历史和文化》杂志1985年第14期上撰文介绍中国出版的《瑶族过山榜选编》。

进入20世纪70年代以来，以研究瑶族为主的竹村卓二教授又发表了一系列新的著作，如《瑶族的姓氏和村落》（1971年，东京都立大学人文学部《人文学报》第81号）、《过山瑶族的世界观》（1972年，《现代诸民族的宗教和文化》东京，社会思想社）、《现代的家族：东洋——以刀耕火种农民瑶族的家族生活为中心》（1973年，讲座《家族Ⅰ：家族的历史》，东京，弘文堂）、《关于最近泰国北部山地民族的人类学调查的成果（动向和展望）——瑶族和苗族为中心》（1973年，《人义学报》第92号）、《泰国北部的瑶族》（1974年，《石墓（季刊）》第2号）、《瑶族的家先单（资料解说）》（1975年，《瑶人文书》）、《瑶族的姓氏和命名法》（1976年，《国立民族学博物馆研究报告》第一卷第 4 号)、《泰国北部瑶族的起源神话和种族的同定》(1977年,《江上波夫教授古稀纪念论集:民族、文化编》,山川出版社)、《瑶族的两个起源神话》(1977年,《民博通信》第 1 号)、《过山瑶族的两个起源神话:"槃瓠"和"渡海"》(1979年,《国立民族学博物馆研究报告》第 3 卷第 4 号)等等。1981年,弘文堂出版了竹村卓二多年研究的成果《瑶族的历史和文化》,全书包括"序论——瑶族社会的生态学的背景和支系的分歧"、"客民考——瑶族(畲民)和木地屋"、"过山瑶族的家族生活和价值体系"、"过山瑶族的姓氏和命名法"、"过山瑶族的两个起源神话——'槃瓠'和'渡海'"等等。这是当代国外专门研究瑶族的少数专著之一。此后,他还发表了《〈连阳八排风土记〉和〈连山绥瑶厅志〉的资料的意义》(1981年,《中国大陆古文化研究》第九、第十合并号),《汉字中古音在瑶语中的残存》(1981年,《民博通信》第 17 期)和《中国南部瑶族的访问》(1984年,《云南的照叶林的基础》,日本广播出版协会)。后者是作者于 1982 年冬在中国的昆明、南宁、桂林、阳朔、广州、连南等地访问的收获。

笔者访问日本期间,还在白鸟芳郎教授主持的"中国大陆古文化研究会"上听了淑德大学常见纯一教授的报告:《瑶族的迁徙和村落的形成》(收录于《东南亚、印度的社会和文化》下册一书,1980 年山川出版社),并观看了他拍摄的幻灯片。常见纯一教授在详细的实地考察中,研究了瑶族迁徙的原因、经过和村落的选择,并以瑶族宗教信仰的"左青龙,右白虎"等观点来说明他们怎样安排新建的村寨等等,颇有一些观察细微的创见。常见纯一教授还写有《瑶族的居屋及其附属建筑》的文章(《东南亚山地民族志》第三章)。在日本还有一批青年学者也表现了对瑶族研究的兴趣。东京都立大学的硕士研究生吉野晃就写过研究泰国北部瑶族和其他民族养子问题的论文《养取和境界维持》

(1984年,《社会人类学年报》第十卷)。笔者在1984年6月曾参加了一个主要由大学研究生及一部分教授组成的热心于研究中国和东南亚少数民族的"仙人之会",听取了吉野晃的《养子与多妻婚》(泰国北部瑶族和苗族社会组织的比较)的报告。这种"仙人之会"每月到一个大学举行一次,每次由一个人主讲。现在东京大学文化人类学科中根千枝教授主持的研究班学习的松本光太郎,1984年毕业于东京大学,其毕业论文题目是《瑶族的村落和文化》。这些年轻学者向往历史悠久的中国,要求加强中日两国学术之间的交流和友好往来。

1982年泰国出版了法国学者雅克·勒穆瓦纳(又译李穆安)的《瑶族神像画》专著。勒穆瓦纳博士是法国科学院南中国及印支半岛研究所的负责人,他在东南亚生活了24年之久,先后发表过《苗瑶民族》(1978年,《地区人类学Ⅱ》巴黎)、《瑶族神像》(1979年,《艺术鉴赏》10月号,巴黎)、《瑶族道教画》(1981年,《亚洲州艺术》1月号,香港)、《瑶族宗教和社会》(1983年,《泰国的高地人》,同此一册书中,还有"民族研究中心"的瑶族专家赵卡家—阿南达的文章《瑶族:迁徙、殖民和土地》)等等。《瑶族神像画》一书,由曼谷白莲花出版公司出版,全书168页,有大量彩色插图,该书指出瑶族的宗教信仰主要是道教。勒穆瓦纳博士1985年3月曾来我国广东参加畲族史学术讨论会,并去云南调查。他曾向笔者介绍,在东南亚调查情况时,已搜集了不少瑶族的民间文献,为今后进一步的研究工作积累了资料。

这一时期,研究瑶族宗教问题的著作还有:阿而门特鲁忒的《瑶族神像画》(1971年,《方向》杂志,12月号,香港),斯特里克曼的《瑶族中的道、道教与华南的汉化》(1979年4月2日,东方学会给美国的通信,西方分部,洛杉矶),唐其彬《瑶族、绪论》、《昆汉瑶村:一些印象》、《瑶族架桥仪式》、《瑶族取名制度》、《一个关于瑶族起源的传奇历史》（1975年，马来西亚，赛因斯大学比较社会科学系社会人类学论文集《山区的农民——泰国北部高地民族》），佑美墨脱《瑶族仪式卷轴：从圣像到文物》（1981年，《亚细亚》杂志，6月号）等等。

在瑶族的民族学（文化人类学）研究方面，于实地调查的基础上，也出现了一批研究瑶族亲属制度、婚姻、衣服、纹饰、人口统计等方面的论文。如赵卡家—阿南达的《瑶族的亲属制度》（1973年，《泰国社会公报》，曼谷），密勒氏的《瑶族的交换婚，母系制和收养子》（1972年，《宝龙》第28卷，第1期），捷夸拉因的《泰国北部的瑶族纹饰》（1971年，《暹罗社会》，曼谷），密勒氏的《地区贸易中的人口统计，泰国北部的瑶族人》（1973年，《当代泰国研究》）。

必须指出的是，随着东南亚地区老挝、越南等国连年不断的战争，那里相当的一部分瑶族作为难民迁入泰国，随后又从泰国迁到美国、法国和加拿大等国，因此更加引起了这些国家文化人类学者研究瑶族的兴趣，并为瑶族文字的创立和普及而努力。现在移居美国的瑶族已建立了"瑶族协会"，其联络人赵有才，副联络人赵富明，顾问赵富升、邓有明等均为瑶族。在瑶民居住较多的州也建立了"瑶民协会"，其会长分别为：华盛顿州的林福（瑶），加利福尼亚州的赵贵财（瑶），俄勒冈州的赵胜福（瑶）。赵富明等人在1984年4月还组织代表团来华访问，他们满怀着思念故土之情，到中国寻"根"，与中国的瑶族用瑶语交谈，并与中国学者在乳源开会共同商讨使用统一瑶文问题。《瑶英词典》的作者珀内尔博士也参加了会议。代表团回国后，于1984年7月21日在波特兰市召开了有100多名瑶族人士参加的会议，讨论在乳源研究的瑶文方案，建议以复合元音or代替长元音oo和复元音aw。现在他们已开始着手编印启蒙读物，准备在美国、加拿大、法国等国的瑶人中推广。

与此同时，一些学者也在美国瑶族中进行文化人类学的调查，研究他们如何适应西方现代化的生活，以及在这种情况下，本民族传统继承的问题。学者福赛思写的《现代瑶族服饰工艺》（1982年，《亚洲艺术》七、八月号）一文，就是在俄勒冈州波特兰市瑶族中进行调查访问的成果。文章说现居美国的瑶族大约是在1850年左右离开广东，从广西或云南进入越南、老挝和泰国的；在老挝战争中，他们渡过湄公河到了泰国的难民营，然后再迁来美国。

国外的博物馆也入藏和展出有关瑶族的文物。例如日本大阪国立民族学博物馆在世界各民族的文物展览中，就展出了瑶族的服饰。名古屋的"人间博物馆"（又称"野外民族学博物馆"或"小世界"）除了陈列白鸟芳郎教授从泰国搜集的瑶族木偶神像与十八神像画以外，还特地派人去泰国采购了一幢瑶族房屋，拆卸后运回陈列，真实地重现了泰国瑶族人民的生活情景。目前人间博物馆已拥有世界各地的建筑几十处。结合泰国北部瑶族房屋的搬移展览，人间博物馆的丰田信幸写了《泰国北部山地居民的房屋和它的构造——以瑶族和阿卡族为例》（《小世界研究报告》第六号，1982年）的论文，并附以各种平面和立体的建筑实测图，对于研究瑶族的物质文化并与其他民族作比较，提供了资料。

经过广东省民委、省民族研究所与香港中文大学人类学系的努力协作，将在1986年5月于香港召开第一届瑶族国际研讨会，届时除了中国内地及香港地区外，还将有法国、日本、美国、英国、瑞典、澳大利亚和泰国的有关学者参加。可以预言，通过这次广泛的会晤和研讨，世界性的瑶族研究必将推向新的高度。我们预祝此次盛会的成功。

载《中央民族学院学报》，1986年第1期。

瑶族传统文化与现代化的几个问题

当代世界处于一个改革的巨大潮流之中，中国为了走向富强，也正掀起了改革开放的狂澜。各少数民族地区在这两股巨潮的冲击下，正面临着社会的发展变化。传统文化与现代化之间的关系，成了一个热门话题；有不少观念被提出来考察、思考，也必然引起民族学、文化人类学者的兴趣。笔者不揣冒昧，就近两年来在南方地区的调查研究做一点探索。

一

传统，是指某一人们共同体中带有群众性的比较稳固的东西，它可以表现于概念、行为或事物的各个方面。一个学校有一个学校的传统，一个团体有一个团体的传统，一个国家有一个国家的传统。当然，一个民族也有一个民族的传统。文化，有狭义和广义两种。狭义的文化仅指文学、艺术、歌舞、戏曲等等，也就是今日我国文化部所领导、所主持的一些内容。而广义的文化则泛指人类创造的物质财富和精神财富的总和，它包括人们的思想观念、语言、文字、衣服装饰、房屋建筑、茶酒饮食、桥船搬运、节日习俗、医学历法、宗教信仰、文学艺术、教育法律等等。民族学者研究的传统文化，往往是指民族中广义的传统性的物质文化和精神文化。

每一个民族都有自己的传统文化，其重要性甚至可以说没有民族的传统文化，就没有这一个民族。各种不同传统文化成为构成各个民族特点的重要因素。传统文化具有很大的民族内聚力，在文化传统相近的人们中，会自然地产生一种亲近感、认同感，而在同一个民族的人们当中，就会成为民族成员间的凝聚力。同是御寒遮羞并显示美观的衣服，在民族的传统服饰中就有习惯于穿套头上衣，或习惯穿开襟上衣；习惯于穿裙子，或习惯于穿裤子；习惯于穿长袍或不习惯于穿长袍；习惯于戴银饰或习惯于戴金饰，或者什么都不戴的种种不同的习俗。穿不同传统服饰的人走在一起，就会很快地辨认出彼此的异同，并认出哪些是有着相同传统或不同传统的人来。

但是，传统文化毕竟是在一定时期里形成，又在一定时期里发展的。在邻近的民族影响或新观念的冲击下，传统文化也要不断地发生变化。世界上没有凝固的一成不变的传统文化，它们总是或快或慢地、或多或少地在进行着变化。尤其是到了交通与信息十分方便的现代，即使是任何的格局也阻挡不住新模式的浸染，比过去更好、更方便、更开放的新观念、新事物不断进入各民族社会，它们与传统文化融合在一起，有的引起了传统文化的发展或变迁，当然有的也引起了需要加以协调的冲突，丰富了传统文化的内容，突出了传统文化的精华。经过客观考验的扬弃，使得民族的传统文化发展到更高的层次。

二

由于传统文化是一个包括范围很广的课题，因此对于民族的传统文化，可以从各个不同的角度加以探讨。瑶族是一个居住山区的民族，从生产到生活都有山区居住的特征。由于社会、历史与自然的原因，瑶族长期在山区里过着游耕的生活，因此可以说瑶族的传统文化是一种以游耕为特征的独特的山区文化，它与其他山区民族的山区文化有着共同点，也有自己的特点。

表现在物质文化方面的瑶族传统文化体现了山区游耕生活的

特点。瑶族居住的房屋建筑过去都比较简陋。大瑶山盘瑶早期的住屋是茅草盖顶、竹片编墙的简单建筑。它利用山区的资源材料，搭盖易于建筑的房屋，便于山区搬迁不定的游耕生活。也反映出过去瑶族人民生活的贫困。很久以来，不少瑶族地区都没有烧制砖瓦建筑材料的，这也与经常要迁移的游耕生活有关。除了这种简易的平房，也有依山坡而建的木结构房屋，有的地区近似附近民族地区的干栏式建筑，门前有走廊，外缘有晒台，带有自己的特点。在瑶族的饮食文化中，他们的菜园种植不发达，经常的副食为辣椒、竹笋、瓜苗、薯藤，以及兽肉、家禽肉、畜肉等等。猎得兽肉或宰猪以后，除了即时食用一部分以外，其余的往往制作成腊肉保存。但与其他南方民族制作大量种类的可以长期保存的腌酸菜不同，过去在大多数瑶族中一般较少腌制酸菜，仅有的只有费时几天即成的酸竹笋等等。这可能与大坛小罐不适宜游耕搬迁有关。少数支系瑶族的酢肉较为著名，但他们历史上不进行游耕。瑶族的服饰大多为蓝黑色，这与山区盛产蓝靛染料以及刀耕火种很易使衣服污染成灰黑色有关。他们在领缘、裤脚等处的绣花与花带编织较为发展，但与其他民族比较，一般来说银饰较少，这与瑶民刀耕火种生产造成的生活不富裕以及家庭财力的限制有着一定的关系。瑶族山区小道，不仅行走十分困难，而且有的山道上，杂树丛生，紧挨山壁，挑担爬坡也不容易，所以利用双肩的背篓比较发展。这种运物方式非常独特，以致使一部分瑶族有"背篓瑶"之称。综上所述，可见瑶族表现于衣食住行等物质文化方面的传统特点都与山区居住、山区生产、游耕方式有着密切的关系。

瑶族民间文学丰富多彩，有歌谣、传说、故事等。瑶族歌谣的内容广泛，有关于民族来源、历史、迁徙、诉述苦难、歌唱爱情、赞颂英雄等等。有的曲调比较低沉压抑，反映了瑶族人民长期以来遭受压迫、避居山区的心情，与北方草原兄弟民族的嘹亮曲调，有着明显的不同。瑶族的故事传说，有叙述民族起源的盘王传说、密洛陀故事、千家峒传说以及反映山区生活的故事。千家峒传说描述了盘瑶祖居千家峒的丰饶，以及被迫迁出外逃的悲惨情景。其中既有瑶民对美好生活的向往憧憬，又有对瑶族往事的深刻记忆和对游耕生涯的历史解释。特别值得指出的是瑶族迁徙到远方之后，有以诗歌代信，向居住原地的亲友通告自己迁徙及所居地情况的习惯。这种长篇信歌，可以说是我国各民族中的一种独特的通信方式。从广西恭城县东乡迁到越南北部万六山以后，写回给广西亲友的《交趾曲》；保存于广西凌云县逻楼瑶家村的《海南信歌》，要求同族兄弟支援自己与恶霸斗争的《挑川信歌》；寻找亲友的《查亲信歌》；以及《诉苦信歌》、《嘱情信歌》等等都是一些杰出的民间文献。它们的语言简朴，大多采取直陈其事的手法，在基本是汉字的诗句中，又杂有少量记录瑶音的汉字或自创新字。这是瑶族在游耕生活中迁到四面八方以后，互相联系，互通情况的独特方式。一份信歌往往彼此传阅、互相传抄，在分散的山区里保持了民族内部的密切联系，这是瑶族的频繁迁徙与分散居住情况所产生的传统文学样式。迁到美国加利福尼亚州的瑶族，在1986年10月还写了长达830句的信歌，寄给我国云南省西双版纳自治州的瑶族盘金进，通报了美国瑶族的生活情况，并表达了强烈的思亲之情。这种传说的文学样式，对高度分散的瑶民，起着强劲有力的民族凝聚力作用。

瑶族的婚丧习俗与宗教信仰，也反映了山区传统文化的特点。盘瑶十分重视婚礼，结婚仪式除了本村居民以外，远在各地的亲友也往往翻山越岭前来参加。酒席间新婚夫妇要拜见亲友，确认他们与分居各村的亲属关系。而且要举行通宵达旦的对歌，倾诉衷情，交流彼此的情况。回忆到苦难的岁月，催人泪下。逗趣到欢乐的时候，畅怀嬉笑。这种时机不多的聚会，是联系散居各山头瑶族村民的纽带。

瑶族所祀的鬼神繁多，反映了他们除自己传统的信仰以外，还受到汉族与附近其他民族的宗教信仰的影响。据云南省的勐腊县瑶区乡的瑶族群众说，他们信奉的鬼神有家神，又叫灵公神，是祖先崇拜；皇帝神，即天神，主管家庭经济收入；婆王，主管创造天地；花根，保护婴孩；灶王，保护家庭平安。土地神，主管家畜安全；禾谷神，主管粮食生长丰收；境王，防止村寨的外邪侵入；山神，主管狩猎的得失等等。流行于桂东等地瑶族《盘古书》、《盘王歌》中所罗列的鬼神有盘王、磨王、甘王、彭祖、山神、王婆、鲁班、禾公、禾母、王皇圣女、天仙姐妹、张天师、冯三界、陈宏谋等等多种不同的神祇。与瑶族长期以来的游耕生活相适应，大部分瑶族地区都没有长期固定的庙宇建设，除了以石块作为象征性神祇外，即使建有庙宇也是十分简陋的，其中一般不塑神像，在庙中竖立石条或术牌作为祭祀的对象。而绝大多数瑶族地区都在进行宗教仪式时，挂以纸质的彩绘神像为神灵的寄托，这种便于随身携带的神像画是山区游耕生活在宗教信仰方面的反映，与平地民族的人们习惯去庙宇求神拜佛有着相当大的差别。

从以上简述瑶族物质文化与精神文化的各方面情况可以看出，瑶族的传统文化带有山区游耕文化的特点。一定的历史、地理、社会、生产的发展，形成了一个民族的文化传统，这是在研究瑶族传统文化中所要把握的基本点。

三

但是，一个民族的传统文化是多层次、多方面的，正如前面所说，可以从不同角度来看这个问题。瑶族内部存在着不同支系，他们的语言、服饰、风俗习惯各个方面有着不同的差别。所以除了大部分瑶族共同带有山区游耕文化的基本特点以外，还可以从别的角度来进行研究。

众所周知，从语言来看，瑶族约有一半以上人口讲属于瑶语族瑶语支的语言，有约近三分之一人口讲苗语支的语言，以及少部分人口分别讲接近壮侗语族或汉语支的语言。前述讲瑶语支语言自称勉、金门、标敏或藻敏的人，大都有槃瓠传说，信奉盘王，自认为是龙犬槃瓠的子孙。其次一部分讲苗语支语言自称布努、努努等的瑶族，大都有密洛陀的传说，信奉创天地，置万物，造人类的密洛陀，自认为是女神密洛陀的后代。而讲接近壮侗语族语言的自称拉珈的瑶族，却流行"盘古开天立地，伏羲兄妹造人民"的传说，而认为自己是伏羲兄妹结亲后所生肉团所分成若干块，抛撒各地后，便变成为多姓的人群，其中又包含了瑶族祖先在内等等。不同的人类、民族、历史来源传说和信仰派生了各自的传统文化，因此，在瑶族总的山区游耕文化的前提下，又可以派生出各有特点的槃瓠文化、密洛陀文化等等。

崇信槃瓠（后转写为盘护）的瑶人，认为自己是龙犬盘护与评王宫女结亲以后所生六男六女自相婚配的后代，他们都居住山区，有的因有盘王（盘护）的传说而有盘瑶之称。盘瑶村寨中往往持有民间文献《过山榜》，又称《评王券牒》或《评王敕下古榜文》，其中除了记有叙述盘护王因有功娶评王宫女为妻的传说外，并特别载明瑶人在游耕过程中享有"斩山（刀耕火种）不税，过渡无钱"，"途中逢人不作揖，过渡不费钞，见官不下跪，耕山不纳税"，"离田三尺、岸水不上之地，山田山地俱系瑶人所管，蠲免国税"的权利。充分反映了在封建社会里，瑶族人民为了取得游耕的自由而提出的起码要求，就在盘护信仰和保卫自己游耕权利的基础上，这一部分瑶人形成了一系列习俗：供奉始祖盘王，隔一段时间要还盘王愿；祈求盘王护佑；进行宗教活动时要唱《盘王歌》、《盘古书》；无论男女老幼，尤其是度过戒的师公、道公禁食狗肉。盘瑶人的姓氏大多属于《过山榜》

上所述的"盘瑶十二姓"盘、邓、李、赵、冯、雷、黄、唐……之内，习惯上还以盘姓为大哥。在婚姻家庭中，招郎入赘的占很大比例，同时实行父母姓氏的双轨制，即家庭中的子女除了从母姓外，也可以有一部分从父姓，或者子女中从母姓与从父姓者各占一半。正好符合传说中"六男六女，自相婚配"以后，但六男六女的盘瑶十二姓依然保留下来的情况。在部分地区的瑶人中还保留有少儿戴狗头帽和妇女穿有带刺绣图案的上衣，襟较长的服饰，与古史记载中槃瓠蛮有"制裁皆有尾形"的记载十分接近。个别地区在过年或尝新节时有盛饭敬狗的习俗。在文化艺术方面，他们有传统的长鼓舞，是一种一手持长腰鼓，一手拍打鼓面跃动起舞的舞蹈。这种长腰鼓即是在腰细而长的木制长筒形鼓身两端蒙皮制成，在部分地区还有公鼓、母鼓之分。因拍击时要先用黄泥水涂抹鼓面，使蒙皮因水湿而声音嘹亮，故又有黄泥鼓之称。据传说这种长腰鼓的起源是由于纪念祖先盘王在出外狩猎，追逐野山羊时，不幸坠崖身亡而制的，所以拍打长腰鼓而舞有着纪念盘护的意义在内。这种槃瓠文化，反映在祖先传说、奉祀对象、念祷经卷、姓氏、婚姻家庭、服饰、饮食习俗以及文化艺术的各个方面。这种千百年以来所世代继承的传统文化，又与山区游耕生活相结合，形成了具有自己特点的一种文化模式。

崇信女神密洛陀的瑶人，流传有长篇叙事诗歌《密洛陀》和相似的民间传说，在瑶语中"密"是母亲的意思，"洛陀"意为神，"密洛陀"即母神之意。这是一个关于开天辟地，创造飞禽走兽，最后又创造了人类的神话传说，由于新创造后代在不同的大缸里孕育，长大后在平原、山地等不同地区耕作。并讲瑶、壮、汉等不同的语言，所以分成了不同的民族。而讲瑶语的主要为"兰、罗、韦、蒙"四大姓，直到现在还是桂西等地背篓瑶人的主要姓氏。为了纪念始祖密洛陀，他们不仅在村头屋边竖立山石作为密洛陀的象征，而且在传说是密洛陀的生日每年五月二十九日要过达努节（也有隔三年、五年或十二年才过一次的）用以纪念这位创造人类万物的始祖。"达努"在瑶语中为"不要忘记"之意。因其在五月二十九日过节，故又称为"二九节"。因为密洛陀曾将一面铜鼓赠与瑶族先人，让他们在山区敲打，一来解除烦闷，二来为庄稼驱赶鸟兽，所以在过达努节时，要遵照密洛陀的遗言，提前三天，从五月二十六日开始，敲打铜鼓，跳起兴郎铁玖舞（为庆祝达努节而欢跳纪念舞之意）。其中包括猴鼓舞、藤拐舞、猎兽舞、开山舞、南瓜舞、采茶舞、丰收舞、牛角舞、芦笙舞、花伞舞等10个段落。放起冲天炮，杀鸡宰羊，聚餐敬酒，怀念这位杰出的神话中的祖先。与槃瓠文化一样，在信仰密洛陀的瑶人中，也在生产、生活的各方面反映了有关的密洛陀文化。在从伐木烧山、翻地播种、求雨狩猎的活动中，都要祭祀传说密洛陀委托的神祇昌郎也（火神）、卡享（管田地之神）、布挑雅支（找种子之神）等等。在村寨集体出猎前，全崋（村）的猎人要聚集在象征密洛陀的大石前，以三碗饭、三炷香供奉，但不置肉类，以示她的子孙已没有肉吃，祈愿密洛陀显灵帮助狩猎成功。在日常生活中，这一部分瑶人有不杀母猪，禁食母猪肉的习俗。据传说是因密洛陀在派大神传旨降雨时，遭到雷公的拒绝，后来在一头生有十二只仔猪的老母猪助战下，才终于战胜雷公，得以降雨。因此密洛陀立下条例，除达努节祭祀时可以宰杀母猪外，平时禁止人们杀母猪并食其肉。在婚姻家庭中，信奉密洛陀的瑶人于说亲、娶妻、嫁女、接孙的过程中，要请歌手歌颂密洛陀，教育新婚夫妇按密洛陀规定的礼教尊老爱幼，勤俭节约，并举行仪式。希冀密洛陀保佑婴儿平安出生，赐福新家庭人财两旺。当人们去世以后，要在仪式上歌唱密洛陀，请求始祖神为死者禳解，使其留在人间的灵魂不致变成禽兽之魂。每当家庭、姓氏、村寨之间发生争执，人们也往往在密洛陀神前赌咒，让密洛陀主持公道，辨明是非。这种密洛陀文化，反映在起源传说、姓氏、节日、生产、食物、婚姻、生育、死亡、神判的各个方面，成为具有自己特点的传统文化。

更进一步可以看出，槃瓠文化与密洛陀文化并不仅仅存在于一部分瑶族之中，从调查中可以知道，例如居住福建、浙江、广东等地的畲族也有自己独特的槃瓠文化。在广西的部分壮族地区有自己的密洛陀（布洛陀）文化。这是传统文化的横向发展，它们之间的比较研究，是另一个专门的课题。笔者准备在另文中再行叙述。

当然，槃瓠文化与密洛陀文化是瑶族传统文化中两个较大的部分，其他部分瑶族，尽管人数不太多，但也应当具有带自己特点的传统文化。由于篇幅和调查研究工作的限制，此处就不一一详述了。

四

一个民族社会的现代化是要在原有的社会中融入更为科学、合理、先进的生产、生活方式，使它与表现在生产、生活各方面的传统文化有一个和谐的结合。无数的事实证明，即使是比较进步的现代化观念与样式，对于何一个民族社会的引进，也只能采用水到渠成、瓜熟蒂落的办法，而绝不能使用生硬的强制的手段。而那种出于大民族主义思想而推行的"改变服饰"、"风俗改良"，除了引起群众的反感之外，是不会收到任何好的效果的。

瑶族长期居住的山区，在过去的封建社会里，被迫处于封闭的状态，除了少数必需的食盐和铁器以外，其余的生产、生活资料都在山区内部自行解决。长期的封闭，使山区的多种资源得不到充分利用，由于交换的不发达，经济的进一步发展受到遏制，现代大规模的社会生产与交换要求打破这种封闭的状态，以及由此而派生的陈旧观念，例如单纯种粮、羞于经商、缺少对产品进行深加工的习惯等等。而所有这些新观念的建立，科学技术的传入，以及山区信息的流通、商品生产的增长与商品交换的畅通，其最主要的基础是文化素质的提高。因此在谈到瑶族山区的现代化时，其根本的要求是教育的发展，要在全体山民文化水平普遍提高的基础上，培养出一批有远见卓识和有实际能力，能够效力山区发展的本民族的一代新人。

　　据笔者在贵州、云南的一些瑶族山区调查，尽管新中国建立以来，已大力建设了一些中、小学校，并也培养出一部分本民族的有文化知识的干部，但从总的要求来看，一些乡村小学的入学率、巩固率和及格率都比较低，在成年人中文盲的比重也相当大。据在广西大瑶山的调查。1982年该县的共和乡适龄儿童入学率为67%，文盲人数占总人口的57%。金县小学生的及格率仅为25.2%[1]。其他各地山区瑶族情况基本上与此相类似。要发展瑶族山区的教育事业，除了建设校舍、增置教具，改善学生的学习条件以外，更为重要的是需要提高教师的文化素质，使他们能够担负起这伟大的历史任务。并且提高他们的经济收入和生活水平，以免这些塑造新人的灵魂工程师，在工作中发生后顾之忧。我们应当呼吁有关领导及社会上各方面的力量，对这个问题有足够的注意和具体的措施。

　　瑶族山区现代化的发展，除了教育这个基础以外，还要改变山区生产的结构。长期的毁林开荒，不仅不能发展生产，而且还有破坏生态的忧虑。因此山区生产必须从过去的刀耕火种转到以发展林副业生产为主的多种经营的轨道上来。山区的广大森林，号称为绿色水库，它可以对平原地区有灌溉之利，而且可以改善当地小气候，形成人类生活环境的良性循环。在造林中，有用材

---

[1] 引自徐少岩：《金秀一瞥——瑶族自治县的教育事业调查》，载《民族思想研究集》，1985年中国南方少数民族哲学及社会思想史学会印。

林、经济林、风景林的配置，以及与林业有关的各种副业安排问题等等。除林副业以外，也要因地制宜发展农业、畜牧业和加工业等。在有些地区，由于山区人造水库的建成，甚至发展渔业也提到了这些地区的日程。随着山区生产的变化，瑶族山民的职业构成也会引起一系列的改变，这是山区现代化的物质力量，也是我们当前为之努力奋斗的目标。

随着山区社会的现代化，瑶族传统文化的发展也以各种不同的模式在改变着。以服饰而言，目前正出现着既有丰富发展传统服饰的一方面，又有喜爱穿戴外界传入的新服饰的另一方面。因此往往出现了平时全部或一部分穿着新的便服，而逢节日和喜庆日时则隆重穿戴民族传统服饰的双轨制服饰的情况。这种双轨制的服饰，既满足了瑶族姑娘对美的追求，对传统的眷念、尊重，又方便了日常的生产生活。其中既有继承、保存、发展，又有传入和吸收。在饮食等方面也存在着类似的情况。

在借鉴外界的经验时，必须充分注意瑶族山区本地的特点。有不少瑶族地区在告别贫困以后，开始改建新房。也有的是在政府拨款帮助下，改善危房破屋的居住条件。但是如果没有深入的研究，而只追求与平原地区相同的方式，因而占用了山区宝贵的菜园耕地，或者照搬城市工厂的职工宿舍样式，而不照顾山区有养牛放羊、饲猪喂鸡、堆放农具草料等多种的需要，单纯追求平地、高楼、排子房的结构，就会成为没有结合瑶族的山区条件与当地传统居住习俗的措施，显然与瑶族山区的现代化是相悖的。

现代化的传入也为传统文化攀登更高的层次提供了条件。瑶族民间已有一定基础的瑶医瑶药，如能与现代人体疾病知识相结合，并大力挖掘瑶医行之有效的偏方、草方、验方，就不仅可以使瑶医诊病建立在更加科学的基础上，而且可以使瑶医药成为中华民族的共同财富，为各民族人民防病治病作出贡献。例如，瑶族治疗跌打损伤、医治虫蛇咬伤，以及恢复产妇健康的药浴疗法等等，都是值得进一步开发的宝库。瑶医、瑶药的现代化，不仅可以进一步解决山区瑶民的医疗保健，而且有可能进行成药的片剂、粉剂、针剂生产，为山区的多种经营开发出新的道路。

瑶族的婚姻家庭与父母姓氏的双轨继承制度，包含着生男生女都一样的平等思想，有利于我国当前计划生育工作的宣传和落实。对所生子女既可以跟父姓，又可以随母姓的习俗，应当加以进一步的研究。瑶族历来有尊敬老人的习惯，他们以赡养老人为自己应尽的天职。村寨中的事项要尊重有经验老人的意见，这些都体现了人类的珍贵品格，也都是值得加以发扬的传统。瑶族较多的节日，过去都往往与宗教或祖先传说相结合，现在大多已演变为包含文化娱乐等内容的民族节日，如盘王节、布努节等等。随着人们商品意识的提高，以及经济发展的要求，这些群众性的民族节日将会加入物资交流的内容，成为体现这个地区瑶族经济、文化、体育等事业发展繁荣的象征。瑶族山区的现代化，无疑将会使瑶族传统文化发扬光大。

总的来说，瑶族的传统文化是一种以游耕为特征的独特的山区文化。在语言、服饰、习俗各有不同的瑶族支系中，又有着不同的槃瓠文化、密洛陀文化等等，它们表现在这部分瑶族的民族起源观念、姓氏发生、祖先崇拜、饮食禁忌、生产习俗、节日、服饰、乐器等方面，反映了瑶族传统文化的丰富多彩。在瑶族社会的现代化过程中，最主要的是发展教育，在广泛提高瑶族山民文化水平的基础之上，培养出一代富有开拓精神的人才，并要调整那种以刀耕火种为主的生产结构，发展以林副业为主，有一定深加工能力的多种经营。在民族服饰等方面的发展，很可能成为一种双轨制的模式，既有发展了民族传统的盛装，又传入外界的现代服装。瑶族的一些尊老爱幼、男女平等传统品德将得到发扬。而一些传统节日将变得更加丰富充实。瑶族传统文化的发展与现代化的实现，都需要得到各方面的关怀、帮助，需要大家的共同努力。

载《瑶族研究论文集》，广西人民出版社，1992年。

中国最西南角上的瑶族

从中国的瑶族分布图上可以看出,云南省西双版纳傣族自治州勐腊县的瑶族是中国最西南角上的瑶族,再由此往西、往南,就入了老挝、缅甸、泰国,成为跨界民族。

这一部分瑶族也是中国瑶族在游耕的迁徙过程中,最后停留在中国境内的一部分。他们的迁徙历程,保留的文化习俗以及沿途受到的各种影响等等,在整个瑶族的历史、文化研究中具有重要的地位。这些中国最西南角上的瑶族,既是国内迁徙的终结,又是境外迁徙的开始,他们中有的人过去曾跨境而住,有的曾往返迁移而居,这对跨界民族的研究也具有很重要的意义。

一、勐腊县及瑶区的历史沿革

在了解中国最西南角上的瑶族情况之前,先要将他们居住的勐腊县及瑶区的史地情况作一个背景介绍。

勐腊县原称"镇越县",自古以来被视为神秘地区。民国政府时的县长赵恩治曾在《镇越县志》(抄本)序中说:"吾滇有秘密区,一曰野人山,二曰胡卢国,三曰巴部凉山,四曰普思沿边(指西双版纳——引者注),是沿边的云南之秘密区,而镇越又为沿边之秘密区。"长期以来,地处边陲的镇越县因关山阻隔,交通不便,境内又有傣族、哈尼、瑶、彝、壮、基诺、布朗、汉等多民族杂处。他们的语言、服饰、社会经济、文化习俗各异。因此对于内地的人们来说,仅凭若干传闻或臆测,自然而然地就给这一块美丽富饶的大地披上了一层神秘的色彩。

但是，如果透过神奇的薄纱，我们可以看到勐腊这块在云南省西南部向外突出的土地，是中国边疆上处于十分重要地位的城镇。在它全长677公里的国境线上，西部有63公里与缅甸接壤，东部与南部有614公里与老挝交界，在中缅边境线上，中国一侧有傣族的关累，哈尼族的布里、曼岗、坝荷、加布托、秀花等村寨11个，缅方一侧有哈尼族的帕朵、帕良、阿先等村寨10个，共有5条小道互相连接。边民来往，入境互市，彼此探亲，以及来中国就医等等，年达3000人次左右。而在漫长的中老边界上，中方一侧有傣、瑶、哈尼、苗、汉、苦聪人等族的村寨达70个，老挝一侧也有勐马县、丰沙县、那丁县、南那县、那堆县和勐信县的13个乡共计69个村寨与中方相接近。共有大小道路46条可以互相往来，双方边民有互相通婚，彼此贸易，过境耕作的种种关系，年入境边民在3万人次以上。勐腊县瑶族（顶板瑶）主要居住在中老边境，对外联系十分频繁，有关情况在后面还将叙及。由于勐腊县地处边陲的重要地位，境内外关系紧密。所以民国《镇越县志》（抄本）的初作者单镜泉在序言中特地指出：镇越县"居云南极边，界连缅越（指缅甸、老挝），既为南防之门户，更为普思之屏蔽"，这就是摆脱了那种"秘密之地"的说法，而正视其国防地位的重要了。

据《镇越县志》（抄本）所述，元大德四年（1300）御史陈天祥奏请征八百媳妇国，其地即为南掸邦，属象乐诏，为今易武区属地，过去人口繁盛，但后来已经衰落。比较有史可证的为明洪武末设彻里（车里）军民府时，这里为宣慰刀宣答所征服，归入现在的西双版纳版图之内。清雍正六年（1728），九江宣慰刀逞答在调集易武、勐腊、勐捧各"夷目"，会同橄榄坝"夷目"征讨一次民变以后，曾在勐腊境内分封过下述土职：

地区	土职名	土官名	土官族属
易武	土把总	伍善甫（又作乍虎）	汉
勐腊	土把总	召糯	傣
勐捧	土外委	召者翁	傣
勐伴	土外委	召叭翁卡武	傣
勐仑	土外委	召叭竜	傣

从此在这里开始了由车里宣慰使封给的土官称号，建立的行政机构和世袭的上层家族。清末民初，1910年柯树勋奉云南总督唐继尧令进入西双版纳。次年，蔡锷委权柯树勋为普思沿边行政总办。在总局下分设八个区分局。现勐腊县的勐腊、勐捧属第五区分局，易武属第六区分局。1924年，裁总局改为"殖边总办"，下属各区分局又相应改为各区殖边公署。1927年正式改县，始有镇越县之名，县治初设勐腊。1930年将易武五区之地划入，县府移治易武，下分四个区，现根据历史资料加以整理，将县的四个区的情况列表如下：

区别	所属土司地区	原土司	所辖镇	所辖行政乡
一区	易武土司	伍树勋，绝嗣，其他归公	易武	曼秀、麻黑、曼撒、曼腊、曼乃（5乡）
二区	勐腊土司	召孟（汉名：刀镇帮）	勐腊	勐伴、磨歇、尚勇、补角、曼干、那蛮、冬蛮竜（7乡）
三区	勐捧土司	召勐麻（汉名：刀英）	勐捧	勐芽、拱丙、整代、蛮掌、口口（5乡）
四区	勐仑土司	召麻哈翁（汉名：刀继中）	勐仑	勐选、勐醒、蛮打丢、曼留（4乡）

20世纪30年代，镇越县共有4150户，17604人（1932年统计，其中男8855人，女8749人）。据当时县政府的调查，在这

17600多人中,少数民族共有14788人,占全县人口的84%,其中傣族约占全县人口的60%,瑶族约占全县人口的10%,即1700多人。瑶族"习于佃猎,最喜山居,散处于藤蔑山、中山、新山、野牛洞一带"。《镇越县志》(抄本)和今日勐腊县瑶族的分布是一致的。此外,还有"阿卡"约占全县人口的10%,汉人占10%,以及本人、响堂、朴莽、补角、补竜、沙人(壮族)等共约占10%。

在当时的镇越县境内,除了前表列举的勐腊、勐仑等土司改任为区长以外,还存在着若干较小的土目,其情况如下:

地区	土职	土官名字	民族
勐仲	土便委	召叭竜康倘翁	傣
勐远	土目	召麻哈	傣
勐醒	土目	叭竜满	傣
勐洞	土目	召叭	傣
尚勇	土目	叭尖	傣
补角	土目	叭者南	补竜
磨歇	土目	召叭	傣

由上述材料可以看出,尽管当时瑶族在总人口中占到10%,但是,在统治上层中除了少数汉人和补竜人以外,几乎大多数都为傣族,瑶族在这里偏居山区,处于被统治的地位。他们当时的生产、生活情况,据《镇越县志》(抄本)第六章的描述,转引如下:"生活简单,性喜围猎,全年除耕作外,大抵入山行猎数日或竟日始归,所猎诸品,众人均分之。通汉语,并识汉字。""男子出门即持枪挂袋而行","而自植棉,自纺织,自染缝之妇工尤为普遍"。可以看出,当时他们除农业生产外,狩猎经济还占有一定比重。男女已有了一定的分工,但还保留了自给自足的自然经济,汉文化已有相当程度的影响。

镇越县初建之时，外来县长与本县土官势力的情况错综复杂，首任县长官志枢，号甫臣，系云南宁洱人，于民国15年（1926）9月中旬到任，到10月1日即被杀害，就任只有12天。其后任即由军队中的营长兼任，才维持了一年又十一个月。这一阶段的社会历史是很值得进一步分析研究的。

　　1946年为适应当时形势的需要，整个云南省被划为12个行政督察专员区。西双版纳镇越县与普洱、思茅、澜沧等县一起被划为第八行政督察专员区。1949年7月，武工队进驻易武，11月在易武成立了镇越县人民政府，揭开了这里各族人民历史的新一页。1954年，这里设版纳易武、版纳勐腊、版纳勐捧和瑶族自治区，而于勐腊设中心版纳。当时的瑶族自治区区政府设于梭山脚寨，下分四个乡。一乡老白寨，二乡藤蔑山，三乡下马箐，四乡苦竹林。1957年分设易武县（县府设在勐仑，下辖版纳易武、瑶族自治区和象明区）与勐腊县（县府设在勐腊，下辖版纳勐腊和勐捧）。1958年，易武县并入勐腊县，基本形成今天的行政区划。当时瑶族自治区政府仍在梭山脚，下设四乡，一乡为梭山脚，二乡为藤蔑山，三乡为新山，四乡为苦竹林。到1969年5月，这里实行了"人民公社化"，瑶族自治区成立为一个公社，并将治所从梭山脚迁到砂仁河边的现址，下辖梭山脚、沙仁、勐伴、南赛河、曼燕、令洛、金厂河等大队，下有61个生产队。1988年分为瑶区瑶族乡和勐伴镇。

　　以上是勐腊县的历史简况及其境内瑶族地区的一部分历史沿革变化，由于在瑶区内居住的主要是蓝靛瑶支系，所以对居住在尚勇及勐满乡内的顶板瑶支系也应当给予一定的注意。

二、民族、人口、村寨、姓氏

　　现在勐腊共有14个区（镇），总人口为113825人（1987年统计）。其中以傣族为最多，共 45672 人，占总人口的 40.1%；哈尼族次之，为 24707 人，占总人口的 21.7%；汉族 18173 人，占总人口的 16%；瑶族占第四位，共 10756 人，占总人口的 9.4%。与 20 世纪 30 年代调查，大约占当时总人口的 10% 的说法相差无几。但是考虑解放以来，汉族人口迁入较多等因素，从傣族人的百分比已从 60% 下降到 40% 的情况看来，勐腊县瑶族近半个世纪以来，与其他民族相比，仍保留了占近 10% 比例的人口，说明是有了较多迁入和自然增长的结果。除此以外，勐腊县还有彝族 9680 人（8.5%）、拉祜族 744 人（占 0.7%）、壮族 700 人（0.6%）、苗族 613 人（0.5%）、基诺族 405 人（0.4%）以及佤族 97 人（0.09%）、白族 94 人（0.09%）、普米族 79 人、布朗族 54 人，其他诸如克木、补角、布蚌、排各、阿黑、布满等名称约 2000 人。

勐腊县瑶族的支系，说法不一。据《镇越县志》（抄本）记载，"瑶人有顶板瑶、红头瑶、蓝靛瑶三种，语言风俗大都相同"。据当地有关人士介绍，则说本县有蓝靛瑶、顶板瑶、坝子瑶三种。而习惯上，一般在介绍勐腊县瑶族情况时，都以聚居瑶区一带的蓝靛瑶为主，而对居住于尚勇、勐满乡边境一带的顶板瑶的情况则有所忽略。至于其余的红头瑶、坝子瑶情况很多人也说不来。

经反复核实，勐腊县瑶族目前实际上是蓝靛瑶与顶板瑶两个差别不是很大的支系。至于说红头瑶，则是顶板瑶妇女过去有用大红布包头的习惯，所以又有红头瑶之称。据尚勇乡政府中的一些瑶族干部说，在他们年轻时还看到过顶板瑶妇女用红布包头的情况，而坝子瑶则是原属勐远乡中一个村寨的瑶族，他们的服饰上衣黑色，下裤灰色，与蓝靛瑶、顶板瑶服饰有所不同。因住居坝区而得名，语言主要讲的是蓝靛瑶语，但又有不少人兼通顶板瑶语。很可能蓝靛瑶人在迁徙过程中，因受其他民族影响而具有自己某些特点的一部分。这一村寨的坝子瑶已于 1969 年迁去老挝，所以现在勐腊县境内还有一人以外，其他的都已搬走了。为了简要说明问题，可用图示意如下：

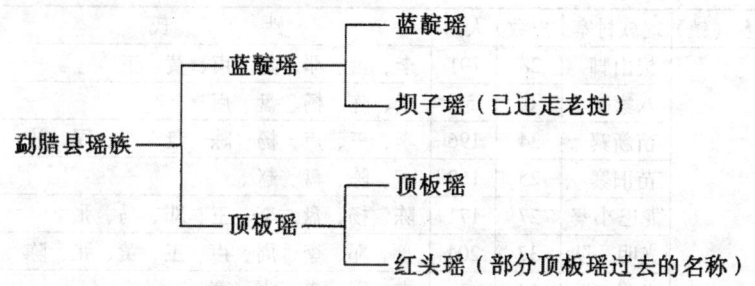

```
                  ┌─ 蓝靛瑶
         ┌─ 蓝靛瑶─┤
         │        └─ 坝子瑶（已迁走老挝）
勐腊县瑶族─┤
         │        ┌─ 顶板瑶
         └─ 顶板瑶─┤
                  └─ 红头瑶（部分顶板瑶过去的名称）
```

这里也有人曾认为蓝靛瑶又叫做"过山瑶"，此说不确。因为从整体看来，一般都将顶板瑶、盘瑶称作过山瑶，而没有把蓝靛瑶叫做过山瑶的，所以前述说法恐是一种误传。

勐腊瑶族中，无论是蓝靛瑶或顶板瑶，在中国瑶族中都占有较大比重，从语言、服饰、习俗等多方面研究，可知这里的蓝靛瑶自称"门"，与广西西部等地的蓝靛瑶（又称山子瑶，顶板瑶称他们为"籽子"——一种粗粮作物，过去系指他们是种植籽子为生的人）是一样的。1981 年油印本《勐腊县志》介绍说瑶族自称"秀"或"蒙秀"。我们曾询问过蓝靛瑶的干部，他们也说不上"秀"是什么意思（"蒙"与"门"是同音异写，都是人的意思）。有一位大专学历的蓝靛瑶干部说，"秀"可能是一种没有意义的词头，但也仅是一种说法而已。这里的顶板瑶，与广泛散布湘南、广西等地的盘瑶、板瑶、过山瑶（自称"勉"，人的意思）是一样的。不过在长期迁徙分住的过程中，在服饰等方面已小有变化，这也为研究勐腊县瑶族的历史来源提供了重要的佐证。

据县山区民族工作队在 1986 年的统计和我们的实地调查，获得了一份比较完整的勐腊县蓝靛瑶与顶板瑶聚居村寨的户数，人口情况统计表,并附以瑶区、尚勇二乡的瑶族姓氏情况,现将其引录如下,以便全面了解这里瑶族的人口分布情况。

表一:勐腊瑶族(蓝靛瑶)聚居村寨统计表(1987年统计)

乡(镇)	瑶族村寨	户数	人口	姓 氏
瑶区乡	梭山脚	28	191	李、盘、邓、陈、卢、黄、王
	八家寨	8	59	李、陈、杨、盘、卢
	苗新寨	34	196	李、王、卢、杨、陈、盘、邓、周、陆
	苗旧寨	25	168	李、陈、盘、赵
	龙巴小寨	27	171	陈、杨、盘、李、王、邓、马、张
	光明一队	37	204	盘、邓、李、周、卢、王、黄、张、陈
	光明二队	14	67	韦、邓、盘、卢、董
	光明四队	9	38	李、邓、盘、黄、陈
	南贡山	13	233	李、盘、邓、王、卢、陆、赵、金、芦
	王四寨	36	219	邓、李、周、卢、黄、张、陆
	玉碗水	32	176	邓、李、盘、周、卢
	补角	29	182	李、邓、卢、盘、黄
	南崩	25	134	邓、盘、李、张、马、卢
	中山	46	307	李、邓、周、张、卢、黄
	布龙河	29	200	李、黄、卢、邓、盘、周、姜、张
	新山	68	381	邓、卢、李、杨、王、白
	南晒河	42	251	黄、邓、李、卢、徐、王、杨
	丫口寨(大青树)	17	116	邓、卢、李
	小计 18村寨	519	3293	李、邓、盘、卢、黄、陈、王、周、杨、张、陆、马、姜、徐、赵、金、白、董、芦
勐伴镇	苦竹林	31	187	
	南奔	36	243	
	象滚塘	20	114	
	红毛树	13	72	
	会落上	28	153	

乡（镇）	瑶族村寨	户数	人口	姓　　氏
勐伴镇	会落下	9	60	
	盘三	27	117	
	会怀	6	34	
	高桥	47	291	
	光明队	25	156	
	会粉	26	150	
	中山	16	102	
	金厂河	41	285	
	龙塘菁	61	379	
	分水岭	19	112	
	大青树	23	127	
小计	16 树寨	428	2636	
曼腊乡	大龙山	14	66	
	黄竹林	13	85	
	冬瓜林	31	202	
	上马叭	24	140	
	下马叭	24	149	
	新山	35	206	
	寨豆田	7	47	
	丁家寨	33	222	
	兰田	33	215	
	巴乍河	12	77	
小计	10 村寨	226	1409	
麻木树乡	坡头	13	75	
	丫口	6	36	
	藤蔑旧寨	44	218	
	藤蔑新寨	20	122	
	泡竹菁	23	114	
	曼康	23	142	

乡（镇）	瑶族村寨	户数	人口	姓　　氏
小计	6村寨	129	707	
易武乡	刮风寨	57	413	
	朱力河	1	9	
	毛草地	31	161	
	分水林	28	177	
小计	4村寨	117	760	
勐腊乡	桃子菁	40	259	
	野中洞	20	120	
小计	2村寨	60	379	
象明乡	窖石寨	11	60	
	红水河	37	219	
小计	2村寨	48	279	
勐腊镇	八家寨	10	66	
小计	1村寨	10	66	
合计	59村寨	1537	9529	

表二：勐腊县瑶族（顶板瑶）聚居村寨统计表

乡（镇）	瑶族村寨	户数	人口	姓　　氏
尚勇乡	青松	34	198	赵、盘、李、邓
	新民	25	186	赵、盘、李、邓
	回蚌	7	33	赵、盘、李、冯
	叭坎亮	6	35	赵、邓、李
	金龙	19	104	邓、赵、盘
	平河	9	57	盘、赵、邓
小计	6村寨	100	610	赵、盘、邓、李、冯
勐满镇	龙旷	17	95	
	上田房	29	212	
小计	2村寨	46	307	
合计	6村寨	146	917	

注：尚勇乡1987年统计，勐满镇1986年统计。

从上述两表可以看出：

一、瑶族村寨一般不大，蓝靛瑶中60户以上的村寨只有2个，大多数都在20多户到30多户之间。以各乡的平均数计算，每村约在22户到29户之间，10户以下的村寨就有7个，易武乡的朱力河寨甚至只有1户9人。顶板瑶村寨，最大只有34户（青松寨），小的只有6户35人（叭坎亮寨），按乡的平均数算，每村约在16.7—18.5户之间。顶板瑶的聚居村寨比蓝靛瑶的更小。

二、瑶族的家庭也不大，蓝靛瑶平均每户约6.2人，顶板瑶每户平均约6.3人，由此可见，一般都是一对夫妇及其子女或赡养一两位老人的小家庭。几乎没有翁姑婆媳、兄嫂弟媳几代同堂的大家庭。瑶族的这种小家庭结构和他们的山区居住、游耕生产方式以及长期以来的社会演进有着密切的关系。

三、据各村寨姓氏统计，瑶区乡（蓝靛瑶）519户中，以李姓为最多，共有165户，邓姓居其次，为111户，此后为盘（75户）、卢（50户）、黄（40户）、陈（25户）、王（21户）、周（16户）、杨（15户）、张（11户）等姓。其余有陆、马、姜、徐、赵、金、白、董等姓，都只在3户到1户之间。李、邓、盘、黄等姓，都是瑶族中常见的姓，而那些只有两三户的姓氏，基本上不是瑶族原来的姓，很可能是通婚等原因而掺杂的汉姓。据在尚勇乡（顶板瑶）的统计，基本上为盘、赵、邓、李四姓，分别为赵姓43户，盘姓32户，邓姓15户，李姓9户，另有冯姓1户。所有上述姓氏，都属于传统的"盘瑶十二姓"之内。因此从尚勇乡顶板瑶的姓氏看来，还不存在外族外姓掺杂入内的情况。关于盘、赵、邓姓内部存在一些差别的情况，后面我们还将提及。听说勐满那边两个村寨40多户的顶板瑶中，姓氏比较复杂，因时间限制，未及实地调查。

四、上述两表共列瑶族聚居村寨67个（蓝靛瑶村59个，顶板瑶村8个），但据县民委介绍共有68个，这里缺少一个，原因未详。在这60多个瑶村中，很多村寨建立的历史不长，有的虽然沿用了老的村名，但实际上村址已几次搬迁，早已不在原来的地方了。如尚勇乡的最大瑶村青松，就是30多年前从下面搬到坡上来的，原来的村址已被开作水田耕作了。又如回金村的瑶族，则是1982年因原住的地方被划成林业保护区后，其中一部分搬迁到这里来的。蓝靛瑶的情况也是如此，如瑶区乡的光明一队、二队、四队瑶族就是在20世纪50年代，因这里地势平而从梭山脚搬来的。南贡山、大青树、南崩等村寨也就是20世纪60年代后半期到70年代前期由其他地方陆续迁徙而来的。这说明直到近几十年来，游耕生产在瑶族生活中还占有相当重要的地位。村寨的不固定，群众的搬迁是经常的事情。这里的小部分顶板瑶甚至迁出国境，先后去老挝、泰国，还远涉重洋，定居美国，近几年来那些人还与这里的乡亲有着联系，后面还将详述。

三、历史来源与对外关系

关于勐腊县瑶族的历史来源，由于记载的缺乏，以及1966–1976年"十年动乱"中民间文献的被毁，已经很难查考。据县政府领导在1987年11月底向县瑶族工作座谈会上的报告介绍："勐腊县的瑶族不是本地土著，祖籍在广西，因历代反动统治，迫使瑶族辗转离乡，迁徙路线是由广西入云南文山，而屏边，而金屏，而江城，而勐腊，入勐腊已二百多年。"这里所说的瑶族不是土著民族，祖籍在广西，逐渐迁来，都是十分可信的。只有迁入的年代，说法不一。据1957年5月云南省西边工委直接过渡办公室瑶族自治区调查组的报告，说这里的瑶族，系七代前由外地迁入。如果按一代为25年计算，共175年，外加由1957年到1987年的30年，正合205年。与前述报告所说200

年是符合的。但是，据曾在瑶族地区工作多年的县委党史征集办公室张家恒介绍，20世纪50年代调查时，据高山蓝靛瑶以六十甲子推算，迁来已有380多年，所以到20世纪80年代已入居420多年。我们又查了民国时修的《镇越县志》（抄本），则说，"据该族年老者谈，其原籍在广西泗（应为"泗"——引者注）城柳庆一带，明代随沐侯征缅到此，嗣见土地肥沃，即留住"（第六章，种族）。查广西泗城府即今右江流域凌云县一带，那里至今还是蓝靛瑶的集居地区。而明代沐英来滇，则是在洪武十四年（1381），如果据此推算，可见瑶族在勐腊县定居已大约有600年之久。实际上情况原比此复杂。我们在顶板瑶中调查，发现有的瑶族是从广西出境，经越南、泰国清迈、缅甸，而又转回云南来到勐腊边境的，这种长期迁徙的瑶族，居住在这里还不满三代。而据尚勇乡青松村盘金进老人自己根据回忆补写的"家先单"（简易家谱）中介绍，就有两代老人葬在老挝。由此可见，对一个经常游耕迁徙而又缺少文献、碑刻记载的民族来说，仅凭记忆要求搞清他们入居的确切年代是有很大困难的。为了避免简单武断和凭空臆测，把瑶族入居勐腊的时间确定在200至400年以前是比较合适的。

勐腊地区最早土著据说是本族和补角人等，傣族和哈尼族是后来的。傣族在战胜并驱赶了土著以后，逐渐在这块土地上发展起来，然后才迁来瑶族。在瑶区，当时土地已属傣族封建领主所有，直接统辖瑶区的七个山主均为傣族。补角和布朗族每一个山主都是宣慰使直封的"召圈"（大叭），瑶族迁来后，凡18岁以上的成年人都要向他们缴纳"贡赋"，才能居住和开荒垦作。除孤寡老弱以外，男子每年每人缴银三钱，妇女每年每人银二钱五分。山主说："你们头顶我的天，脚踏我的地，吃我的水，种我的地，不上税（贡赋）是不行的。"当时山上的草木禽兽都属山主所有，所以除了补角山主以外，在其他山主的地上猎得野兽后，还要给山主送去"礼肉"二斤，将兽皮和骨的三分之一送给山主。在 100 年以前，瑶族几乎全部从事刀耕火种，每年春天他们上山择地，选得理想合适的山坡后，就将其中的一棵大树砍断，中间劈开，架以一根横木，形成十字，表示此处已有人选定在今年开垦，别人不能再占用。他们奉行谁开谁种的原则，一般在刀耕火种三四年或七八年后就抛荒另行择地开垦。这块丢荒地在草深林茂以后，别的人又可以前来选择开垦，而不必再征求原耕作人的同意。只是近 100 年来，向傣族学习，才逐渐出现开挖水田的现象。开出来的水田与山坡地不一样，成为谁开谁有。水田可以遗传给后代，也可以用以赠送亲友和出售。如瑶区四乡新山寨邓老奄在 20 世纪 40 年代末迁至他寨时，有三乡白马菁寨的黄三老大用牛帮他运谷，并赠给食盐 20 斤，邓老奄就把自开的水田送给了黄三老大。出售时一般售价很低，按他们的说法是收回自己开田的劳动工资。如 1939 年，李大曾卖给李二以一斗五升种子及年可产谷六七石的水田，得价为一两大烟（鸦片）和 10 多个银扣子，这种买卖水田的情况一共只发生过七起，而且售价都不高。瑶族人说："土地是山主的，不能卖。对方给的只是开水田的工资。"由此可见，这种水田买卖不是土地所有权的转让，只是水田使用权的变换而已。而且直到解放前为止，瑶区这种开出来的水田数额也是很少。据梭山脚寨的统计，当地只有 3 户，开了 59 斤种子的水田。此外，除新山和金产河寨的少数瑶家外，瑶区的其他水田都是在 20 世纪 50 年代初的几年中大量开垦出来的。

在民国政府时，整个瑶区被分作四个"保"进行统治。1953 年成立瑶族自治区政府时，就将这四个"保"改成"乡"。在全部 31 个自然村中，瑶族村寨占 25 个。据 1957 年 4 月的户口、人口统计资料，将其与现在的行政区划对照列表如下：

乡别	总村寨数	瑶族村	瑶族户数	瑶族人口	相当现在行政区划
一乡	9	6	194	1155	瑶区乡的梭山脚、八家寨、苗旧寨、龙巴小寨等，部分迁去光明一、二、四队及勐伴镇大青树寨
二乡	11	8	219	1150	麻木树乡的坡头、丫口、藤蔑旧寨、藤蔑新寨、泡竹菁、曼康等寨，部分迁去瑶区乡的南贡山、南崩等寨
三乡	3	3	149	907	瑶区乡的中山、龙竜河、新山、南晒河、大青树、丫口等寨
四乡	8	8	151	696	勐伴镇的苦竹林、南奔、象滚塘、红毛树等寨，部分迁入瑶区乡的王四、玉碗水等寨
合计	31	25	713	3908	

由于瑶族地区地处边境，所以与国外的关系十分密切。原瑶族自治区，今勐伴乡的瑶族地区有60华里与老挝接界，瑶族在这里跨界而居，在境外老挝一侧，从红石头寨起，经黑山、新寨、四家寨、东瓜林、白坡寨止，都有瑶族居住，估计人口约3000多人。这是瑶区一带关于蓝靛瑶的跨界情况，但据曾在老挝工作的现勐腊县政协康永良副主席介绍，老挝瑶族以顶板瑶较多，语言、服饰与我国境内的相同。近数十年来，这种由老挝迁入，或迁去老挝的情况还时有发生。1957年编写的瑶族自治区调查报告指出："这些边沿寨子，由于居住山头，都紧靠双方国境，又由于同是一个民族，生产生活和地形的天然关系，对国境观念根本没有。互相往来，出外生产，不受任何约束。"就是这种情况的反映。为了说明问题，介绍边境几个瑶寨情况如下：

象滚塘寨，距原瑶区政府所在地梭山脚估计约130华里，走路要两天才能到达。但距边境仅30步，原由新山搬来已20年。

1957年的21户中，有抽大烟的13人（其中妇女2人），大都是贫困人家因治病抽烟而上瘾的。他们没有水田，70%以上为刀耕火种，只有30%是牛犁地。过去他们有到国外老挝境内耕作的，后来因那里的地都已砍光，所以又有老挝瑶族人入境来耕作的。他们往南走一天路，可以到老挝瑶族村寨，历来交往、通婚都很密切。

金产河寨，由象滚河往北行60里，进老挝界。原来只有15户瑶族，后由丫口寨、玉碗水迁来21户，到1957年已有36户。其中吸大烟的有26人（妇女6人）。因那里大都为荒山草坡，所以原丫口寨的20多户瑶族曾去老挝境内垦种共28亩。他们与60里外的老挝瑶族村寨经常往来。过去食盐及钢板由国外购入，出口为农具和少部分日用品等。

尚勇乡和勐满镇的顶板瑶与老挝境内的顶板瑶联系也十分密切。20世纪50年代后期，这里的一部分瑶族曾外迁老挝，辗转去美国的加利福尼亚州和俄勒冈州等地。其中的赵高全、赵金元、李文现等人近几年来还不断写信，寄照片回来，与家人联系。据了解，李文现的父母现尚住勐满的上田房村。尚勇的青松村盘金进老人还收到了赵金堂（1986年10月）由美国寄回来的长达415行的"歌信"，以传统的通信方式表述了他们"今据美洲纽约道，加利福尼省上城"的种种情况。这些人原来居住的大都是冷山、茶山、叭坎亮、叭沙蒙等村寨，其中尤以从叭沙蒙村辗转去美国的较多。以上情况，值得进一步研究。

四、经济生产

瑶族长期以来居住山区，从事刀耕火种的农业，这种"人跟地跑，地随山转"的游耕生产，包括了以种山坡旱地为主，采取共耕组织形式，隔若干年要抛荒另耕或举寨他迁。耕作简易粗放,狩猎占有相当比重,很少商品生产,基本上是自然经济。本民族除了不脱离农业的少数手工匠人(竹器编织、打铁等)以外,没有自己的商人与初级市场,物质文化与精神文化方面印有经常迁徙的烙印。到20世纪50年代初为止,瑶区瑶族的旱地耕作分成"牛犁地"和"懒火地"两种,前者用牛犁、耙地,先种旱稻二年至三年,然后再种玉米、黄豆。一般是一犁一耙,深约四五寸,旱谷扯草一次,玉米铲草一次,黄豆铲草一次至二次,不施肥。因黄豆根须有根瘤菌,可以固氮,恢复地力,所以这种牛犁地能耕作的时间较长。一般可种15—20年,但还没有发现连续种植30年以上的。懒火地是简单的刀耕火种地,12月砍树割草,2月烧山,用锄挖洞下种,有的只种一年旱谷或玉米即丢荒。据说这种快垦快丢的山地,杂树灌木因根未死,所以恢复生长特别快,没过几年,又可以再刀耕火种了。时间较长的也只有连种两三年而已。这种牛犁地与懒火地并存的农业生产是20世纪50年代初瑶族社会的主要经济部门。由于山坡地可以随意号占开垦,所以寨与寨之间的地界观念是不明确的。只有不是本山主辖境的瑶民前来垦种山地时,每块地不论大小,都要给所属的山主上交租银三钱。村寨之间越界耕种时,耕作者需自制篱笆将耕地围紧,以免牲畜进入糟蹋。如果在成熟前遭到村寨内禽兽的破坏,不予赔偿。若在成熟时受到损失,不是出于习惯法,而是出于对耕作者的怜悯而给予适当的补偿。尽管村寨耕地界限不明显,但村寨的居住地是清楚的,外寨人想迁入居住,就必须给头人赠送草烟,或请寨上亲戚说情,在取得同意后,才能迁入。过去在租种国外山地时,一般要给国外山主交纳山租,大块地半开5元,小块地半开2元。

在种懒火地时,瑶族的几户人往往联合起来进行共耕,他们各家出大致相同的劳力,共同在一块山坡地上砍树焚烧,然后共同出种子种播下,成熟收获后共同平均分配。这种共耕形式,一般不计较彼此间劳力强弱，如果有的家庭没有种子，也可由别户代出，收获后只要还本，不用加利。同一个家庭往往同时加入几个不同的共耕组织，与参加共耕的各户共同分享劳动成果。

　　直到 20 世纪 50 年代初为止，这里的瑶族内部都没有地租之说，借牛犁田也不给报酬。只有当借用多时，才主动为牛主人帮工几天以示感谢。野牛洞一带接近傣族的瑶人，因见傣族收牛租，所以在借牛给傣族犁耕时，一个季度也要收牛租谷 1—3 石。或根据田块大小，少则每块收谷一斗，大则收谷五斗。这也是发生在 20 世纪 50 年代中叶的事情。在瑶区蓝靛瑶中雇工情况比较普遍，大致有雇长工、雇短工等等。但其雇工劳动的收益，在该户总收入中所占的比例不大。以梭山脚寨为例，其解放前雇工情况统计如下：

阶层	户数	雇工户	长工（人）	短工（天）	折合收入（斤）	占总收入%
富农	2	2	4	80	502	1.76%
富裕中农	1	1	0	60	150	2.77%
中农	22	14	5	205	890	0.98%
贫农	36	1	2	0	151	1.53%
雇农	4	0	0	0	0	0
合计	65	18	11	345	1693	0.75%

　　注：1948 年资料统计

　　收养孤儿和养子是瑶族长期以来的习俗，由于有的家庭对孤儿、养子的态度较差，所以在 20 世纪 50 年代，曾一度把这种现象视作"变相家奴"、"变相长工"，并列举养子大都被送到女家上门，只给少量衣服和日用品，以及养女出嫁时，收养者要收取若干两银子作为嫁礼等等，以说明收养家庭与孤儿养子间存在着剥削的情况。经访问瑶区和县里的本民族干部，他们也举出各种事实说明生活稍好的家庭收养孤苦无靠的孤儿，使他们得以成人长大,是瑶族社会历来的传统习俗。他们有的可能在家庭中受到冷遇,但基本上是在一起共同劳动、共同消费的。因此,那种养子是"变相家奴"、"变相长工"的说法似乎还值得商榷。

过去瑶族内部的借贷,也是只借本,不付息的。个别生活困难的,甚至连本也不还。后来在下马菁寨中,当借给外族人(香堂人)时,稻谷的年利要收20%—50%,大烟的年利则要50%—100%。除此以外,在民族内部长期以来都保持着没有借贷收利的习惯。

瑶族的手工业有竹器,藤篾编织箩筐、藤凳等等。据说在迁来勐腊以前就已有人学会打铁、打银,在20世纪20年代时曾向易武的汉族学会铸犁铧,但所有这些工匠一般都尚未从农业中分离出来,大多是来料加工或工具翻新。也没有专业工匠,只用斧子建房屋,制桌凳。妇女自己压花、纺纱、织布、染色、绣花、制衣,但多在农闲进行。不会做鞋,没有商人,也没有预制银器出售。除纺织、编制以外,手工匠人在瑶族地区不是很多。据统计,20世纪50年代初,瑶族地区只有铁工39人,占全区人口的0.93%,其中3人能铸犁铧,6人能打制鸟枪,30人会打锄头、砍刀等农具。

根据20世纪50年代的调查统计,当时在瑶族地区梭山脚寨划分阶级以及各阶级内上层人物(甲长、叭、寨老、出司等,详情见后社会组织部分)的户、人、播种、收入、拥有牲畜、农具等情况列表如下。

阶级	社会地位	户数	人数	全半劳力	全年总收入折谷(斤)	人均收入(斤)	副业手工业占总收入%	拥有牛	养猪	有农具(件)
富农	甲长	1	11	6	10746	976	12%	9	14	20
	群众	1	12	9	18279	1523	42.80%	7	20	28
富裕中农	群众	1	10	6	5400	540	0	8	8	17

阶级	社会地位	户数	人数	全半劳力	全年总收入折谷（斤）	人均收入（斤）	副业手工业占总收入%	拥有牛	养猪	有农具（件）
中农	出司	1	10	5	3456	346	0	5	4	14
	群众	21	137	65	86458	631	9.10%	124	123	225
贫农	叭	1	9	4	3942	438	0	0	5	9
	寨老	1	7	5	4563	651	37.80%	1	3	18
	群众	34	180	104	89963	499	7.20%	29	125	330
雇农	群众	4	10	7	1229	123	0	0	3	9

注：牛包括水牛与黄牛；农具包括犁、锄、镰、钅山刀与斧头，因每户都有砍刀，故未计入。

从上表可以看出，富农的人平均年收入折谷高于其他各阶级。喂养牛、猪也较多。划成富裕中农的一户，人平均年收入仅相当于中农或贫农，只是喂养的牛、猪多于其他各阶级的每户平均数。总的印象是差距并不是很大。这里的山林全部为外族封建领主、山主所有，瑶族人民在开垦的坡地上只有暂时的使用权。经过劳动开垦的少量水田，可以继承、赠送和买卖，但也只是长期使用权的转移而已。完全私有的只是日用生活必需的房屋、农具、生活资料和喂养的牛、猪、牧畜、家禽而已。因此，1957年的调查组曾对勐腊县瑶族（主要指瑶区蓝靛瑶）解放前社会性质作了如下结论：是"原始公社崩溃后，已孕育着初期家长奴役制的农村公社"，"是已含有封建因素的农村公社，但还是含有初期家长奴役制的因素"。"应受外在影响，不是向奴隶社会发展，而是趋于封建社会，正在向封建社会过渡"，"民族内部的阶级矛盾和头（人）群（众）间的矛盾不是对抗性的尖锐矛盾，其主要是落后的原始生产方式与先进科学生产方式的矛盾"。（见《西双版纳傣族自治州瑶族自治区瑶族社会调查》手写稿）从实际情况来看，瑶族群众与傣族封建领主已共同形成了一个统一的社会，他们是这个社会中缴纳与收纳贡赋的两极。所以从这个意义上说，瑶族已经进入了封建社会，他们遭受着民族和阶级的双重压迫。至于从瑶族内部来看，还保留着原始的父权制农村公社体制，所收养的孤儿、养子是否看作"初期家长奴役制"的内容，似乎还可以进一步讨论。

五、社会组织

瑶区瑶族的社会组织分成两个不同的层次：一是由外族封建统治者委任封给的叭、鲊等职务及民国政府委派的保长、甲长；二是瑶族自己传统的村寨首领头人，由带有宗教色彩的民主选举产生。有人称之为"民选神定"，有寨老、出司、山主等。

瑶区原来分属6个山主，有傣族勐伴、勐腊、勐远、勐醒土司、补角山主及易武汉族山主等。他们都属勐腊土司管辖，被封作大叭。大约在1917年的时候，补角山主拟在各族中委任一批叭、鲊，但未得到同意。事隔五年后，他又将瑶寨中预先选定的人请去喝酒，当场分别委任他们当寨叭、寨鲊，并说谁不接受就要罚款，如接受的就赏给银牌二百、银壳刀一把、铁链一条和红头巾一张。作为寨叭的要向山主交钱6元，当鲊的交5元。梭山脚下的李老鲊就因此交了5元。后来老叭外逃，又委盘三当叭。当时瑶区委有六大头人，除一个是香堂人外，其余都是瑶族。在这5个瑶族头人中，有四人是能祭神驱鬼的师父。凡遇村中人打得野兽后，要给本寨寨老、土司、山主三人各2—3斤礼肉外，虎骨、鹿茸等都得由他们保管，待年底出售后，由他们主持分钱。名义上这些头人能得三分之一，实际上往往全部拿走。逢打斋、度戒宰猪时，他们也在进行宗教活动中享用其中的大部分。

据1957年的调查资料，版纳易武当时的上层人物可以列简表如下：

乡别	村寨	职务	姓名	性别	当时年龄	民族	阶级	解放后任职
一乡	竜巴河	甲长	盘老	男		瑶	中农	
	竜巴河	甲长	杨大	男	58	瑶	中农	
	梭山脚	甲长	李大	男	57	瑶	富农	
	梭山脚	宗教上层	盘大	男		瑶	中农	
	梭山脚	老叭	盘四	男	59	瑶	中农	瑶区区政府主席
	野牛洞	甲长	江大	男	51	瑶	中农	
	野牛洞	甲长	盘大	男		瑶	中农	
二乡	坡头寨	甲长	为大	男		瑶	贫农	
	新寨	保长	邓三老大	男		瑶	富农	版纳易武副主席
三乡	竜塘菁	甲长	铁匠老二	男	50	瑶	中农	
	竜塘菁	老鲊	邓三老二	男	46	瑶	中农	
	下马菁	甲长	邓六老四	男	54	瑶	中农	
	下马菁	甲长	李昌中老大	男	63	瑶	中农	
	下马菁	甲长	邓老五	男	69	瑶	中农	
	下马菁	甲长	黄三老二	男	45	瑶	富农	自治州协商会副主席
	新山	甲长	杨二	男	52	瑶	中农	
	新山	甲长	邓六老大	男	56	瑶	贫农	
	新山	甲长	王老老大	男		瑶	中农	

中国最西南角上的瑶族　259

乡别	村寨	职务	姓名	性别	当时年龄	民族	阶级	解放后任职
四乡	金场河	老鲊	王大	男	61	瑶	中农	瑶区政府委员
	金场河	甲长	邓四	男		瑶	富裕中农	
	象滚塘	老先	李老先	男		瑶	富裕中农	

为了进一步了解这些上层人物情况，下面整理他们的家庭及经济等方面的情况（据1957年瑶族自治区瑶族情况调查手稿本材料）。

姓名：王大	乡村职务：四乡金场河老鲊（后为瑶区政府委员）	情况：生于老挝乌德，7岁时因法帝侵略，与父逃到勐岩区红岩头住。17岁与父来华，住大白寨。22岁结婚，后因父吸大烟迁回老挝黑山寨。30岁父亡，本人也学会吸大烟，又回中国，住坡头寨。在当时有一定威信，先封为"老先"，36岁当老鲊，38岁到丫口寨（金场河），在边境内外有一定势力。
原名：	家庭人口：9人	
出生年份：1895	主要财产：黄牛四、水牛三、猪六头	
姓名：盘四	乡村职务：一乡梭山脚老叭（后为区政府主席）	情况：20多岁会送鬼、打卦。30多岁会打铁，31岁起吸大烟。1941年被封为老鲊，两三年后提为老叭，与各寨头人、易武街汉商的关系都很好。
原名：盘经良	家庭人口：11人	
出生年份：1898	主要财产：水牛二、黄牛一、马一	

姓名：邓三老大	乡村职务：二乡新寨保长（后为版纳易武副主席）	情况：20多岁会迷信活动，30多岁吸大烟。会打铁、打银，其父原是二乡自然形成的大头人，过去有偷、骗、霸占村民钱财行为，但与群众往来较密切。
原名：邓发英	家庭人口：8人	
出生年份：1891	主要财产：水牛一、马二、五升种子水田（收谷10石）	
姓名：黄三老二	乡村职务：三乡下马菁甲长（后为州协商会副主席）	情况：18岁会度戒，25岁会看卦、送鬼。1946年开始任甲长，统治势力遍及三乡，本人不参加生产，做过大烟生意，雇有长、短工。
原名：黄玉高	家庭人口：10人	
出生年份：1891	主要财产：水牛二、黄牛三、二升种子水田	

以上是瑶区外的其他民族统治者在瑶族地区寻找的代理人，是他们培养的统治基础。而瑶族村寨内部长期以来就有着一套自己的社会组织。其主要人物有：寨老、出司与出主三人。寨老为一寨之长，主要负责全村人的平安、疾病，如有病人就帮助打卦、送鬼、献神。一般由族长、富裕户或会手艺、懂得搞宗教活动的人担任。出司负责村中牲畜的安全。如牛马病死，兽害太盛，猎兽不获时，就要由出司献神看卦。出主负责村寨中农业生产。如遇水旱灾害就要组织村民缴纳猪、米，共同进行宗教祭祀活动。三人就这样维护着村寨内人畜庄稼的生长，维护正常生活的进行。他们的产生是每年二月初二，共同在出主家蒸糯米饭。拌入自制的甜酒药后，每户用芭蕉叶分一小包，写上名字，置于出主之家。过几天后，全寨人又来尝各户的甜酒味道，以最甜的

几户当选。如果甜酒的户数较多，则由村民们议论，大都在其中选择能说会道、办事公正、精于宗教活动，而又有一定威信的人当选。从找出人选到三月初三这段考验时期中，如果村寨中人畜平安，没有什么变故，就认为神意已同意，就可正式任职；如果在此期间，人畜庄稼中有一方面出了问题，就要将负责这一方面的人选作相应的更换，这就是所谓的"人选神定"。如果这一年风调雨顺、人畜无病、庄稼丰收、猎获物较多，那么这村寨的三个头人可以继续连任，不必调换。担任寨老、出司、出主是一种荣耀，没有特别的报酬，只是村民们在打得野兽后，照例送给他们每人二斤"礼肉"。每年每户交三钱银子作为每月初一、十五给山神烧香礼拜的费用，此外没有别的什么经济收入。如梭山脚村寨老盘大，出司王老都是从小参加生产，与村寨群众保持一定联系的头人。

据梭山脚寨的甲老、叭、寨老、出司、出主与群众在1957年拥有水田、牛马、农具等情况看来，可见这些上层人物与普通村民之间相差不是很大。

社会地区	户数	占总户的%	水田子种（斤）	所占水田总数%	户均	牛马	占牛马%	户均	农具	占总农具%	人均
甲长	1	1.2%				10	5.5%	10	21	2.7%	2.6
叭	1	1.2%				3	1.7%	3	19	2.4%	4.7
寨老	2	2.5%	109	4.90%	54.5	2	1.1%	1	20	2.6%	2.5
出司	2	2.5%	40	1.80%	20	6	3.3%	3	32	4.2%	2.7
出主	2	2.5%	97	4.40%	48.5	7	3.9%	3.5	22	2.9%	1.2
小计	8	10%	246	11.1%	30.75	28	15.5%	3.5	114	14.8%	2.3
群众	72	90%	1972	88.9%	27.39	152	84.4%	2.1	649	85%	1.6
合计	80	100%	2268	100%	27.72	180	100%	2.25	763	100%	1.6

六、衣食住行和风俗习惯

勐腊县蓝靛瑶与顶板瑶在衣食住行与风俗习惯方面，有着一定的差别。表现在服饰上，蓝靛瑶男子大多穿着对开襟的老式唐装，比较有特色的是喜戴上下一样宽的以蓝黑色与红色或者蓝黑色与白色相间的瓜皮帽。顶板瑶男子则头包绣花头帕，穿左大衽上衣，以及长到膝下的宽腿裤。蓝靛瑶少女顶戴镶有红边，缀以红璎珞的圆帽。成年后，选一个夜晚，由一位年龄较大的姑娘为她拔除眉毛，脱去圆帽，改包蓝黑色头帕，从此正式参加劳动和家务。她们的上衣前后襟都很长，前衣襟下端呈尖形，长约1.4米，尖端宽约0.34米；后衣襟呈长方形，长约1.47米，末端宽约0.56米。前后襟都挽起塞入腰带内，以免衣襟拖地。项下前胸挂有银扣，盛装时则有银项圈、银挂牌等等。而顶板瑶妇女除头上有与蓝靛瑶缠法不同的绣花长头帕以外，上身着对襟的蓝黑色上衣，领缘缝有用红绒线制成的蓬松的宽边，不戴项圈等银饰，下穿在裤腿前方绣满彩色图案的长裤，穿着时将上衣衣角稍为掀起，以显示长裤图案的全貌。据说她们过去也只是在裤脚端绣一截较宽的图案，这种在裤子的正面全部绣满图案的做法，还是从老挝的顶板瑶那里传回来的。

瑶族的房屋形式，随着村寨的迁徙与生活的改善，过去与现在相比有较大的改善。蓝靛瑶过去居住长方形草房，矮小而又黑暗。近来如在瑶区乡光明一队、四队新建房屋都已吸取傣族高架房、高屋顶的形式，屋的前方也有晾晒谷物的晒台。顶板瑶过去居住的是靠山坡而建的前半部有木柱撑起，后半部地基着地的房屋。现在如尚勇乡青松村则建成一排的平房，尽头一间稍大，作为厨房之用，土墙盖瓦，与原来传统形式不同。这两个支系的瑶族，由于吸收外来建筑形式的不同，在住房建设方面存在着一定的差异。

　　瑶族的饮食也有自己的特点。在瑶区，过去普遍禁吃狗肉，据说是由于曾因狗在尾巴上为瑶族粘去谷种，使他们能够开始种稻，所以留下了不吃狗肉的习俗。除此以外，他们还不吃水牛肉，因牛为瑶民犁田耙地，所以在它们老了以后，或者卖掉，或者任其病死。传统上是男子可以吃黄牛肉，而妇女则不吃。除了狗肉、水牛肉以外，瑶区瑶族还不吃母猪肉、老母鸡和老公鸡肉。这从饮食营养的观点来看，也是十分合乎科学的。勐腊县瑶族也制作酸菜，但一般是制成几天后就吃的，没有大坛小罐长期存放的酸菜。他们制作便于携带的腊肉，而没有酸鱼、酸肉，这些饮食习惯与瑶民的信仰及过去的游耕生活有着一定的关系。

　　瑶族比较重视自己姓氏的延续，蓝靛瑶与顶板瑶都有不同形式的简单家谱。在顶板瑶中，同一姓并不一定意味着就是同一祖先的血亲后代。据在尚勇乡的调查，那里的盘姓按所用的名字排辈不同，有下述三种不同的情况：一、岩底盘，指先来的居住在山坡的盘姓，有"生、财、文、金"四个字作为取名的排辈之用，如平河村盘姓瑶族即属此类。二、亦属岩底盘，但这一支盘姓传到某一代时，因只有一个独子，与邓姓的独女结婚，所以在后代的名字排辈上，除了前两个字保留盘姓原来的排辈外，后两个字却使用了邓姓的排辈，表示其中也有邓姓的根苗在内。其四个字的排辈是"文、金、富、进"。三、平地盘，据说刚来时曾在坝子居住，故称"平地盘"。在年末敬神祭鬼时，前两种岩底盘是舂粑粑来祭祀的，而后一种平地盘却用包粽子来祭祀的，在这一点习俗上存在着明显的不同。平地盘的字行排辈，因传述者已遗忘，故没有记录下来。

　　与此相似，顶板瑶的赵姓亦分大赵、中赵、小赵、龙赵四种。大赵的排辈用字为"金、富、万、元"。中赵的排辈用字为"进、文、贵、生、有"。其中有一代因兄弟俩为人凶恶，曾被同族人勒令将"进"字改为"中"字，已传有两三代，现又改回仍用"进"字。大赵、中赵都住在青松村，小赵主要住在回金的村，字辈不明。龙赵据说系从小赵中分出，中方境内只有二户，其余都在老挝，其排辈用字为"春、文、荣、进、有、龙"。

这里顶板瑶的邓姓，亦有烤邓（勒塘糠）与酸邓（勒塘水）之分。据说在祭盘王时，前者要拿肉条在火上烤一下，后者则要装入小竹筒，以示制作酸肉，至于其来历起源则已难于考查。烤邓的字行排辈没有搞清，酸邓的字行排辈为"富、生、文、进"四字。李姓有鱼李（雷瓢）之称，其字辈为"进、有、文、生、富、如"六字。由此可知，同一姓中，使用不同的排辈用字，反映出他们在该姓中的不同支派，以及此人在该支派中所属的第几世代。顶板瑶人一生，除了上学读书或成人后用字行排辈取的名字以外，还有幼年时的奶名和经过宗教活动"度戒"后取的法名。奶名一般用兄弟姐妹的排行相称，男的叫"特某"，女的称"妹某"，"某"即用其兄弟姐妹排行的数字。法名则根据度戒时挂灯的多少（即大搞还是小搞）而决定，挂三个灯的是小搞，法名称"法某"，妻称"某氏者"。挂七个灯的是大搞，法名称"某郎"，其妻则可称"某娘"。如一个叫赵富金的人度了戒，如果当时是小搞（只挂三个灯），他死后使用的法名是"赵法金"，并以此填入家先簿。其妻姓盘，就称作"盘氏者"。如果当时是大搞（挂了七个灯），那么起的法名就是"赵一郎"（或二郎、三郎，依兄弟排行而定）。其妻亦改称为"盘氏一娘"（或二娘、三娘，依其姐妹排行而定）。这个法名，生前不能使用，只供人们去世以后，在与鬼神交通时使用。

蓝靛瑶人一生，也有奶名、书名、法名之别。奶名即直接用排行称呼如盘四、盘五、赵大、赵二之类，由此而引起的问题是村中同名的人太多，因此又往往加上父亲或者是祖父的排行。如邓三老大，即排行第三的父亲生下的第一个孩子。黄六小龙即排行第六的父亲生下的最小的儿子等等。这些取名方法，很像父子连名，但实际上并不是父子连名。因为父名、祖父名（父亲或祖父的排行）在名字中并不是必须的一部分，其目的只是为了区别其他相同奶名的人而已。

蓝靛瑶语叫男孩大都名为"特蒙"、"特报"、"特崖"、"特沙"等等。长大后则另起单名，如"商"（金子，希望富裕之意）、"肠"（长，希望长命之意）、"搬"（矮，个子矮小之意）。女孩大都命名为"沙蹲"、"沙达姆"等等。有的姑娘名字，含义很美，如叫"沙欧姆"（像颜色不深又不浅的红色花朵一样之意）、"沙啦姆"（如颜色稍深一点的花一样）、"沙陶"（如桃子那样的美丽之意）、"糯"（额头稍鼓的小姑娘）、"岁"（希望今后能有一手好针线的姑娘）等等。在蓝靛瑶男子中，还有以身体特征，或做过的某一件大事来起名的习俗。李姓跛脚的父亲生下大儿子，就取名李跛脚老大。又如邓大老大，曾因1951年时去过普洱迎接中央访问团，因为他一生中有此大事，所以别人就叫他李普洱大老大等等。关于度戒后的法名，蓝靛瑶与顶板瑶不同。蓝靛瑶度戒讲究度师与度道（后详）的不同。如果是度师，则以"应、显、法、胜、院"的字辈排行取法名。度道则以"经、玄、道、云、妙"的字辈排行取法名。这些法名只有本人及亲人与师傅知道，终身保密，只有死后才能使用。

瑶族青年男女，都有对歌谈情的习俗。但婚姻要由父母主持，不仅要合双方的八字，也要取得父母的同意。蓝靛瑶青年在热恋的时候，女方往往啮男青年的小臂，使其破皮发脓留疤，以示刻骨铭心的爱恋。有的虽然婚事未成，但也留下了终身的怀念。结婚吋，女方都要收取聘礼，过去在蓝靛瑶中，聘礼少则银子30两，一般50两，也有要70两的。顶板瑶中多时也有要100两的，主要是为姑娘打制首饰之用。如果系男子到女家上门，可以少收。在顶板瑶中最多只要12两就够了。在蓝靛瑶中，经过合八字，父母同意，讲定聘礼后就算已经定亲，过一两个月或一两年可以择日成婚。男方选定日期写在红纸上，并封半开（银元）2元，带酒数碗，请媒人送往女方，女家则备酒饭招待，谓之"吃小酒"。婚日，男方要以媒人、妇女各一人，姑娘二名，男青年四人，伴同新郎到女家迎亲。到寨边后，由男方青年唱歌说明来意，女方加以诘问，经一个多小时，才许进入女家，杀猪备酒招待。全寨每户要去一人参加喝酒吃饭，叫做"吃大酒"。饭后，男方当众称银子交给女方，女方用一块银子奉祭家神，表示姑娘今后已成为男家的人，由男方家神管辖。男方在女家住三天，新郎、新娘不能同房，然后一起又回到男家，又杀猪请大酒一次，男女同房一夜，次日又去女方回门。然后再一同返回男方，从此长住夫家，只在逢年过节走亲戚时才回娘家。《镇越县志》（稿本）说，瑶族"离异之事，未之前闻"。情况的确如此，无论蓝靛瑶或顶板瑶都很少发生离婚之事。据说如果真的发生不能共同生活，亲友多次调解立辨认毁坏辨持离婚时，如系男方提出，则要归还衣服、首饰等嫁妆；如系女方提出，则要归还聘礼。但很多人说还未碰到过这样的事情。寡妇可以再嫁或招婿上门，但在蓝靛瑶中过去已开始出现受歧视的现象。在蓝靛瑶中，人死以后有火葬与土葬两种。按照习俗，死者已婚，并有子女的，死后由寨中的各户帮助砍柴，将尸体放入简单的棺木内烧化，然后将骨灰装入罐内，其余的则就地埋葬。骨灰罐要找风水较好的地方安葬。如果家庭作较远的搬迁时，则要将三代的骨灰罐带走，到新的地方再行安葬，以示祖先与儿孙在一起迁徙。骨灰罐的葬处一般不大，以土围盖一下，不让牛马践踏即可。如果死者未婚，没有后代，即行土葬，葬后也无人再管。

瑶族的生老病死，都有一定的习俗。因游耕生活经常迁徙的需要，他们对寻找住宅地基也有例行的仪式。在找到认为适宜的地基后，首先要用刀把在地上戳一个约三公分深的平地小洞，然后在底部呈三角形放谷粒三颗。盖以小石片，过半天或一天以后，打开石片观察，如三颗谷粒移动了位置，就表示此地不宜居住，需另外择地重新测试。否则就可以建房安居。在住屋建成后，第一次点火燃炉火，必须请道公（巫师）挑选日子，避凶趋吉，以求生活的平安兴旺。这一切都带有宗教信仰的色彩。

七、宗教信仰

无论是蓝靛瑶或顶板瑶的信仰，都与道教有着密切的关系，但是与自己原来的多神信仰结合在一起，所以形成了瑶族自己的具有特色的瑶传道教信仰。

根据在勐腊县瑶区乡的调查，那里的蓝靛瑶崇拜多种神祇，如家神、祖先崇拜。皇帝神，即天神，主管家庭经济收入。灵公神，也就是家神。婆王，主管创造天地。花根，保护婴孩。灶王，保护家庭平安，主管医药。土地神，管家畜安全。禾谷神，主管粮食生长丰收。境王，防止村寨的外邪侵入。山神，主管狩猎的得失……他们一般不建神庙，有时只以一块石头代山神或土地。据说1943年瑶民与攸乐（基诺）人共同起义时，曾建立过简单的小庙，供奉盘王，以求保护武装斗争的胜利。

在进行宗教活动时，一般都挂有祖传彩绘的神像，作者在瑶区乡看见的神像画轴，因烟熏火燎，已相当破烂，估计至少已是百年以上的旧物。其中两幅，上方各画一大神，骑花马；中二神，亦骑马，下方亦为骑马神两位至三位。另一幅，中间一行画神像七个，中间的一位则骑龙头马形之兽，怀疑就是传说中的龙犬，此神很可能就是盘王。两旁各画小神像十一行，每行有神像四个至五个，共计神像近100个。尤其值得注意的是在第八行与第九行神像之间，还画有兽头一行共计10个，观其形象，颇似狗头，将它排在神像中间，无疑是狗王崇拜。正中一行除了盘王像以外，还有六个男性神像，也正好象征盘王后代"六男六女"中的六个儿子，因此这是一幅反映崇祀盘王（槃瓠）祖先的十分重要的神像画。除此以外，还有道公作法时缚于额上神像十余幅，每幅后面都书有盘王、土地等神名，以象征这些神灵的降临神坛。关于瑶族神像画，法国学者勒莫瓦纳（Jacques Lomoine）教授根据在泰国瑶族中搜集的资料，著有《瑶族神像画》（《Yao ceremonial Paintings》）一书，做了专门的研究。我们在勐腊县瑶区发现的神像画，与书中的第233图比较接近，但画面寓意更为清晰、突出，并且不掺杂第233图上方画有的三位头上罩有神圣光圈的，疑是道教三清的三位尊者神祇。

在勐腊县瑶区（蓝靛瑶地区）宗教信仰中有道公与师公的区别，它决定成年度戒时是度道还是度师。一般来说，度道者在左，度师者在右，道比师略高一等。度戒时也是先度道，后度师。要将三串铜钱，围置于头上，然后向左右各转三圈，如果在此沉重的铜钱转动之下，没有引起出鼻血症状的，就认为可以度戒。

度戒一般在男子10多岁到20多岁时进行，在准备度戒前两三年，家中就要喂猪两三头，积蓄钱和供作酿酒之用的粮食。可以联合几个人一起度戒，但大都不超过5人。度戒由道公和师公带领，前者穿绿袍，后者着红袍，并请鼓手参加，连续举行七天活动。在这期间，参加度戒的男孩及师公、道公，只有吃一天两顿的素饭，没有油和肉，只有酸菜、豆腐和一小碗饭，并每天练习双手抱膝由上往下翻滚的动作，睡觉时也要采取这种姿势。在最后一天，于广场上成方形地打入四根木桩，称作"巫台"（也又叫"鹅台"的）。如果没有木桩，方桌面离地也有1.2—1.5米左右。然后在地面由众人拉紧一张藤网，网上置新棉被三床。度戒的男孩在台上等道、师公念经后，以两手五指交叉抱住膝盖，紧缩全身，由上往下翻身而下，落入藤网的棉被之上。如果落下后，双手依然抱膝，没有松开，就算度戒成功。如果双手松开，未保持原状，就认为这个孩子"不能成人，不是瑶族"，不仅要受到打骂责备，个别时候，甚至有因此而被杀的。度戒以后，此人就取有法名，在村中受到尊重，如果未经过度戒或者度戒未成的人，就会受到轻视，甚至没有姑娘愿意嫁他为妻。

度戒跳巫台的前后，还有各种复杂的仪式，象征着一个人从少年经过多种考验，才进入了成人的阶段。随着度道、度师的不同，他们再进一步学习，就可以成为能担负从事宗教活动的道公和师公。一般来说，道公不能杀猪宰鸡或从事杀生的事，而师公却可以杀生。人死以后，必须请道公为之开路，并堵塞鬼魂再返家捣乱的后路。瑶区的老人说，道公一般主内，管对祖先、家神的祈祷、度戒，培养宗教人才，引路送鬼、安葬等等。而师公一般主外，管对河神、山神、雷神的信仰，负责求雨、治病、防虫、防邪扫寨、保护生产、防止狩猎误伤等等。在有些活动中，实行先道后师的原则，如劳动中有人不幸被刀砍伤，先要由在场的道公作法医治，如不灵验，再请师公医治。道公与师公所用的经咒典籍，也有不同的部分。如道公主要用《坛满科》、《安龙科》、《闸造科》、《求花科》等经书，而师公主要用《开山科》、《帝母科》、《鬼脚科》、《救患科》，《天绕科》等典籍。关于此地的师公、道公之间的差异，以及他们与道教教派的关系，是一个需要深入研究的课题。

在过去，瑶区瑶族还有一种叫"放五海"的恐惧迷信，认为有的人能够养一种鬼，设法害人，叫做"放五海"。这是一种类似其他地区的所谓"放蛊"的说法。当被高烧病人在谵语中指定某人放五海，或被上层或仇人勾结陷害为能放五海的人，都要遭到受孤立或被逐出寨的处罚。有的甚至会引起举寨人的迁逃，以求摆脱放五海的纠缠。现在经过科学的宣传教育以及医药卫生的普及，已杜绝了这种流传放五海说法的现象。

八、勐腊瑶族的新发展

　　1950年初，在政府的粮食、衣服、锄头、刀、牛的救济下，开展了生产自救。1953年建立了版纳一级的瑶族自治区。1954年开展瑶族地区的社会调查，确定勐腊县瑶族社会"处于氏族公社末期及封建社会萌芽期，土地属外地其他民族封建领主山主所占有。瑶族内部土地私有，租佃关系都还没有形成"。因此报请省人民政府批准，在这里的瑶族中不进行土地改革，而采取向社会主义直接过渡的特殊政策。1957年在经过几年开展变工互助的基础上发展了农业生产互助组，并重点试办了农业生产合作社。1958年大多数瑶族村寨都办起了合作社，以后历经公社化、大跃进等变化。自"拨乱反正"以来，这里实现了耕地承包到户，大牲畜折价归户，建立了联产承包责任制。由于瑶族地区生产水平低，生活还比较贫困，所以在全县68个瑶族村寨中，有43个村寨全部免交公粮，免征购合同粮，不认购国库券，而且还有入学、看病、看电影和牲畜预防注射的"四免费"。在1985年，县政府又组织山区工作队，长期驻居洛德、满山等乡工作。在6个乡里面花10万元人民币帮助瑶民修沟开田、买牛，放养紫胶，进行定耕定居。扶植瑶族地区发展生产，改善生活。

　　经过多年来的工作，勐腊县的瑶族中已培养了一批中级干部，开办了中学和多所小学，据1987年统计，办学村的儿童入学率达到了62.17%；在有瑶族分布的10个圩镇中，极大部分已建立了卫生院，有的乡正在办卫生所，部分瑶族村中配备了不脱产的卫生员；有15个瑶族村通了公路，4个村用上了自来水，3个村有了电灯；有21个商业购销点在瑶族地区开展购销活动；在68个村中有66个村开垦了农田，其中26个村达到人均一亩的标准，20个村人均0.5—1亩田，19个村人均0.1—0.5亩田，只有象滚塘、红毛树二村还没有田；由于农田的开垦，使这里的瑶族逐渐由游耕改变为定耕，已有41个村寨开始定居，有25个村寨在划定的范围内轮耕轮作，朝着定耕定居发展，改变了过去的那种"人跟地转，地跟山转，桃树开花，瑶族搬家"的状况。

除此以外，勐腊县瑶族的多种经营也开始有所发展，到1986年，瑶族的68个村寨1715户中，共养猪15999头，达到户均养猪9.32头，人均1.47头。共养水牛、黄牛8241头，户均1.8头，人均0.76头。有半数瑶族村寨实现了一人一亩田、一头猪、一头牛。部分村寨开始种茶，种橡树、砂仁、水果等等，还利用野生树木大量放养紫胶，广阔开辟生产经营部门。其中经营好的，已经开始有了收益。如勐蚌区光明村徐庭周1978年总收入1100元，其中卖砂仁一项就占了791元。以后随着多种经营事业发展，商品流通的加速，这里的瑶山将在畜牧业、养殖、林副生产等方面获得更高的经济效益，为社会提供产品，使自己摆脱贫困，走上一条文明的致富大道。中国最西南角上的瑶族，将与其他各地瑶族一样，最终都能过上幸福的生活。

本文与黄修义合作，载《日本圣德学园岐阜教育大学纪要》，第35集，1998年。

《新田瑶族志》序

新田县位于湘南腹地，原来是宁远县的一部分，称新田堡。据《明史·地理志》载：崇祯十二年（1639）才开始单独置县，属永州府所辖。它的西北有舂陵山，历史上以此山与宁远县为界。山中流出的舂陵水，据记载说是"流入常宁县，汇入湘水（湘江）"，实际上却是先东南流向桂阳，与兰山、嘉禾的水流相汇合，称作舂水，然后再北流，到常宁县汇入湘江。新田置县虽然才 300 多年，但宁远县的历史却十分悠久。自宋乾德三年（965 年）改延喜县为宁远县以来，已有 1000 年以上的时间。再往上推还有过唐兴县、延唐县、延昌县等名称。而瑶族人民居住在新田、宁远的时间，从史籍记载看来，却更为久远。早在秦代建立的长沙郡，其辖境包括今整个湖南省的东南部和江西省西北角及广西全州、广东连县一带。新田就在此境内。西汉高帝五年（公元前 202）曾于此建长沙国，东汉复改为郡。这个地域的居民，也就是《后汉书》卷 116 所载的"长沙、武陵蛮"居地。汉文帝元年（179）南越国王赵佗在致书文帝时曾称："（南粤）东有闽粤，其众数千，亦称王，西北有长沙，其半蛮夷，亦称王。老夫故敢妄称帝号，聊以自娱。"（《汉书》卷 95，南粤传）表明汉代长沙国居民中"蛮夷"尚占一半以上。《隋书·地理志》载："长沙郡又杂有夷蜒，名曰莫徭……武陵、巴陵、零陵、桂阳、澧阳、衡山、熙平皆同焉。"可见包括新田县在内的长沙郡少数民族居民到 6 世纪时，已不是一般的称作"蛮夷"，而有了"莫徭"的名称。《宋史·蛮夷传》指出这一地区"环行千里，蛮夷居其中，不事赋役，谓之瑶人"。明确地表明这里的

"莫徭"已正式有了"瑶"的族名。整个湘南少数民族的名称经历了：长沙、武陵蛮—蛮夷—莫徭—瑶的变化，在这一地区里的新田县少数民族居民情况，也是完全与此一致的。

新田县的瑶族，现在已不多，还不到8000人左右，仅占全县人口的2.2%，而且在这一带也很难找到有上百年历史的村寨。这和他们长期以来从事游耕生活与不断地和当地汉族密切接触、互相交流、融合同化有着重要的关系。瑶族历史上著名的民族英雄赵金龙，最早居住新田县，因其为过山瑶人，有着过山耕作的习惯，才由新田迁去兰山、江华，最后在江华县发动起义。《平瑶述略》载："赵金陇（龙）者，湖南过山瑶，先由新田、兰山迁居江华县锦田之大陇"，就说明了这样的情况。现代的有些著作，因赵金龙于江华首倡起义，就把他遽尔肯定为江华县人，无疑是不妥当的。当时除了赵金龙以外，新田县还同时出现了赵文凤等民族起义首领，表明新田县瑶族在民族反抗斗争史中，曾占有光荣的篇章。据当时的湖广总督庐坤与湖北提督罗思举在上奏朝廷的镇压起义后的9条善后事宜的奏章中，反映了当地情况说："府属之宁远、新田二县及接壤桂阳州属之兰山县，毗连粤界，亦属瑶户众多。相距江华驻扎之理瑶同知均在二百里外，势难兼顾。"因此建议"将永州府通判移驻，改为边疆要缺"。"其通判关防，添注理瑶二字"（《平瑶述略》）。成立永州府理瑶通判以加强对新田等县瑶族的控制。说明新田县到19世纪30年代还是一个"瑶户众多"的地方，过山瑶的特点是"漫无约束"，"由此迁彼，种山佣趁，往来无定"（《平瑶述略》）。他们在大起义之后，被迫外逃，搬迁到生活条件较好、王朝统治较为薄弱的地区，是一件很自然的事情。而留下来的部分瑶民则与当地汉族逐渐同化。这100多年来，也就是从19世纪30年代到20世纪30或40年代为止的这一段时间里，新田瑶族人口的下降，和他们的四处搬迁与融合同化这二者是分不开的。

尽管现在新田县瑶族人口不是很多，但是从其所处的地理、历史与变迁等情况来看，在瑶族研究中还占有着重要的地位。新田瑶族主要居住在县的北部山区、门楼下一带，他们的山区经济特点，保留的服饰、婚姻、丧葬、节日、习俗都有着深厚的历史渊源与丰富积累，结合这里的山区开发，繁荣兴旺，进行深入的挖掘、整理，一定会有新的重要的发现，成为湘南瑶族研究的宝库之一。

唐发武、赵子旺同志对湘南的瑶族，尤其是新田的瑶族有多年的研究，并搜集了大量资料。我曾在（湖南）《民族论坛》（1988）上读过他们的《试论零陵地区瑶山乡镇企业的改革》论文，对他们关心瑶族山区发展，研究瑶族经济趋向的工作是十分欣赏的。现在他们又通过自己的艰苦劳动，与各方面人士协作，终于出版了这本新田历史上首创的瑶族志，对此我觉得十分高兴。它资料丰富、脉络清楚、叙述全面、语言生动，既是关于新田瑶族的基础读物，又是新田瑶族研究的新起点。故在《新田瑶族志》出版的时候，爰志数语，以示祝贺。

法兰西瑶族

1992年6月，我在结束了日本国立金泽大学的教学和研究工作以后，应法国科学研究中心（Centra National De La Recherche Scientifique）的华南和印度支那研究所（Centrald'Anthropologie de la Chine du Sudet de la P'eninsule Indochinoise）所长勒穆瓦那（Dr. Jacques Lomoine）博士的邀请，从7月10日至9月6日，到法国各地访问了居住在那里的瑶族，对他们各方面情况进行了调查，并就法国（France）瑶族（Yao or Mien）的情况与中国的瑶族进行了比较，现将研究结果初步报告如下。

一

法兰西共和国位于欧洲的西部，整个国家的版图呈六边形图案，所以又有"六边形国家"之称。它的总面积为551008平方公里，总人口约5596000人。法国是一个多民族的国家，主体民族法兰西人（Frerach）约占全国人口的83%。此外有阿尔萨斯人（Alsatians，占全国人口2.7%）；布列塔尼人（Bretons，占全国人口2%）；科西嘉人（Corsicans，占全国人口0.5%）；佛拉芒人（Hamads，约25万人）；加泰隆人（Catalonians，约25万人）；巴斯克人（Basques，15万人）等等。此外，还有摩洛哥人（Morocans）、班图人（Bautu）、塔希堤人（Tahitians）、巴勒斯坦人（Palastinians）、阿尔及利亚人（Algerians），以及原来居住亚洲的越南人（Vietnamese）、老挝人（Laosiatns）、柬埔寨人（Combodians）和来自中国的华侨。居住在法国的瑶族，几乎全部是来自老挝的难民,他们从20世纪70年代中期开始,从东南亚的泰国难民营陆续移民法国,到80年代初期为止,共迁居到法国100多户,680多人。到本文作者调查时为止,他们居住在法国才有10年左右的历史。与法国的其他民族相比较,居住在法国的瑶族具有下列特点:

一、人数不多。居住在法国的瑶族是一个人数很小的群体,根据本文作者逐地逐户的调查统计,法国瑶族在各地的分布、户数、人数可以列表如下:

城　镇　地　名		瑶　族	
		户数	人数
Toulouse	图卢兹市	55	331
Avignon	阿维尼翁	18	94
Foix	富瓦	6	52
Lyon	里昂	8	49
Bordeaux	波尔多	7	48
Beziers	贝济埃	5	32
Perigueux	贝利求	3	23
Troyes	特鲁瓦	5	21
Ceret	雪利	4	20
Boulou	博鲁	2	8
Bourges	布尔日	1	5
Malesherbes	默伦夏	1	3
合　　计		115	686

由此可见,从拥有559万多人的法国来说,只有680多人的瑶族,只是一个人数微不足道的群体。但是,从一滴水可以看世界;观察一片树叶,能够了解整棵大树。因此研究法国瑶族这个人数很少的群体,对于了解近几十年来作为难民移居到经济先进的国家后,他们如何适应新的生活条件?怎样在现代化的环境中

保持自己的传统文化？在新的环境中年老一辈与年轻一代在观念与习俗等方面有些什么冲突、矛盾与如何调和？以及在四周都是不同文化的异民族人群包围下，瑶族与其他民族的互相影响和吸收等等一系列问题，都可以通过微型的解剖，作为宏观的借鉴。我们绝不可以因人数的多少，而轻视这种微型的调查研究。

二、法国瑶族移居到法国的时间不长，他们从经济落后的东南亚来到发达的欧洲，才仅有十几年的时间，有的家庭还不到10年。与居住在法国的各民族比较，其移居的历史十分短促。但是它的好处是，可以了解到他们原来保持的浓厚的传统文化，更容易鲜明地看出他们所接受的新事物的影响，东方文明与西方文明的反差，在法国瑶族中体现得更为鲜明。它不失为进行这方面研究的一个优越条件。移居历史较长远，是一种值得研究的类型。移居历史较短，也是另一种值得研究的类型。从近代世界范围内移居的速度和人数的增加，这种类型的研究，更具有实际的意义。

三、法国瑶民刚从泰国难民营迁来时，开始时大多安置在巴黎的附近。但是后来他们逐渐发现法国南部的气候更接近于他们原来居住的东南亚气候，所以逐渐向法国南部迁移，慢慢定居在图卢兹市等地。形成了一个以图卢兹、阿维尼翁等城市为主的居住地。由于法国现代化交通的发达，法国瑶族家庭几乎都拥有一两辆汽车，因此他们之间的日常交往，以汽车为主要工具与过去在老挝时翻山越岭、步行挑担要方便得多。因此尽管在实际距离上也许比原来的在东南亚各山村之间的距离要遥远得多，但在平时联系上，除了汽车，还有电话可以通话，所以比起原来在东南亚时还要密切得多、容易得多。

四、在法国瑶族居住的各城镇中，他们居住得比较集中。所以，居住在同一城镇中的瑶族似乎有过去那种几乎居住在同一农村中的感觉。这是因为：（1）法国政府在他们迁居到该城市后，于分配居住的公房时，往往将来自东南亚的难民分配在一起，同住于附近的几幢楼房之中。这样就自然的形成了他们居住的相对集中。（2）他们在自己有了积蓄，并得到贷款，准备筹建自己的居屋时，往往互相联系、共同购买价格较廉的远郊区荒地，先后将自己的住房建在一起。这样也形成了他们在居住上比较集中的聚落。法国瑶族居住的相对集中，对他们之间的互助、通婚、保持传统文化和语言、共同进行节日和宗教活动，在四周都是人数众多的异民族的环境，增强团结，保护自己，都有很大的好处。法国瑶族这种居住上的相对集中，对他们不致淹没在异民族的汪洋大海之中，带有十分重要的意义。

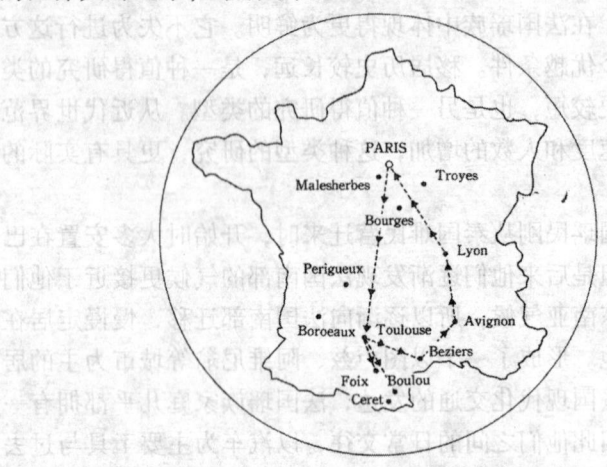

法国瑶族分布点（·）和作者的调查路线（--→）示意图

五、法国瑶族原来都为居住在老挝的居民，因老挝战争的原因逃跑到泰国成为难民。在泰国难民营中，不少瑶族难民被移民到美国，居住在俄勒冈州、加利福尼亚州等地。迁居来到法国的难民尽管迁居时间有先后，姓氏也互不相同，但经过深入调查研究之后，发现他们之间大都有着一定的亲属关系。东方人重视因血统与婚姻所结成的各种亲属关系，有的亲属关系可以追索得十分遥远。亲属关系之间密切互助、互通信息、来往联系、彼此关心，是东方民族人际关系的一个重要特点。法国瑶族之间大多有着亲属关系的特点，也是研究中所不能忽视的问题。这一方面反映了他们文化的同一性，另一方面也有利于对他们在经济、生活上发生分化时进行比较。

本文作者在法国瑶族的调查中，从巴黎出发，走了一条巴黎—图卢兹—富瓦—图卢兹—贝济埃—图卢兹—贝利求—阿维浓—里昂—巴黎的路线。先后到占法国瑶族80%以上居住的城镇。除了在图卢兹市，居住在法国瑶族协会主席李高保家中外，在各城镇中都居住在瑶族群众家中，受到他们热情而温馨的接待。被请到各个家庭中参加他们的宴请，又得到了他们供给的大量材料，使我直到现在还记忆尚新，永志不忘。

需要说明的是，根据我的调查，在整个欧洲，瑶族主要集中居住在法国。此外在欧洲的其他国家里，只在比利时（Belgium）、瑞士（Switzerland）和丹麦（Denmark）各居住有瑶族一户，一共还不到20人。因此可以说，居住在法国的瑶族占欧洲瑶族的极大部分，调查研究了法兰西瑶族也就基本上了解了欧洲瑶族的情况。但是，这些居住在比利时、瑞士、丹麦的单家独户的瑶族，在他们与当地居民的交往和严重影响下，将会有更多的变化和新的特色，尽管这只是一些个别的例子，但却是不能忽视的另一种类型。

二

瑶族是一个内部存在着不同支系的多元一体的民族，其中讲勉语的瑶族约占整个瑶族人口的50%以上。勉语属苗瑶语族的瑶语支。此外，还有讲属于苗瑶语族苗语支布努话的瑶族支系

(背篓瑶），还有讲属于壮侗语族拉珈话的瑶族支系（茶山瑶）等等。即使是讲勉语的瑶族支系内部，因为他们在方言、服饰等方面有所区别，因此又有盘瑶（自称"勉"，又叫过山瑶）、大板瑶（自称"董本优"）、东山瑶（自称"标敏"）、蓝靛瑶（自称"金门"）等等的不同称呼。值得指出的是现在已知的中国以外，东南亚各国的瑶族绝大部分属讲勉话的支系中，称作"盘瑶"的这一部分人。盘瑶又称盘古瑶、过山瑶，以信仰始祖盘护，即中国古代史书中的"槃瓠"为其特征，有着自己独特的传统文化——槃瓠文化。他们长期以来居住山区，从事刀耕火种的游耕生活。以山地农业为主，兼及狩猎、采集、竹器编织等副业。他们一方面为了追求更适合刀耕火种的山地，另一方面也由于中原地区封建王朝的压迫，自湖南、广东等地逐步向西南方向移动，最后越过国界，来到越南、老挝、泰国等国的山地，成为一个跨居多国的跨境民族。据不完全统计，现在中国有包括各个支系的瑶族220多万人，越南有瑶族约40万人，泰国有瑶族约3.4万多人，老挝瑶族原来没有准确的统计，因战争而为难民流入泰国的瑶族不少，因此老挝瑶族人数有了下降，此外在缅甸也有少量瑶族居住。作为难民到美国的瑶民有1万多人，因人口自然增长的结果，最近美国瑶族人口可能比此数有所增加。

法国瑶族系来自泰国的老挝难民，所以他们显然也是属于讲勉语的盘瑶的一部分。他们讲的也是属于瑶语支的勉语，但是据本文作者调查的结果，发现他们使用的勉语与中国瑶族的勉语已有了细小的差别，例如在数词方面，有的已借用了老挝语的数词；有的新词除了自己创制的以外，也开始借用了少量的法语或英语。以"飞机"一词为例，中国瑶族勉语借用了汉语发音，称"fei chi"（飞机）。而法国瑶族则自创新词，称之为"tsie daːi"（"车飞"，意思是"会飞的车"，即"飞机"）。"电话"一词在中国瑶族勉语中，借用汉语称作"Dian wa"（电话），而法国瑶族则使用了西方语言通用的"Telephone"。在东方语言中夹入了西方的新词。

作为盘瑶一部分的法国瑶族，共有盘、赵、李、邓、陈、祝、冯等姓。其中以赵姓为最多，占法国瑶族总户数的50%以上。李姓次之，占总户数的20%。盘姓为第三位，占总户数的17%。邓姓约占10%。以上四姓都在著名的"盘瑶十二姓"之内。其余祝、陈、冯等姓都不多。祝姓四户为兄弟关系，实际上是一家。陈、冯二姓只有一一户。他们因与赵、李等姓有亲属关系而随之迁来的。只有祝姓在瑶族中十分少见。开始调查时，他们也认为自己的父亲原来可能是汉族，因与瑶族母亲结婚而融合到瑶族之内。但从祝氏家先簿来看，他们的祖先（太公）都曾经按瑶传道教的仪规度过戒，并在度戒后，使用了"阴名"，以"法"字排辈分取名，完全说明他们在很多代以前就已经是瑶族了，有关资料将见后述。

瑶族是一个十分重视自己历史的民族。他们除了珍藏自己传统民间文献《过山榜》（又称《评皇券牒》、《盘古圣皇榜文券牒》）以外，各个姓氏又有自己的"家先簿"（又称"祖图"），上面罗列各代祖先的宗教法名与死后葬地，并且每代都予以增补。各兄弟又分别抄写保存，因此根据祖先葬地可以清楚地看出他们的迁徙过程。由于《过山榜》原来就比较稀少，而法国瑶族在从老挝原居地仓皇出逃时，有的遗忘于原来家中，有的丢失在搬迁路上。所以现在保存古老抄本的已经很少，只有少数人家有一些近代的抄本。而各姓的"家先簿"，由于原来的篇幅不大，抄写较易，原来每户保存比较普遍，所以现在法国瑶族中还能看到一些。

从法国瑶族家中保存的"家先簿"来看，可见他们的祖先原来都居住在中国，后来才从广西或云南出境，经越南或老挝，最后从泰国来到法国。这是法国瑶族历史上最重要的文字文献，它虽然记载简略,并有错讹之字,但仍不失为关于法国瑶族的重要历史文物。

现住 Foix 的冯承己老人,过去曾上门到盘姓家,因此他还保留有《盘姓宗支簿》(即"家先簿"、"祖图")抄本一册。其中载有:"前代老太公出在南京海岸,寅卯二年天地大旱;三年官仓无米,水底无鱼;十二姓瑶民子孙慌乱,漂湖过海,来到坐落广东道韶州府乐昌县荒田坪开号。老太公阳号盘安漤,阴号盘法前,同妻赵妹叁,生下男子四个,取阳号盘富清、富官、富元、富周。四个兄弟长大去了,踏上湖广道宁远县,至踏下柳州六县山头……"其中所述祖居之地"广东道韶州府乐昌县"是东南亚盘瑶的普遍说法。法国瑶民的宗支簿系从老挝带来欧洲,所以也普遍认为自己的祖居之地就在广东道韶州府的乐昌县。值得注意的是直到现在为止,乐昌县附近一带仍是瑶族聚居之地,紧靠乐昌县之旁,就建立有一个乳源瑶族自治县。

该《盘氏宗支簿》还指出,盘姓始祖盘护一郎与妻邓氏四娘就安葬在"湖广道白司两州"的"上茶原坪"。第二代祖先盘授二郎安葬在湖广道东安县的大竹坪。第三代祖先盘林一郎安葬在广西道司(思)恩县。第四代祖先盘安二郎坟墓不详。第五代祖先盘保五郎则已葬到云南道开花(化)府的新县理地征冲。第六代祖先盘位一郎安葬于云南道临安府的把烈冲。第七代祖先盘陛二郎安葬在云南道开化府东安理(里)的平落半冲。第八代祖先有兄弟四人,其中盘科二郎安葬在猛垃(龙)府猛凹显管入念努河头。第九代祖先盘法龙安葬猛龙府管上猛乃涧、管入念璟河头大竹坪。第十代祖先盘法珠、盘法之、盘法承三人分别葬在"猛赖州猛蚌洞管入小盐堂岭头平(坪)"、"猛龙府管上猛乃洞、管入念湿河头岑岭"和"永珍猛衷南江地方"。第十一代祖先盘法金葬在永珍道大猛咙府管上小猛咙唸他洞管入南华河头冲太阳寨。第十二代祖先盘法垯葬在永珍道琶萌府管上猛咙唸他洞管入南华河头冲太阳寨。从盘氏十二代祖先安葬的坟墓所在地可以很清楚看出这一支盘氏瑶人的迁居轨迹，从湖广道白司两州（？）→湖广道东安县→广西道思恩县→？→云南道开化府→云南道临安府→云南道开化府→猛垅府→猛赖州→永珍道大猛咙府→永珍道琶萌府……他们无疑是从湖广道出发，经广西、云南，然后才进入老挝的。在十二代的时间里，经历了一场漫长的迁居生活。据冯承己老人告知，第十二代祖先盘法岉的葬地南华河在寮国（老挝）境内，所谓"太阳寨"并不是某一村寨的专门名称，而指的是一块建立在太阳整天都能照到的平地上的村寨。它与四周都有山树围住的"龙围寨"在环境上是有所不同。

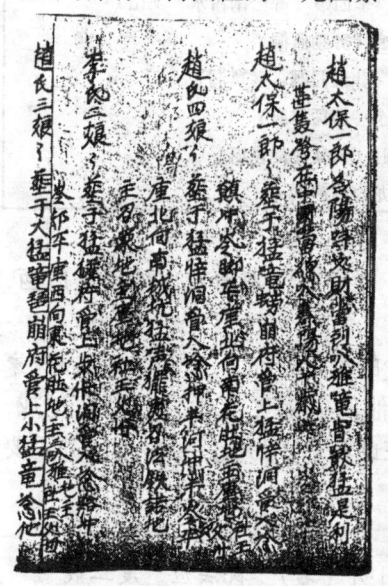

赵富贵所载《赵氏祖图》

除了《盘氏宗支簿》所述，祖先从中国迁来以外，其他各姓的《祖图》所述，大致与此相似。再以赵富贵所藏《赵氏祖图》所载的材料为例，赵姓十二代祖先的姓名及葬地可以整理成为下表，更明显地看出其迁居路线与情况：

赵姓十二代祖先葬地情况表

世代	祖先姓名（夫、妻）　　　（葬地）
1	赵如志┬? （葬广西）
2	赵富胜┬赵一娘（葬广西平乐）
3	赵承县┬盘二娘（葬广西平乐）
4	赵贵奉┬赵二娘、冯四娘（葬广西天河县、永福县、容城县）
5	赵文陞┬郑一娘、盘二娘、冯三娘（葬云南临安府勐赖）
6	赵如府┬盘二娘（葬利京道开化府）
7	赵富理┬冯五娘、李四娘（葬云南占水、文山）
8	赵有珠┬赵二娘（葬勐假洞）
9	赵一娘┬赵德官（葬猛假洞、猛莫洞）
10	赵一娘、赵三娘┬赵贵连（葬猛摊府）
11	赵三娘、李二娘、赵四娘┬赵文财（葬猛龙崩琶府）
12	赵如仪┬赵如银（葬大猛龙府猛声洞）

从以上赵姓历代祖先葬地，也可以清晰地看出他们从广西，经云南，到老挝的迁徙情况。

前面曾提到瑶族中很为稀少的祝姓情况，从保存在祝通珠家中的《祝氏祖图》可以看出。他们的祖先（太公）都度过戒，取有阴名，并作了记载，值得在此转录作为研究祝姓瑶人的重要资料。

《祝氏祖图》所载：

太公阳明（名）　祝凤堂　　　阴明（名）　祝法应　度二戒
　　阳明（名）　祝如福　　　阴明（名）　祝法林　也世度二戒
　　阳明（名）　祝得(德)会　阴明（名）　祝法添　卦三抬
　　阳明（名）　祝通进　　　阴明（名）　祝法念　卦三台
　　阳明（名）　祝明福　　　阴明（名）　祝法灵　卦三台

根据该抄本所述，可以知道这五位太公的坟墓葬地分别如下：

1. 祝法应　葬于广西道龙胜府叭咱冲
（妻，赵妹仙　葬于广西道龙胜府同罗冲）
2. 祝法林　葬于（？）慢担平安庙
（妻，黄妹德　葬于安平府高罗冲）
3. 祝法添　葬于猛东洞南本冲
（妻，祝氏者　葬于南本冲）
4. 祝法念　（缺）
5. 祝法灵　葬于念西泣（拉）冲河头太阳寨
（妻，盘氏者　葬于猛悖（新）念西泣（拉）冲河头太阳寨）

祝姓这一支瑶人，在五代以内，就从广西龙胜，经云南，迁到老挝。可见他们游耕生活的频繁，经常处于搬迁的情况之中。从以上资料可以看出，法国瑶族的祖先原来都居住中国的湖南、广东、广西一带，后来才经云南来到老挝山区，其迁居历史一般都不超过几代，估计100年左右。

至于他们如何从老挝经泰国难民营来到法国，本文拟就调查法国瑶族协会会长李富官的口述材料，作为一个典型的例证来予以说明。李富官，小名李高保，法名李法纯。在老挝不能只用"李"姓，所以改"李"姓为"姓李Vong"，即"Sinhlyvong"，全家都以此为姓。来到法国以后，李富官按法国习惯，又为自己取了法国名字Jean Roland。作为法国瑶族的李富官，有中文姓名，又有按瑶族习惯的小名与法名。另外还留下了在老挝时使用的寮国式姓名（Sinhlyvong 高保），来法国后又有法国的姓名(Sinhlyvong Jean Roland)。一人兼有多种姓名，如不经详细调查，是很难理解的。

李富官说：我在1955年5月1日出生于寮国（Laos）的

法国瑶族协会会长李富官一家

Houakkong 省 Muang Sing（猛醒）县的大房寨。这个寨住有赵、李二姓瑶族，以李富安的父亲为寨主。Muang Sing 县附近有高山，海拔 2058 米，我们的村寨就在山区之中。我 8 岁时，全家搬到南粳。那时南粳已有上千家的摆夷居住。我们搬去以后，另成一村，叫做"新南粳"，住的是瑶族和汉族。而原来摆夷人住的南粳称之为"旧南粳"。搬到南粳时，我已 8 岁，开始上学，读的是老挝文。老师是黑摆夷人。一共学了 8 年。到 16 岁时候，小学毕业，当时我父亲在村子里给法国人当兵，认得一个老挝人医官，他看我能够读书，但没有钱上中学，于是这个医官就带我到南方的 Vientiane，在那里又读了一年小学，才进师范学校（中等专科学校）上学。三年毕业后，出来教学实习。第四年才教了一半书，回南粳老家后就无法再出来。1975 年 6 月，因为在原来村庄无法居住，才匆匆来到湄公河边，在黑夜里偷渡过河，入居难民营中。在难民营里，我白天教书，晚上当医官，挣一些钱维持生活。记得当时做医官每月可得泰币200铢。后来难民营中的难民要分配到美国和法国等国家去居住，我本来想去美国，但是因为我懂得一点法语，母亲也想到法国来，于是就在1978年3月23日乘法国航空公司的飞机来到巴黎。记得当时是法航曼谷—巴黎的航线。先对外售票，等到有空位时，就通知难民营，将要来法国的难民几家搭配起来，正好补足法航飞机上的空位，就一起来了。记得我们来时，一共有四五家难民。3月份在曼谷登机时，天气已经比较热，我们只穿了一条短裤。但到巴黎机场，那里的寒冷尚未退去，我们难民不管老小，都在机舱门口瑟瑟发抖。幸亏法航飞机上的空中小姐大发善心，送给每人一条机上乘客盖的毛毯，我们才披着毯子下了飞机。这说明作为难民刚来法国时十分狼狈的景象。

到法国以后，我们先集中居住在巴黎附近的一个叫Créteil的难民营里，由营里集中供给伙食。早晨是咖啡、牛奶、面包，中午和晚上是奶酪煮饭，半生不熟的，我们东南亚来的难民根本吃不惯，剩下的只能喂狗。幸亏有亲戚先来，是妻子祝称财的叔叔祝通春。他给了我们50法郎，才能自己买点菜煮来吃。两个星期以后，营里发米和给每人50法郎，我们全家5人得250法郎，才能改善一点生活。有的难民住了15天就搬出去。我想去亲戚那里，所以一直住了28天。听说以后不再发钱了。250法郎只买了一口锅、5个碗，再加上其他一些东西，就花得差不多了。于是只好听从分配，在到法国的第29天，又来到西边的Foyer Des 4 Soleils（四个太阳之家）。每天学习4个小时法语（上午男子学习，下午妇女学习）。每两个星期，我家5人发给2400法郎，另有2600法郎由营里代管，要到出营时才能发给。我入营两个月后，因我过去念书时会修钟表，所以找了一个修理缝纫机的工作，每月可收入 1800 法郎。因在营里受主管人的歧视，所以我们住了 6 个月就搬出来了。出来时共得发 15000 法郎，买衣服、棉被和日常用品。又得补助 10000 法郎，置办了冰箱、洗衣机等等。就这样，李富官开始在法国安下了家。现在他已有了自己的住宅，长方形的平房建筑。房前屋后都有较宽敞的草坪。先后购得小卧车二辆、摩托车一辆。家中的电器设备基本齐全，已经过上了心满意足的生活。与他刚到巴黎机场时贫困景象相比较，真是有了翻天覆地的变化。

居住在法国的 100 多户瑶族，他们自东南亚来到欧洲的情况基本上与李富官的相类似。从他们的祖先开始，在刀耕火种的游耕生活里，不断迁徙，自华南而东南亚，由东南亚到法兰西，经历了千辛万苦，遭遇冻馁与恐慌，终于在欧洲定居。今后值得研究的是，他们如何在现代社会中保持自己的传统文化？怎样协调新老两代人在当代社会中观念与生活的冲突和调和？对周围民族，将引起什么样的变化？法国瑶族这一人数很少的群体今后将走向何方？

当代世界由于交通工具和通讯手段的发达，国际移民是经常的事情。在各种移民中，因各种原因造成的难民移居是其中很大的一部分。难民是由于自然灾害、人为动乱、苛政压迫和局部战争等原因所造成的流离失所、缺衣少食、生活困苦、有家难归的流民。他们是当代人类中过着最悲惨生活的一部分。早在 1951 年，联合国就已成立难民高等事务官办公室（UNHCR），借以调查和协调对世界各地难民的救援工作。由于一些国家的救助，有相当一部分难民被作为移民迁居到比较发达的国家，在异国他乡中开始了新的生活。据 UNHCR 调查统计，到 1989 年 12 月 31 日止，迁入世界各国的难民移民人数如下：

迁居世界各国（地区）的难民人数统计

国　　名	迁入难民人数	国　　名	迁入难民人数
美国（America）	735249 人	瑞士（Switzerland）	8360 人
加拿大（Canada）	128228 人	荷兰（Netherlands）	7007 人
澳大利亚（Australia）	123252 人	挪威（Norway）	6472 人
法国（France）	109371 人	日本（Japan）	6268 人
西德（Germany）	23932 人	比利时（Belgium）	4555 人
英国（United Kingdom）	18140 人	丹麦（Denmark）	4149 人
香港（Hong Kong）	9820 人	瑞典（Sweden）	3690 人
新西兰（New Zealand）	9042 人	意大利（Italy）	3063 人

　　从上述统计可以知道，现在已有 120 多万难民分居在 10 多个比较发达的国家里。他们的生计和命运，自然会引起世界各国人民，尤其是社会学家和民族学家（文化人类学）的关注。法国瑶族就是移民法国的 10 万以上难民的一小部分。根据作者的调查，他们除了接受有关的津贴补助以外，大部分都在工厂中从事铸造、电焊、制造电池、电线、铁床、油漆、包装、塑料印字、电脑装配，以及缝制成衣、收集垃圾、清扫卫生和在食堂、饭店担任服务工作等等。据对 Toulouse 市 50 多户瑶族的调查，大多数瑶民夫妇都已有了工作。由于法国政府给予居民的福利较好，每个老人每月有赡养津贴约 2700 法郎。生一个子女有儿童生活补助，生第二个子女则增加补助。例如一个子女每月补助 900 法郎，两个子女每月补助 2000 法郎，三个子女每月补助 2600＋900（母亲的辛苦费）共 3500 法郎等等。总之，在法国目前人口处于负增长的情况下，孩子生得越多，补助也就越多。因此一个家庭中如果有三个养育中的子女，则家长即使不工作，仅依靠政府的子女补助津贴也可以维持家庭生活了。与此相关联的是房租尽管较贵，但是政府有关部门却要根据家庭收入多少，每

人平均有多少生活费，来决定自己出多少房租，而其余部分则由政府代出。例如居住在 Periqueux 的赵如明，一家六口人。赵如明现在软木塞厂工作，所住一大厅，三卧室，厨房、浴室齐全的套房。他在 1992 年 6 月的工资清单为正常工作（小时）+加班（小时）+工龄补贴，共应得工资 6302.57 法郎。扣除医疗保险、养老金、失业补助等费用，实得 5220.20 法郎，这在法国的工人中算是较低的工资。因此尽管他的住房房租是每月 2200 多法郎，但在过去没有工作时，每月自己只要象征性地交 30 法郎。现在有了工资收入后，因为人平均生活费用仍低，所以每月自己也只要出 300 法郎就可以了。其余的近 2000 法郎房租则由政府补助代交。因此既保证了他们有较好的生活条件，又使得他们的收入没有较大的支出。在贫富悬殊的法国社会里，不至于出现生活特别贫困的现象。

再以法国瑶族自己建造住宅的情况来看。住在 Foix 的冯承巳在 6 年前，自己筹资建造二层的楼房，共花费用 60 万法郎。其中自己出资 20 多万法郎，向银行借得贷款 49.5 万法郎，规定 18 年还清，每个月要交款 5000 法郎，自己只需出一半，另一半由政府帮助代还。不过按 $5000 \times 12 \times 18 = 108$ 万法郎计算，18 年后连本带息累计要还款 108 万法郎，为原借款的一倍以上。再如李富官 1985 年 3 月购入 806 平方米土地，建筑占地 109 平方米的平房住宅，共花费 50.9 万法郎。当时自己只有积蓄 8 万法郎，因此还向银行借款 44.5 万法郎，规定年利率为 17%，每月归还 5400 法郎，用 20 年还清。政府根据其收入情况，每个月除给他 4 个孩子以 3700 法郎抚养费以外，还帮助代还贷款 3000 法郎，因此自己每个月只要还建房贷款 2400 法郎即可。法国瑶族在这样一个福利国家里，很多人家都借款盖了自己的住房，并购买汽车等交通工具，很快进入了现代化的生活。现在他们的 40 岁左右主妇都已能熟练地驾驶汽车，这和他们十几年前，居住在闭塞的东南亚山区，砍柴背负回家，跋涉于崎岖的山路之上，不仅不知道现代化的都市，而且连附近较大的城镇也很少前去，真是不可同日而语。

为了让读者更易于了解法国的经济生活情况，本文特在此写出1992年7月10日的日元与法郎的比价为10000円换385法郎。瑶族青年在农村帮摘收西瓜，每小时可得工资约30多法郎；一天工作6~8小时，可收入200法郎左右。即日工资合日元5000多円。目前（1992，8，）法国物价，白条鸡一只50多法郎。牛奶一纸罐20法郎。麦当劳（McDonald's）的鸡肉定食（炸鸡块、炸土豆条及橘汁一杯）需33法郎一份。杏子、桃子等水果，每公斤约10法郎。按此进行推算，可以大约知道法国瑶族的生活情况。

现在法国瑶族的服饰，平时都是购买市场上的普通衣服，但妇女们都重视自己美丽的传统民族服装。每人一般都制备一两套，以供过年、结婚、节日、摄影时穿着之用。由于刚迁来时，生活比较贫困，所以不少人的民族服装都是入居法国以后，向从泰国贩运瑶族服装来此出售的人那里进行选购。据说每套民族服装要花1万多法郎，才能购得，是一笔比较大的支出。

法国瑶族的一日三餐，已逐渐发生了变化。他们既保持了原来的传统食品，又吸收了西方的各种西式食物。如早晨既有煮面条吃的，也有改喝牛奶、吃面包、鸡蛋的。中午与晚餐的菜肴，各个家庭有所不同。我参加几次家庭宴会，一家有鸡杂、烤烧肉末、炸米粉馅春卷、肉末酿豆腐、糯米饭、生菜叶等等。另一家除以拌生瓜丝与炸肉皮佐酒以外，主食为面包片夹以肉片再放上乳酪，然后烤食，以及用咖喱、蛤蜊、虾、蚶肉拌入米中共煮的西班牙饭等等。值得指出的是，法国瑶族已普遍学会法国人喝饭前酒的习惯。在开饭前，男人们一面聊天，一面喝开胃酒，然后才正式入席。这种喝饭前酒的习惯，在亚洲东部是完全没有的。

在食器方面，也正在发生变化。有的家庭已开始用刀叉代替传统的筷子。本文作者在 Avignon 的瑶民家中吃饭时，发现他们已全部用盘子盛饭。只是为了照顾我这个中国客人，才给我一个人用碗盛饭吃。这是法国瑶族受当地影响的一些表现，但是体现在思想观念深处的饮食习俗，却还顽强地保存着。即在正式的请客场合时，一般都是男子们先吃，妇女只能在旁斟酒、加菜，要等男人酒足饭饱以后，妇女们才能入席用餐。Toulouse 的祝通珠家，来了两位女客，是他住在美国的嫂嫂和侄女前来法国看望他们。有一天住在 Toulouse 的亲朋好友都聚集祝家，为二位远道而来的亲戚举行简单的"叫魂"宗教仪式，并进行聚餐。但是，即使是在这样的宴会上，也仍是男人们先吃。作为主要客人的美国女宾，也仍旧只能在男人们吃完以后，和其他妇女们再入席吃饭。这与法国注重礼节，讲究"lady first"（妇女优先）的习俗是完全不同的。尤其令人奇怪的是，有两个瑶族青年有了已经同居的白人女朋友，她们在家中请客人吃饭时，也还是遵守瑶族的习惯。白人姑娘先上酒、端菜帮助招呼男人们宴饮之后，才和其他瑶族妇女一起在另外一桌上入席吃饭。从这一方面又反映出，法国瑶族的一些传统力量还是很大的。他们认为这是基本的礼节，是轻易改变不得的。白人姑娘为了争取瑶族家庭的容纳，也不得不接受这种男尊女卑的做法。东南亚的山民来到异文化的欧洲，他们既有所吸收，又有所坚持，加以仔细的观察分析，一定会有更多的发现。

四

法国瑶族的家庭为一夫一妻及其子女的核心家庭。笔者访问了 Toulouse 的瑶族老人李承保，他在 1927 年出生于老挝。20 岁时与李奈财结婚。他讲了 40 多年以前，老挝瑶族的婚姻习俗。

据说当男子长大成人后,父母就要为他在村内外物色姑娘,如果看中以后,要请媒人选定日期,去女家讨要姑娘的生辰年庚。如果男女双方年庚相合,双方父母又没有不同意见的话,男方就要送去银手镯一对,重约六七两(约合180~220克)。如果女家接受,男方就可以派五六个人送给女家公鸡一只、酒一壶,开始商谈婚姻礼金和费用等问题。谈妥以后,就用汉文写成婚约一张,上面载明商定的条款,并由多方签字画押,成为一张正式的契约。老人李承保还保留了当时的婚约一张,作者为之摄影,抄录如下:

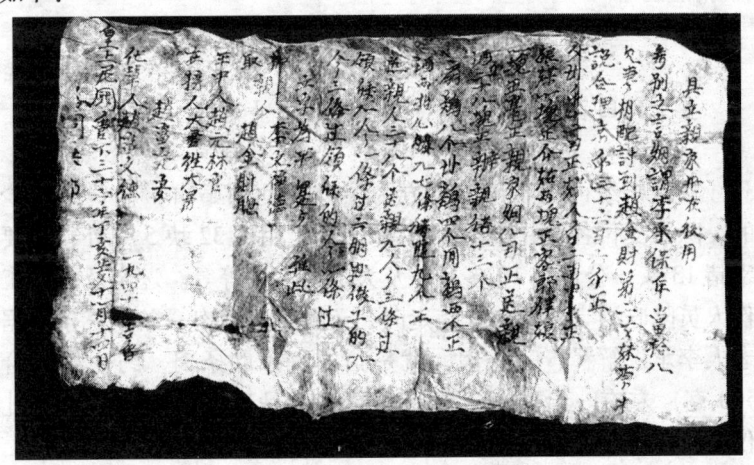

1947年李承保与李奈财婚约

具立亲家册在后用

房别之言烟谓李承保年当拾八,欠妻相配,讨到赵金财第二女妹奈才,说合理(礼)京(金)钱三十六两六钱正。父母钱十二两正,媒人钱二两四钱正,粮(良)媒一块正。公姑两块正,客郎伴娘一块五毫正,亲烟八两正,送亲酒钱二十八块正。办亲猪十三个,扇(阉)鸡八个,母鸡四个,回鸡两个正,酒两抬，心膝肉七条，猪腿九个正。送亲人三十八个，送亲肉人人三条过。领拜肉人人一条过，六朋边做工的肉人人三条过，领挥的人人一条过。

立字为平（凭）　裹　与准此
执亲人　李文福德
取亲人　赵金财聪
平中人　起元林官
在榜人　大往大房
赵富完安
代笔人　赵富文德
一九四七吉婚

皇上民国管下三十六年丁亥岁十一月十四日
合同　共印

从这婚约可以看出，男方为了办成此项婚事，耗费是不少的。除了支付各种礼金，要用银51两，用钱32块5毫外，还要宰猪13头，公母鸡10多只，及大量的水酒等等。送亲及各种工作人员除吃酒宴外，每人临走时，还要带走猪肉一条至三条。据老人李承保解释，一条肉，就是猪的一条肋条肉，约一斤（合500克）左右。给送亲人等带走猪肉，是瑶族婚姻中的重要礼仪，所以必须在婚约中载明。

将李承保在民国36年（1947）所订的婚约，与本文作者在中国广西大瑶山所收集的赵如广孙女招赘冯章福的第三子为婿的婚约相比较，内容有很大的不同。大瑶山的订于民国26年（1937）的婚约①，主要为规定入赘婚后，男方要改换姓名为赵至安，由女方向男家交身价银贰佰四毫正。此后，所生子女不论多少只有一子用父亲原来的冯姓，使冯姓有人继承。其余子女一

---

① 胡起望、范宏贵：《盘村瑶族》，第155页，民族出版社，1983年。

律从母姓赵，为赵家的子孙。并规定入赘的女婿在日常生活中不得游手好闲，不得参加赌博，不得东游西逛等等。这种婚约主要规定了后代子孙的从属关系和男方所应遵守的社会秩序等。除了规定给男家的身价银以外，其余在婚姻花费方面没有更多的约定。另一张为1957年男女双方自愿结合的盘志仁与赵引妹男婚女嫁结成的婚约，也只是规定夫妻二人要平等地到男女双方父母家做工，同样赡养双方老人。所生子女，一半从父姓，一半从母姓，使夫妻双方的姓氏都有了后继。此外就不再谈到婚姻的花费问题。而李承保在老挝订的婚约，主要内容却偏重于规定男方在结亲仪式中的花费，更重视经济方面的因素，这和广西大瑶山的婚书已有了一定的演进和较大的不同。

据老人李承保介绍，他家在订立婚约以后，就开始养猪和鸡，准备在婚仪中使用。届时要送一包烟丝给女方亲家，作为礼信。与此同时，要给女方送去衣服、项圈等物，必须在结婚前一天送到。新娘与父母亲一起，先一天入村，当晚住在男方的邻居家。第二天寅、卯时辰（约在早晨5~8点钟）就要送茶、酒入新郎家中，男方马上要杀猪送肉作为回报。到夜晚11点开始拜堂，要先拜神祇，后拜媒人和双方父母亲等，每次需拜十二拜，以示郑重。然后拜叔伯、堂兄等，每次拜三拜即可。拜后，父母等要给六七两银子，其余的每人给一二毫作为贺礼即可。拜完后，夫妇双方对拜结婚。由于亲友多，所以要拜很长时间，闹得新婚夫妇头昏眼花。在拜的前后，都要吃一抬酒，人声鼎沸，十分热闹。同时有四人打锣鼓、吹唢呐、打铙，作为伴奏。请二对男女帮忙主持婚礼。次日亲友又要吃一抬酒，提着送给的猪肉回家。新娘要在婚后一个月，才能与新郎一起带鸡一只回自己娘家，而新娘的父母则要回送两只鸡给新婚夫妇带回。因为结婚耗费大，所以往往婚后多年还未将债还清。男方因家庭贫穷，也有到女家上门入赘的。当时不用给女方交礼金，但必须在女方家劳动6年算是礼金；再劳动6年后（共12年）可以带妻子回家。女方父母视情况分给一些锅、碗、牛、马，让他们能够独立生活。

以上是李承保回忆的在老挝时的瑶族婚姻情况，1984年他们已迁居来法国，为他的第三子李富元举行婚礼。借了一个大厅，前来亲友300人，所有宴会的菜肴都由兄弟在家中做好后带来，共耗费13万法郎。婚礼上不拜堂，不敲锣鼓，亲友们走时也不再赠送猪肉。新婚夫妇在由父亲选定的日子里，由二对男女陪同，到市政府去登记结婚。但登记时间则按政府规定的时间办理，没有什么必须于寅、卯二时进入男家的规定。结婚一个月，新娘回娘家，也不再带鸡。只是在婚宴上，新娘穿着华丽的民族服装，显示了瑶族的特色。宴会后，青年一代共同跳现代舞，表现了受欧洲文化的影响。只有男家给女家1万法郎，给新娘母亲一根2两8钱的黄金项链（约100多克，合9000法郎）作为礼金，还带有瑶族婚礼的内容。这次婚礼，共花费3.2万法郎，没有因此欠账。李承保老人对此比较满意。由此可见法国瑶族的婚姻礼仪的发展变化。

瑶族移居法国以后，由于总人数不多，而新的一代又在不断成长，由此年轻人寻找对象，对异族通婚采取什么态度，就成为一个重要的问题。从法国瑶族的老年一代来说，他们担心瑶族传统的丧失和原来的家庭结构遭到破坏，因此竭力主张瑶族内部通婚，甚至提出远到中国去寻找瑶族姑娘，希望能嫁到法国来做媳妇。而年轻一代的瑶族人，已是满口纯熟的法语。有的尽管还能听懂瑶语，但却已经羞于再用瑶语对话。因此在通婚问题上，就不再仅限于民族内部通婚的观念之上。在Tonlouse的瑶族中，李富旺已与一个白人姑娘同居数年，并已生有一个女孩。李高保的长子也与一个在银行工作的19岁白人姑娘热恋，并到男方家中来同居。这两个瑶族男青年的亲属，尽管不反对他们找白人姑娘为配偶，但却反对他们办理正式的结婚手续。其理由：一是认为白人姑娘不可靠，不可能结为永久的终生伴侣，迟早是会分手的。二是认为白人姑娘为了打扮，买各种服饰，很会挥霍金钱。按照法国的法律，同居者二人各有自己的独立经济，一方如有债务，另一方不负任何责任。而结婚组成家庭后，就有了共同的经济，如女方任意花钱，欠下债务，就要连累男方亲属代还，这也是他们所不愿面对的事情。其实从法国瑶族人数相对较少，年轻一代与异族人的接触日渐增多的情况来看，异族通婚是一件必然的事情。问题是如何在家庭中协调两种完全不同的传统与文化，保持一个稳定幸福的家庭结构，就成为一件十分重要的事情。一位瑶族长者问我对白人姑娘与瑶族青年的恋爱有什么看法时，我曾回答说，在法国社会里，瑶族人属于少数，你们的传统和文化应当受到尊重与保存。而如果白人姑娘嫁到你们家里来以后，她在你们家中也属于少数，因此她的传统文化与习俗，也应该受到尊重与爱护。我们只有这种互相尊重、理解和爱护，才能不仅使异族通婚变为现实，而且才能使这种家庭趋于稳定而有活力。而这种新的家庭对法国瑶族所造成的深远影响，既有将人数较少的瑶族淹没于广阔的法国社会的可能，也有可能产生一个新的向心力甚强的，获得了东西方文明更好结合的新瑶族。他们与祖居中国的其他瑶族比较，将会有较大的不同。

正如前面所述，法国瑶族主要有盘、赵、李、邓等姓，其中以赵姓为最多。其实经过实地的详细调查研究以后，可以发现在占总户数50%以上的赵姓当中，包括了一个人口众多的大家族。这个赵氏大家族中不少小家庭，都一起来法国，有的也去了美国，有的还留在老挝和泰国。现在美国1万多瑶族中，占有影响和势力较大的赵富陞，就是这个赵氏大家族的重要成员。现在根据有关材料，说明如下。

根据法国瑶族大多数人的回忆，居住 Toulonse, Beziers, Lyon，Avignon 的一些赵姓家庭，都起源祖公赵贵连。赵贵连法名赵垐二郎，活了 53 岁。他有一个儿子叫赵文财，法名赵保一郎，现在法国。美国很多赵姓人都是这个赵文财的子孙后代。据老人回忆，赵文财生于同治二年（1863）。据赵富贵所藏《赵氏祖图》抄本所载，"赵保一郎死于民国 31 年（1942 年）壬午岁二月十三日未时"，"墓于猛龙螃崩府管上猛悻洞管人念颠冲领（岑）脚平（坪）"，可见他在世 79 岁，活得还是比较长久的。据赵文财的儿子赵如官（冠）介绍说，他父亲在三岁时（1865）随父母迁入老挝，在那里长大，逐步当上了"总叭"，成为老挝境内附近一带瑶族的首领。赵文财和他的大妻赵四清（赵氏四娘）生了儿子赵如金、赵如有，女儿赵硬才等人。并先后招赘上门女婿，改成赵家姓名的有赵如银、赵如贵等。现在这些儿子的孙子一辈，大都住在法国，也有少数分别居留于美国、泰国和老挝（见后图表）。而赵文财与另一个妻子赵三州（赵氏三娘）则生有儿子赵如府、赵如官等。

提起赵如府，是老挝瑶族中的头面人物。他继承其父做总叭的势力，拥有自己的军队，后来最高曾当过南塔省副省长的职务。他于丁未年（1967 年）去世，其职务由其弟赵如官继承。现在他的儿子赵富陞已移居美国，成为一个州的瑶族协会主席，1993 年 10 月曾带一个美国瑶民代表团访问中国，12 月到泰国清迈参加了第四届瑶族研究国际研讨会。本文作者在北京与清迈都曾与他见面。赵如官是赵文财在 60 岁时（约 1923 年）所生的幼子，为赵如府的胞弟，赵富陞的叔父。赵如官，在瑶语中因发音不同，据说在老挝的勐新瑶人念官为官，所以叫他赵如官；而南塔瑶人念官为金，则称他为赵如金。其实无论如官、如金，实际上指的是同一个人。赵如官从 20 岁开始当南塔与勐新之间的一个叫三授村的村长。后来由三授迁到南华寨，住了七八年后，到勐新的曼麻寨当三权乡乡长（三权，指有三个山头的地方）。当时他32岁,到其大哥赵如府死后,当了南塔县的县长,还当第二省部(龙帕唠)的团长,但带兵不多。由于赵文财、赵如府两代在老挝都占有一定势力,因此到赵如官时,在老挝山区已拥有相当大的财力。据赵如官自己介绍,他在老挝时,拥有两个木厂、5头大象(公象每头值泰币5万多铢,母象也值3万多铢一头)。老挝政府批准给他35公里范围的青山,供他伐树采材之用。那里的材质很好,十分畅销。为此,他还与别人订约,租了大象20头,每头租价2万泰币,已预付60多万泰币,用于作为拖运木材之用。可是才干了一个多月,就由于战争纷乱,无法继续经营,自己也作为难民到了泰国,并于1992年移民法国,当时正居住Lyon,所以笔者有机会能对他进行访问。

居住在法国的瑶族赵姓大家族,除了赵如官及其儿子赵富贵、女婿赵金胜12家之外,主要是赵文财与大妻赵四清所生的女儿赵硬才及其上门女婿赵如银所生的孙子赵富广及其后代,儿子赵如有所生的孙子赵富源及其后代等等。赵如银原名李才秀,因上门赵家,与赵硬才结婚,才按赵氏家族的排辈"贵、文、如、富、有"(第五字,过去曾用"承"字),因女方祖父为赵贵连,父亲为赵文财,所以才依次取名为"赵如银"。据《赵氏祖图》所载,赵如银法名"赵法令",又名"赵令九郎",因上山砍树,树倒压成重伤后于"丙申年(1956年)六月十四日辰时死亡","葬于大勐龙ира管上猛声洞管入念押半河冲下,任岭脚平(坪)"。他的一个儿子赵富情有子女八人,三个女儿结婚后随丈夫移居美国。一个儿子赵有香移来法国住Toulouse市,还有两个儿子住在泰国,另有两个儿子住在老挝。瑶族真不愧为一个跨境民族,他的一个大家族里兄弟姐妹竟分居四个国家,横跨欧、亚、美三洲。也算是值得进一步重点研究的实例了。赵如银的另一儿子赵富广,其儿子、媳妇、女儿、女婿、孙子、外孙,共有40人之多,现在主要居住在法国的Beziers, Toulouse及Foix

等地。其他的赵氏家庭，与此情况相类似，在此处就不一一赘述。

除了本文所附的《赵贵连后代亲属关系与分布简表》中所列的各个家庭以外，还有法国瑶族的一些赵姓家庭，如住在Toulouse 的赵富才、赵富生、赵富世、赵富川、赵富民，住在Perigueuex 的赵富林、赵富安、赵富陞、都是赵姓家族"富"字辈的人。由于资料的缺乏，现在还不清楚他们与赵文财的子女有什么关系，很可能也是这个大家族内的亲属成员。如果加上这些家庭，可以看出赵氏大家族在整个法国瑶族中，所占的比例是很大的。关于居住在 Perigueuex 的赵富林、富安、富陞三户，因为他们单独住在一起，与其他城镇的瑶族联系较少，所以存在着两种不同的说法。有人认为，赵富安是赵如府的第七个儿子，他的哥哥就是现住美国的赵富陞。另一种说法是他们的父亲原是汉人姚桥福，除娶汉人为妻外，还先后娶瑶族妇女黄大肚和李改胜为妻。因为姚桥福娶瑶女为妻，所以改用瑶人姓名为赵小林。现在他与其汉人妻子和子女因不是瑶族，所以没有迁来法国，仍旧留在泰国。而赵小林与瑶女黄大肚共生13个孩子，现在 Perigueuex 的赵富林、赵富安、赵富陞就是这13个子女中的三兄弟。因为他们随母亲为瑶族，所以一起迁来法国，住在 Perigueuex 地方。黄大肚已经亡故，但赵小林的第三妻瑶女李改胜却因没有生育子女，所以移居来法国以后，住在赵富安家中。这是汉瑶通婚以后，子女跟随母亲认定瑶族的民族成分的例证。其中包含了一些利益关系，表明在民族身份的认定方面，往往受到一些因素的影响，这是在世界上很多地方都会出现的现象。民族是一个历史上逐渐形成的群体，所以它并不严格拘泥于血统的继续。具体从瑶族来说，他们更重视的是姓氏的继承，所以在中国盘瑶中，当家庭中没有子女时，往往接养本族的孤儿和汉族或其他民族的子女为自己的养子女，他们并不因血统的差异而对养子女有任何差别的对待，在观念意识上认为与自己的亲子女是完全一样的。住在 Toulouse 的赵富万就因自己没有子女，就接养了一个"高丽"女孩（韩国孩子）为养女，并给原来的亲生父母以 2.5 万法郎作为接养这个孩子的报酬。现在赵富万的父母因年龄已大，所以已不工作。赵富万本人在工厂从事织排球网的工作，妻子在饭店当服务员，小女孩已经上学，一家五口人生活过得很好。

据本文作者的逐户调查，现住在法国共有 680 多个瑶人中，实际上从泰国难民营中迁来的大约只有 400 人左右，其余是迁来法国以后，在法国出生的近 300 个小孩。如在 Toulouse 的 55 户 331 人中，竟有 149 人是在法国出生的，法国出生的人口占总人口的 45％以上。如盘进原家，除夫妻 2 人外，7 个子女中，有 6 个是在法国出生的。赵春福和盘福年两家各有 7 人，他们 5 个子女也全部都是来法国后出生的。赵春福开了一个面包房，盘福年在工厂组装电脑，而盘进原夫妻都不工作，在家照顾好孩子，仅依靠政府补助的少年儿童生活津贴，就能过上不错的生活。

由上可见，法国瑶族家庭一是比较年轻化，10 岁左右或 10 岁以下的儿童在家庭中占多数；二是大多为多子女的小家庭。而这些少年儿童生活在法国社会，受着法国学校的教育，他们带回家庭的外界影响将是十分强烈的。瑶族老人恪守的一整套习惯与观念，孩子们一般都不进行非议，但是有些东西如宗教信仰中的诵经、送鬼等等，要想得到他们的继承，就十分困难了。这也是在老人们的议论中，所十分担心的事情。

302　瑶族研究五十年

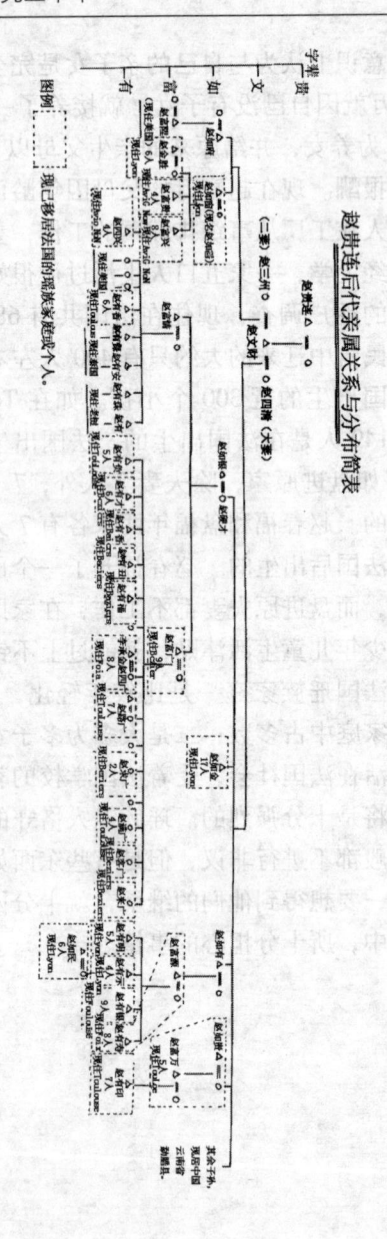

五

　　法国瑶族统属盘瑶系统，原来都有盘护信仰，认为自己是传说中龙犬盘护与评皇的公主通婚后所生的后代。盘护也就是中国古书中所记的"槃瓠"故事，先后见于《风俗通》、《后汉书》等史籍。学者们普遍认为，瑶族的祖先就是秦汉时期的"槃瓠蛮"，亦即"长沙武陵蛮"，由于瑶族中崇信始祖盘护，所以不少家庭中持有记载盘护传说，以及因盘护与公主结婚而获得的子孙后代（瑶族），有开发山区种种特权的民间文件《过山榜》（《评王券牒》）。《过山榜》中，不仅记述了"离田三尺三寸，便是瑶人山地"。"永免租税"，"天下一切山场田地，会典王瑶子孙耕种为业，营生活命，蠲免国税"。如遇山地贫瘠衰败，"许各出山另择山场，途中逢人不作揖，过渡不用钱，见官不下跪，耕山不纳税"，"王瑶之女不许嫁与百姓（指汉人）为婚"，"搬移家眷大小男女行动，成群入村住宿，不许盘诘勒索银钱"，而瑶民子孙也应当"本分为人，毋得惹祸生非，各着王法，如有不遵者，罪不轻恕"。并且罗列十二姓瑶人祖先曾封拜过何种官职。对于《过山榜》这个著名的民间文献，法国瑶族的老人几乎全都知道，并且很多家庭原来在老挝时都有保存过。后来因为火烧、兵抢、逃难等才先后丢失。1992年由泰国难民营来法国的赵如官，拿出一个《过山牒》抄本，扉页上写"书住赵如冠（官）记号一本，评皇券牒古榜文，留王瑶子孙十二姓的根本"。正文一开始就写

赵如冠藏《过山牒》抄本

"大明洪武五年岁次王子（1372），抄录公据世代留传计典，昔日高皇与平王争公……"其开首几句，与一般的《过山榜》所写"评皇券牒，其来远矣，瑶人根骨，系龙犬出身"不同。但查对有关资料，可见它与泰国帕夭府班卡乡班劈村盘文才所藏《评王券牒》①，以及广西来宾县大理地区雷山村赵龙飞、广西宜山县赵明广所藏的《盘古圣皇榜券牒》②基本相似。可知他们辗转传抄的祖本都是明洪武五年（1372）所抄录的抄本。从广西来宾—宜山，到泰国帕夭府，再经老挝、泰国，流传到法国 Lyon。赵如官所藏的《过山榜》也为法国瑶族历史上搬迁提供了佐证。赵如官所藏《过山牒》最后一段谓"瑶王子孙入赴司诺，议定付给白券防身，照管山场、营业货利，任意。右给券牒一道，付（附）身随已，勿遗失落，须至券者，右给付瑶人邓协瑞照验"。它书写的《过山牒》发出年月为"景定元年（1260）十一月廿日给付平王券牒"。在年代上与一般的《过山榜》上所书大致相同，但在具体月日上，中国、泰国的《过山榜》也有写作"四月初八"或"十二月十日"的。这种年代相同，具体月日上不同的原因，现在还很难找出合理的解释。又赵如官所藏抄本最后二行为"又到民国六十九庚申岁（1980）三月再抄，新留后代，王瑶子孙十二姓、古徙（途）来路，不得失漏"。表明这是一件十余年前的新抄本，它虽然算不上是一件历史文物，但也说明，老挝和法国瑶族对《过山榜》的重视以及希望持有《过山榜》的心情。住在 Beziers 的赵富广老人，在笔者去他家访问时，曾提出希望得到有关《过山榜》的资料，笔者回国后，就给他寄去参加选编的《瑶族〈过山榜〉选编》。里面全都是有关的原始资料，期望能满足法国瑶族老人渴望见到和持有《过山榜》的心情。

除了《过山榜》和《家先簿》（《祖图》）以外，法国瑶族手

---

① 《泰国瑶族考察》，第62－70页，广西人民出版社，1992年。
② 《广西瑶族社会历史调查》第8册，第9—26页，广西民族出版社，1985年。

中持有较多的是瑶传道教举行宗教活动中所使用的各种经典。这种经典基本上使用汉文书写,但其中也杂有用汉字改造后以记录瑶语发音的"瑶字"。问题是由于经过辗转迁徙,这种经典大都已不成套。各家瑶族老人分别保存的瑶经,尽管视若珍宝,但在实际生活中大多数已失去使用价值。瑶族老人赵富广保存的瑶经和笔者在中国、泰国等地所见的大致相同,其中也有民歌风格的对歌内容如:

何物专伦随手转,何物滚滚随手排;
簸箕团圆随手转,簸箕滚滚随手排。
何物无子飞得出,何物有子里头眠;
糠粒无子飞得出,白米有子里头眠。

又如《请神书》中的"又请架桥童子":

再来念,白纸写书再请神,
日头出早郎来晏,马尾过街说报郎;
抛兵踏上众王庙,踏上众王庙上行。
东州唐王皇帝来相请,且请架桥童子来;
行平十二途师来相请,且请架桥童子来。
……

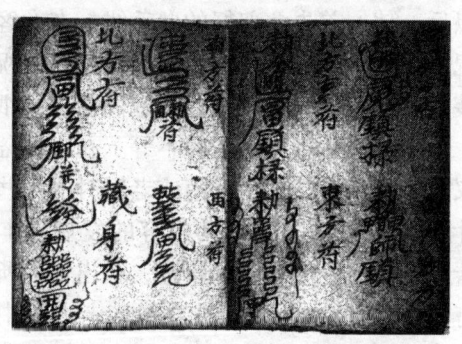

法国瑶族《瑶传道经》中的符咒

这些都是在盘瑶系统瑶族所藏经典中常见的东西。值得注意的是在道教中，比较重要的画符念咒这部分。在中国的瑶传道教中反映较少，他们以奏表、诵经及仪式中踽步，作为宗教活动的主要内容。而很少画符念咒作为驱鬼使神的方法。因此，在各地瑶传道经中很少发现画符的抄本。而这次在法国瑶族中，却见到几册有关符形的手抄本，说明也许在部分瑶传道教中，也接受画符念咒的方式，丰富了瑶传道教的内容。这为今后进一步深入研究瑶传道教，打开了另一扇新的大门。

值得注意的是，法国瑶族远离了东方的亚洲大陆，来到现代化的法国社会以后，有部分瑶族还保留了继续进行宗教方式的活动。在 Toulouse 市，本文作者参加了祝通珠家的欢迎他的从美国来这里探亲的嫂嫂和侄女的宴会，凡是住在当地的瑶族亲朋好友都来参加。他们按习惯买来一头活猪宰杀后，制作各种菜肴。这件事本身对习惯从超级市场买肉吃的人来说，就是一件不寻常的事情。在正式宴会开始以前，就有两位瑶族老人（师公）为二位女客诵经，举行"叫魂"仪式，意思是祝福两位客人身体健康，旅途平安。诵经时没有经书，全靠他们背诵而成。诵经时间很长，诵毕以后，他们首先拿剪好的白毛线，在女客的手上进行拴线，以示祝祷。然后大家也依次往前为她们拴线祝福。拴线后每人还将内装法郎的信封一个放入置于她们面前的纸花盆内，用以赠给客人。一般每人送二三十法郎不等。在中国瑶族中，很少有拴线祝福仪式，估计可能是在云南或老挝时受一些信佛教民族的影响而产生的活动。从宗教活动内容的发展、丰富、增加方面，也可以看到历史上民族迁徙的轨迹，找出他们所受的别的民族影响。还有一次是在 Lyon 的赵进寿瑶族老人家中，看了为已过的农历七月十四日鬼节补做的送鬼仪式，他们也花了六七百法郎，买来一头活猪宰杀刮净、剖开后，放在桌上作为供祭之用，前面置放 5 杯清酒，然后由赵进寿老人念诵瑶经，焚烧纸钱，作敬神送鬼之举。在欧洲的大都市里，于洋式的住宅中，举行古老的东方的瑶传道教仪式，这是一种东、西方文化的奇特的交融，显示当代西方城市的五方杂处，奇丽多彩。这也许是法国瑶族正在进行着巨大蜕变前的最后上演的一阕壮丽的活剧。

在法国瑶族中，已出现了几户为其他瑶族所议论的基督教家庭。在传统的盘瑶人看来，信仰基督教的瑶人，丢掉了自己的盘护信仰、抛弃了祖传的瑶经，不再还盘王愿、过盘王节，不再谈论盘护的种种传说和故事，就等于叛离自己的祖先和自己的民族，和西方的洋人混为一体。因此，尽管互相之间没有剑拔弩张，势不两立，但却明显地减少了交往。用另一种眼光看待这些来自同一地区的同一民族成员。而那些信仰了基督教的瑶人，有的是因为自己或家人曾因生病得到治疗，而感谢上帝恩惠；而有的因听信教士宣传的教义，而受到天主的感召；有的因在经济上受到好处而认为信仰基督教远比相信盘护而更有益于自己；有的因婚姻关系，成为基督教家庭的成员，而改变了自己的信仰。他们的原因是多种多样的。各人的宗教信仰，是各人自己的事情。为了了解这部分瑶人的情况，我访问了信仰基督教的李进生家中，承蒙他们夫妇在 Avignon 的热情接待，使得对这部分法国瑶人有了较多的认识和了解。

在法国瑶族中，已经改信基督教的共约 22 户，115 人，占法国瑶族总户数的 19%，占总人口的 17%，其中主要集中居住在 Avignon，共有 9 户，占当地瑶族的 50%。其他各地瑶族比较分散，但也各有二三户。其情况如下表：

法国瑶族信仰基督教的家庭统计表

城镇名	信仰耶稣教的家庭（家庭人口）
Avignon	李进生（8人）、李进富（7人）、李福旺（6人）、盘客才（4人）、李高明（5人）李高富（5人）、李如府（6人）、赵端进（4人）、赵涛（4人）
Boroeaux	陈贵陞（8人）、赵元福（5人）、盘满秀（3人）、盘进财（3人）
Toulouse	邓进财（8人）、邓进陞（1人）
Beziers	盘进旺（6人）、盘有才（3人）
Foix	李如金（6人）、赵进府〈原来信〉（8人）
Troyes	李有清（4人）
Lyon	盘高全（6人）、李有寿（5人）
合计	22户　　　　　　　115人

在以上22户信仰基督教的法国瑶人当中，李姓占有一定数量。经过进一步调查，可以发觉他们是同一个家族中的不同家庭，因互相影响，就成为一个信仰基督教的大家族。现将其亲属关系图列如下：

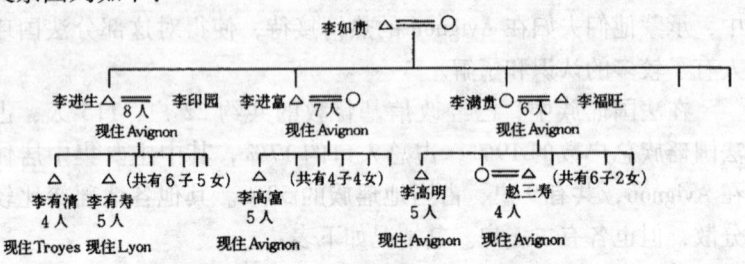

信仰基督教的李姓家庭关系示意图

据李进生的介绍，他的曾祖父李承林原居住在中国，出生于1848年。在1854年时，从盘赖出国，来到老挝，死于1915年1

月1日。他的祖父叫李富金（1878－1913），父亲李如贵（1904）现在（1992）尚存，已80多岁。他是长子，出生于1934年，其余兄弟姐妹有李盘贵（生于1938）、李进富（生于1940）、李满贵（生于1943）、李进财（生于1945）、李进旺（生于1948）等。他在1949年12月12日与比他大两岁的李焕元结婚，共生育六子五女。其中两个女儿已随丈夫住在美国。一个孙子已由教会送到瑞士学习。他原来信奉瑶传道教，在村寨做师公，能诵经送鬼等宗教活动。1975年从老挝来到泰国，次年在泰国清莱府改信奉基督教。于1979年2月7日作为难民来到法国。从上面这一篇年代分明的叙述中可以看出，皈依基督教后的李进生，尽管已经不再保有旧的瑶经经典，而且过去瑶民的"家先簿"（祖图）也凭借他有了较高的文化知识，改写成一部比较清楚的并有具体年代的家族发展图。他本人现在是一个教会里的牧师，主编一本由拉丁瑶文书写的《通讯》，用以联系世界各地的瑶族同胞。李进生的家屋，从布置摆设到待客方式，都带有一点西方的味道。我与几个瑶胞一起去访问时，他已备好西瓜和点心热情接客，并以天主的名义为我祝福。李进生从一个瑶传道教的师公演变成为虔诚的基督教牧师，不能说不是一个十分巨大的变化。

顺便说一下，在整理这个李氏家族的资料时，发现两件姑舅表婚的例子，即李进生之弟李进富之子李高富与其妹李满贵之女李奈明结婚，及李进富之女李二金嫁与李满贵之子李高明的婚事，即如图示：

这种姑舅表婚，过去在有的民族中曾经实行过，但在瑶族中比较罕见。所以在一般瑶人中，也往往拿来作为话题。不过，必须指出的是这种姑舅表婚与他们的基督教信仰没有任何关系，不应把这二者混为一谈。

六

法国瑶族的民间传说、习俗、节日和他们祖居地的中国瑶族几乎完全一样。瑶族老人告诉我，他们也知道在盘瑶十二姓中邓姓有"Lu 邓 Sui"（老邓酸）和"Lu 邓 Khang"（老邓炕）之分。因为前者在祭盘王时，习惯以酸肉为祭品，故称"lu 邓 Sui"（老邓酸）。后者则以火炕上烤的肉作祭品，所以有"lu 邓 Khanq"（老邓炕）之分。同样地，赵姓也有"lu 赵 zhung"和"lu 赵 biau"之分。前者以舂的糯米粑粑祭祖，后者则以包的粑粑祭祖，所以有"老赵舂"和"老赵包"之分。而有的李姓又有"lu 李 biau"之称，则是他们习惯以"鱼"（biau）作祭品的结果，所以有"老李鱼"的叫法。对瑶族姓氏的差别与分法，不是熟知瑶族传统民间历史的人是绝对说不出来的。由此可知，从民俗学的角度看，法国瑶人老一辈是精通瑶族传统的。他们虽然已在几代前搬出祖居之地，但还代代相传，牢记着祖辈口耳相传的这些珍贵历史传说。在取名的习惯上，各姓瑶人也仍牢守着祖先传下来的字辈，以此取名。恪守长幼有序的传统，如李姓排辈为"富、如、进、有、文、承"等字，祝姓排辈为"明、有、如、达、通"五字，一部分赵姓有"贵、文、如、富、有（过去曾用过'承'）"五字，一部分赵姓则用"富、承、文、德、进"五字等等。

现在法国瑶族也在考虑自己的前途，今后到底走一条什么样的路。具体表现在一个问题上，显示了两种不同的想法。按照法国政府的法律，像他们这样的人，已经有加入法国国籍、归化为法国公民的可能。于是，有的人就很自然的抛弃了难民身份，领取了法国的公民证和护照，成为法国人的一部分。但另外一部分瑶人，主要是年纪大的人比较多，他们不愿加入法国国籍，而愿意保留自己的难民身份。他们期望总有一天东南亚的战火平息，他们长期居住过的老挝山区有一个平静的环境，希望脱离这喧嚣嘈杂的西方都市，回归到美丽可爱的山区。因此坚持着有一天将被送回原来居住地的难民身份。像居住在 Beziers 的赵富广，他的儿子住在 Toulouse 市，开了一个饭馆，已经加入法国国籍。而赵富广自己却还保留了难民身份，不愿入籍做法国人，这就是一个很好例子。这两种情况如何发展，要看东南亚今后形势的发展。虽然是寓居在法国一隅的瑶民，他们的命运却和世界形势的进展有着密切的关系，也许这就是当代社会的一个特点。

居住在法国的瑶族，他们的习俗与法国社会是不是能够充分协调，我曾听到发生在 Lyon 的一件小事。据说有 Lyon 的一家瑶民，盘姓女儿嫁给了赵家，就这样盘、赵两姓结成了亲家。这两家的孩子也就成了兄弟姐妹的关系。按照瑶族的习俗，他们就不能再发生婚姻关系。但偏偏盘家的这个女儿的弟弟，又爱上了赵家的一位姑娘，他们不仅相爱，而且还到盘家同居。于是，人们把这看成兄妹婚，引起了争执。最后甚至诉诸法国警察，希望有一个明断。但法方经过调查，认为这两家是通过婚姻关系结成的亲戚，两个家庭之间并不存在血统关系，所以一方的弟弟爱上了另一方的姑娘，再结一个婚姻完全是可以的。这样就和瑶族原来的观念发生了冲突，听说由于法国政府的判断不能解决问题，因此他们内部甚至由争吵升级到打架，发生了有人不幸受伤的事情。在新的环境里，根据科学判断的结论与传统的意识如何协调，看来还需要一个过程。

法国瑶族中不乏智商较高的人才。法国瑶族协会会长李高保（李富官）的学历不高，但经过自学，他由装配电视发射设备到装配飞机上的导航设备，现在则在电脑厂装配电脑，并负责出外上门为客户修理电脑的工作。月薪7万多法郎，已成为电脑装配修理方面的能手。一个山区的瑶族少年经过自学，成为精通电脑构造的人才，应当赞赏瑶族人民的聪明智慧。

由于法国瑶族在老挝时，除了掌握汉文以外，还学习了老挝文。到泰国后，又学习了泰文。来法国后，又学习了法文。因此不少中年人都掌握了好几种语言，并应用自如。他们的外语能力令一些大学的学者望而生愧。而且从日常生活中可以看出，他们对汉语文有着特别感情，在他们的房中有的还挂着因结婚、搬新房而赠送汉文对联，以示祝贺。如李承宝结婚时，瑶族亲友就用红纸写了汉文的"结配婚姻成秀财，儿孙万代满家堂"，以示祝贺。赵富广搬入新屋时，他的女婿李承金也用红纸写了"新宅平安，人丁兴旺，金银满库，男女满堂"以示祝贺。这种红纸汉文对联长期挂在房中，与法国的招贴画相互辉映，十分有趣。

现在法国瑶族的少年儿童都已在法国上学，完全学习法文。有的瑶族长者也希望下一代能掌握一点汉文，但是没有这样的机会和条件。法国的学制与东方的学制有着较大的差异。例如亚洲的中国、日本的少年儿童都是从一年级升到二年级、三年级的。但在法国却是从九年级升到八年级、七年级的。愈往上念，数字越低，直到一年级毕业。这是东方人很不习惯的，为了培养瑶族少年儿童的为人处世能力，讲究礼节、努力劳动等等，有的法国瑶族家庭中，直到现在还保留着《九经书》、《懒耕春》等民间读物抄本。其内容如：

初开置天地，置立九经书；

上界置天子，下界置农夫；

一国管天下，人民四海居；

住在黄金土，田地要人耕；
　　人生莫学懒，肥田教子孙；
　　粮田不须阔，美酒不须多；
　　勤耕得饱食，大仓贮老禾……

在《九经书》中，教导下一代"但要心中直，何劳念佛经"。"利刀不出鞘，好女不出门"，"说话无来去，如同狗咬绳"。"勤耕多禾谷，懒惰受饥贫"。"得人一盏水，还人一杯茶；得人一盏酒，还人一杯浆；得人相救急，常念在心头"。"一言错出口，复水也难收"，"春来须早起，侧耳听鸡啼；安排早饭吃，但利月下行；到田天未晓，夜回打一更"。讲授的都是一些人生经验、诚恳做人、勤俭耕田、莫惹闲气等内容。

另一种抄本《耕春记》，又名《懒耕春》，也完全是劝导年轻人要抓紧季节，努力耕作等等，如说：
　　男人春来需早起，女人春来便作裙；
　　到处良民耕田地，百般只着一年春。
　　一年四季莫学懒，为人懒惰便求人；
　　奉劝世间男和女，耕田纺织要殷勤。

除了从多方面激励瑶民后代，勤劳耕作以外，还批评了种种偷懒的现象："男人不肯耕田地，女子不肯洗衣衫；懒去担柴无火向，床上无被也难当"，"丈夫骂妻懒纺织，妻又骂夫懒耕春；隔壁邻舍听相骂，二人都是一般心"。"看见人家有饭吃，心中恼恨怒他人；他家锄头白如雪，你家锄头上灰尘；六月日头热出火，你在家中凉处眠；他人手脚黑如炭，你的手脚自如银。自家懒人不耕种，已翻受苦怨前生；高山大岭出黄金，只有凡人不用心"。"奉劝世间男和女，有衣有饭人敬人；穷在路边人无眼，富在青山有远亲"。"出门还听公鸡叫，回来路上见天星，同口天光同时夜，有人富贵有人贫"。"奉劝世间要和睦，多结朋友少结冤"，"君子当面说我好，是非莫听小人言。言非语错皆饮酒，义断亲疏只为钱"。像《九经书》、《懒耕春》这一类民间读物，哺育了一代又一代瑶人成长，其中虽然也宣传了一些与世无争的思想，但总的来说，还是鼓励山区瑶人勤劳致富，走自己努力以求温饱的道路，对培养好的社会风气，阻止新的一代走颓废、荒嬉的道路，还是起了一定作用的。

瑶族的宗教法印　　　　　　　　　法国瑶族协会印章

在法国瑶族中也保存了一些进行瑶传道教活动的印章，其图文不易辨认和解释，有的中间有"太上老君"的字样。有趣的是，在法国瑶人协会成立后，也刻了一个协会的印章。外围为法文的"法国瑶族协会"的字样，而其中心则刻了"盘王敕金"的字样。在一个协会的印章中，不仅融会了东西方的文字，而且是在西方文字的包围中，存在着对"盘王"的永志不忘的信念。这也许正是法国瑶族目前情况的象征，值得深思。

载《日本圣德学国无岐阜教育大学纪要》，第29集，1995年。

费老与金秀瑶山

1986年5月,在香港召开的"瑶族研究国际讨论会"上,费孝通教授提交了一篇题为《瑶山调查五十年》的论文,其中指出:"我自1935年偕同前妻王同惠初访广西大瑶山以来,已经过去了整整半个世纪。这50年来,我从一个学习人类学的学生到带领几个中年学者三访瑶山,今昔对照,感慨良深。旧地重游,所见变化之大,可以说是换了人间。"

自1981年以来,我因参加和主持了费孝通教授所倡议和指导的瑶山调查,所以有幸几次陪同费老访问瑶山,亲身感受了他对瑶山调查和发展的关心。

一

关于费老青年时代首次到大瑶山调查的情况,已有温永坚同志的《王同惠殉难记》一文已作介绍。

1978年庆祝广西壮族自治区成立20周年时,费老曾作为自治区政府的客人,前来参加庆祝活动。事后由宋家丁同志陪同,重访了瑶山。关于这一次访问情况,费老写有《四十三年后重访大瑶山》一文,发表在1980年《中国建设》中文版的第一期上,当然也译成各种外文传向世界各地。此文后来又收入费孝通《民族与社会》(1981年人民出版社出版)一书。在这一次访问中,费老对于大瑶山四十多年来的变化,有很深的感慨。他对比了过去走路进山和现在的汽车直达;过去瑶山的黑夜只有松木片照明和今天拥有的电灯、电影、电视;从瑶山的民族平等、生产发展、文化提高、干部成长，直到"四人帮"所造成的干扰破坏中，看到了瑶山的前途大有希望，也看到了还需要各族人民的共同努力。他指出："今天当全中国人民都已走上实现四个现代化的长征道路上的时候，像瑶族这样起点较低的少数民族，不免会遇到比其他兄弟民族更艰巨的考验。但是从千百年艰苦的自然条件和社会反动势力斗争中锻炼出来的瑶族人民，历来在困难面前没有低过头。这个勤劳、耐苦的民族一定不会辜负历史上从来没有过的这个大好机会。紧密团结在有五十多个兄弟民族的平等友爱、合作互助的大家庭里，它的光明的前途是有可靠的保证的。"

费老重上瑶山回京以后，深感在民族研究中要恢复被"四人帮"破坏了的进行社会调查的优良传统，从金秀瑶山比较复杂的民族情况，它的山区生产类型，以及便于开展从宏观研究与微观研究的结合等各方面的条件来看，是一个很好的田野调查实验基地。因此他积极倡导进行瑶山调查，并得到了当时国家民委杨静仁主任等领导同志的支持，为调查工作拨了专门经费并购置了照相器材等等。可以说费老二上瑶山推动和促成了对瑶山的调查和研究。1981年12月，费老在中央民族学院民族研究所的会议上发表了题为《民族社会学调查的尝试》的讲话（文章刊载在天津人民出版社出版的费孝通《从事社会学五十年》及民族出版社出版的《费孝通民族研究文集》等书中）。在这个讲话里，费老提出他在重访瑶山以后，产生了再去瑶山调查的念头，认为这里有很多值得研究的问题，如瑶山瑶族形成一个共同体以来，他们互相合作，有了共同意识，但却还容许不同的个性存在。从这个瑶族形成问题的实例中"可以看出一些规律来，不仅适用于金秀的瑶族，也可能适用于中华民族"。其次这里"少数民族从孤立到合作，从关闭到开放的过程"，是我国各少数民族的共同经历。在从关闭到开放，从对抗到合作的过程中，各民族发生的问题不可能一致，所以应当找出各种模式。而瑶族作为一个类型来进行研究，对于民族地区社会生产的发展将会有很大的意义。在讲话中费老还提出了宏观研究与微观研究相结合的问题，对瑶山研究作了很好的指导。这是费老二上瑶山的十分重要的成果。

二

费老第三次上瑶山是 1981 年 8 月间的事情。

这一年 8 月 19 日是龙胜各族自治县成立 30 周年纪念日。费老作为全国人大民委和国家民委的代表，前来祝贺自治县成立 30 周年的大庆。费老于 22 日返回桂林后，25 日在榕湖饭店礼堂向桂林地区和桂林市的有关人士作报告，讲解社会调查的必要性和金秀瑶山调查的意义。27 日，我陪同费老乘金秀瑶族自治县政府的面包车，与县委副书记黎升平等同志一起来到金秀，进行短暂的访问。

当天到达金秀已是下午一点多钟了，小憩片刻后，费老在与县领导的谈话中，知道金秀瑶族自治县尽管在政治、经济建设各方面取得了很大的成就，但是也存在一些问题，20 世纪 50 年代的"大跃进"，这里曾放过所谓的木材、水稻、钢铁"卫星"，使森林遭到了一次大规模的乱砍滥伐。20 世纪六七十年代的"十年动乱"，片面贯彻"以粮为纲"，这里的林木受到又一次破坏。进入 20 世纪 70 年代后半期，少数群众的偷砍盗伐，又造成这里森林的一次浩劫。这几次大的破坏，造成有林面积下降，生态环境恶化，水土大量流失。下雨河水猛涨，天晴沟溪枯竭。仅金秀河的水位要比过去下降 63%，金秀全县的 25 条河流中，有 18 条已经水位下降。这种小气候的变化，不仅不利于瑶山内部的生产、生活，而且对附近平原各县的水稻生产和人民生活用水也带来了很大的影响。

大瑶山的生态变化，以及她以后的发展与出路，引起了费老很大的注意。在批判了"四人帮"的种种胡作非为以后，瑶山需要一个休养生息，重新迈步前进的全面规划。

8月28日，金秀县长和县委书记、县人大主任一起来与费老座谈，向他汇报介绍瑶山的基本情况和今后发展的设想。金秀瑶族自治县在解放前曾分属附近桂平、平南、修仁、象县、蒙山、荔浦等县所辖，1940年，当局建立金秀设治局，虽然相当于一个县的建制，但主要是负责治安，而司法行政等仍分属各县管辖，解放后党和政府尊重瑶族人民当家做主的权利，将瑶民居住的山区划成大瑶山瑶族自治县（开始称自治区），1966年又改名为金秀瑶族自治县。建县以来，这里的民族干部、文教事业、卫生防疫、水电厂站、商业网点等等都有了很大发展。仅据商业收购与零售额来看，1952年全年收购农副产品仅2万元，日用百货等零售总额才4万元；而到了1979年全年的收购额就达到255万元，零售总额为473万元。从这两项对比数字就可以看出瑶山人民生活水平的提高和经济生产的发展。尤其是党的十一届三中全会以来，这里在上级各政府部门关心下，有了更大的变化。但是，由于过去依山划县，平原地区都在邻近各县，使得瑶山物产按照商品由山内流向山外的规律，大都投入了附近的平原圩场。山内的可耕地太少，更造成了全县连年的粮食匮乏；而由于附近各县缺少林木，使得入山偷伐木材的日益增多，山林纠纷由于分隔在2个或3个县的范围之内，要解决也比较困难。而从今后发展工业来看，瑶山内甚至找不到足够的建厂平地。几位领导普遍反映说，这种"划地为牢、划山为牢"的状况，割断了历史上长期存在的山区与平原的纽带。只划山头，不划山脚，是碟子装馒头，没有伸缩的余地。林木纠纷等牛事未完，马事又来，解决既不容易，又妨碍团结。他们列举各种数字与事实，说明必须适当调整行政区划，改变金秀瑶族自治县只管山头，没有平地的状况；具体的要求是将附近桐木、头排两个乡镇（当时称公社）调整划入金秀瑶族自治县，使他们增加约6万亩水田，有一个产粮基地，就可以甩掉缺粮的包袱，大力搞好山区林业建设等等。这样既可以增加财政收入，逐步减少要国家补贴的状况，还为工业建设奠定了基础。县领导极力希望费老向国家民委等单位反映瑶山广大干部和群众的意见与要求，帮助解决这样一个带关键性的问题。

座谈汇报整整进行了一天，大家谈得十分融洽，都表示愿意为瑶山美好的明天，尽自己的一份力量。而费老在回到北京以后，也就如实地向有关领导部门反映了情况，指出50年代建立自治县时，主要是为了解决政治上的不平等问题，因此考虑将原属各县的瑶族山区划在一起建立自治县一级单位，这是正确的。但是经济建设进一步发展时，就必须考虑到他们传统的交通、贸易渠道，解决粮食和财政收入等方面问题；为了更好地发展经济建设，进行必要的行政区划调整也是十分必需的。

8月29日和30日，费老亲自找瑶族几个族系的老人和基层干部前来座谈，进行调查。29日请盘瑶、山子瑶的冯春香、赵德朝、黄金旺、李文柱等人座谈。30日请的是茶山瑶、坳瑶、花蓝瑶的陶胜和、苏道放、刘绍良、莫建华、赵乾兴、赵现荣、覃庆光等人座谈。在欢乐的气氛中，大家从历史来源、搬迁路途、生产情况、宗教信仰直到婚姻习俗等各方面都畅所欲言，有问有答。既有上辈人留下来的传说，又有本人的亲身经历，两个整天的座谈会所了解的材料，相当于翻阅了一本瑶山的生动的社会历史书。大家为费老这种深入基层了解情况的精神所鼓舞，争先恐后地叙述见闻，反映意见，大家提出对于瑶山应当放宽政策、制止毁林、调整价格、加强文化教育等等问题，表现了关心瑶山今后的建没发展的赤诚之心。

费老三上瑶山，度过了紧张的3天，于8月31日早晨离开了金秀。

三

　　费老三上瑶山的第二年，即 1982 年，正好是金秀瑶族自治县成立 30 周年的大庆。费老接受该县政府的邀请，又一次来到瑶山。这次四上瑶山，他不仅抓紧时间进行了调查工作，而且还十分高兴地会见了将近半个世纪以前在六巷花蓝瑶地区调查时的老朋友。在离京以前，费老就嘱咐我为他置办赠给老友的糖果礼物，以便带去瑶山向老友表示心意。

　　8 月 25 日下午 3 点 45 分，我们乘坐的飞机在桂林机场落降，金秀瑶族自治县前党委书记莫义明专程前来迎接。

　　26 日一早，6 点半我们就离开了桂林，中午到达金秀，住在县政府为庆祝 30 周年大庆而新盖的二层楼招待所里。院中有小小的水池，环境比较幽雅。县委书记赵乙生、县长赵进贵等都来探望。下午看了文物展览。天下了暴雨，天气转为凉爽，好像是为费老的四上瑶山洗尘。

　　因为庆祝大会在 8 月 28 日召开，所以费老在 27 日抓紧时间与前来祝贺的其他瑶族自治县的党政代表座谈。对这一天的调查，费老感到十分满意，认为自己从过去调查花蓝瑶开始，后来进而了解金秀瑶山各族系的情况，而现在已进入到对瑶山以外的其他瑶族的调查，大大地丰富了对瑶族的了解。

　　县里的盘志林来访，他是 47 年前上古陈村盘公贺的外孙女的儿子。他说是盘公贺在当年首先发现年轻时的费老在虎阱处负伤，将费孝通背到一个盘瑶家，然后再抬到盘公西家里去的。47 年前的往事，勾起了大家的缅怀。在此之前，我曾与县的领导同志一起去过六巷，因有一小段公路尚未修通，越野车只能停在 2 号石壁处，然后爬过两个山头步行入内。这次费老不能实现重访故地的愿望，只能在县城接待他的老朋友了。

8月28日上午，县城隆重召开金秀瑶族自治县成立30周年庆祝大会。在主席台就座并讲话的有广西壮族自治区政府副主席甘苦等人。费老在会上也作了简短而又热情的讲话，他作为一个瑶山巨大变化的见证人，祝愿瑶山各族人民今后更加幸福。

下午是一个历史性的时刻，费老与他的前夫人王同惠女士在47年前调查时的老住户、六巷村蓝济君的儿子阿勇，被县政府特地接来县城与费老见面。将近半个世纪的时间，中国和瑶山都发生了巨大变化，费老从一个年轻的研究生，留学英国，以后成为参加民主运动的著名教授，经历了欢迎新中国的喜悦，又落入1957年以后被错误对待的低谷，栉沐了"十年动乱"的风雨，走过了一条艰难曲折的道路，终于被恢复为一个有成就的学者，被承认为一位享有世界盛誉的文化名人。而瑶山中的瑶族同胞，也历经了苦难的煎熬，在战斗中迎接了解放，在前进的道路上曾经有过迂曲，有过苦恼，也有过欢笑，终于在自治县成立30周年的时候，更好地看到了自己的前途。一个是访问过世界各国的年迈学者，一个是足迹未出瑶山的老农，但他们却始终互相记忆，时常惦念着。现在，在这风和日丽的午后，他们终于拥抱在一起了，这岂止是两位老友的拥抱，也是两个民族的感情的热烈交流啊。费老向蓝阿勇赠送了从北京带来的礼品，蓝阿勇也向费老赠送了家乡的土特产。两个老人紧握着手，互相问候，互相谈着自己的经历与感受。费老的这次四上瑶山偿还了40多年来重见故人的夙愿。

这次费老在金秀也停留了3天，于8月29日上午7点多乘汽车离开了瑶山。

回京以后费老以他引人入胜的笔触，写下了《四上瑶山》一文。从北京到桂林的4小时飞行与桂林到金秀的5小时面包车颠簸，和他47年前初上瑶山时从上海到瑶山花了两个多月的时间进行对比，深深感到半个世纪来的变化之大。他以敏锐的观察发现这里人们的话题,已从去年的林粮矛盾转变为科技热与致富热。在《四上瑶山》一文中,费老从瑶山特产八角、香草,谈到原有的石牌制度和新的乡规民约。欣喜地指出,拨乱反正以来:"偏僻山区的瑶族没有辜负党的关怀,不愧是中华民族大家庭的一员,像过去这一年的速度发展下去,本世纪内翻两番看来是大有把握的。"

四

　　费老的五上瑶山,相距四上瑶山有6年之久。这期间经过各级领导的努力,瑶山广大干部终于如愿以偿,已将头排与桐木两个乡镇划归金秀瑶族自治县的行政区划之内。山区有了粮食,平原有了木材,互相促进,相得益彰。20世纪30年代由费老执笔,以王同惠名义出版的《花蓝瑶社会组织》一书,已由江苏人民出版社重印。全书增加了照片,并以《四十三年后重访大瑶山》、《四上瑶山》等文作为附录。我也遵费老之命写了一篇短文《花蓝瑶的亲属称谓》附在后面。王同惠当年的专著印数不多,很多学者与有兴趣的同志都不易找到。这次重印可以满足不少人的愿望。除此之外,由费老倡导的瑶山调查,也拿出成果,由民族出版社出版了《盘村瑶族》一书。费老为此写了长序,指出通过数上瑶山,得到不少新的启发,"提出了不少问题,首先是瑶族是怎样形成的;其次是瑶族这一类山区民族有什么特点;第三是它们的发展方向是什么?第四是我们怎样下手去研究这许多方面的问题。"在序言中,费老叙述了自己思考的这些问题,并说明"这本《盘村瑶族》只是我倡议的瑶族研究的一个开始。我希望这项研究能继续下去。今后发展的一个方面是继续在大瑶山里一个集团一个集团地进行'解剖麻雀'的微观调查。"另一个方面"是走出去研究大瑶山之外的盘瑶。只有从比较研究中才能检验我们从研究大瑶山盘瑶所得到的一些设想是否正确"。

而这六年来，瑶山的确又有了巨大的变化，从金秀到六巷的公路已经修通。六巷的群众为了纪念年轻的王同惠为瑶族调查研究而作出的牺牲，在村寨附近也修建起了纪念亭。费老在1988年已有78岁的高龄，他便想去看望一下有着深厚感情的瑶族人民，并且实现重履当年调查故地的夙愿。

正好1988年12月是广西壮族自治区成立30周年的大庆。中共中央、国务院、全国人大常委会和全国政协组织中央代表团前往祝贺，代表团团长是宋任穷同志。作为全国人大副委员长的费老担任了副团长，他在12月9日到12日在南宁参加各项庆祝活动以后于13日离开南宁，参观玉林、梧州、钟山等市县，慰问了那里的领导和群众，于18日上午来到了金秀。计算起来，费老已是五上瑶山了。

这一次来到广西以后，费老的情绪很高，一路上应当地领导所请，赋诗题字，畅叙胸怀。到梧州写下了五言绝句一首："一别五十载，白发又再来；西江水长流，年老志不衰。"

12月16日下午，费老瞻仰了中共梧州特委旧址的博物馆以后，就到白鹤山上王同惠的墓地，凭吊了前妻。王同惠墓上竖立着雕刻有费老当年亲笔书写碑文的墓碑，作为一件文史资料，我将它抄录如下：

吾妻王同惠女士于民国二十四年夏，同应广西省政府特约来桂研究特种民族之人种及社会组织。十二月十六日于古陈赴罗运之瑶山道上，向导失引，致迷入竹林，通误踏虎阱，自为必死。而妻力移巨石，得获更生。旋妻复出林呼援，终宵不返。通心知不祥，黎明负伤匍匐下山，遇救返村，始悉妻已失踪。萦回梦祈，犹盼其生回也。半夜来梦，告在水中。搜遍七日，获见于滑冲。渊深水急，妻竟怀爱而终，伤哉！妻年二十有四，河北肥乡县人，来归只一百零八日。人天无据，灵会难期，魂其可通，速召我来。

中华民国二十五年五月费孝通立

大家在墓前肃立，费老和他的外孙女给王同惠献上花篮。我们与当地领导也一一敬献了花束。王同惠女士这位我国近代最早的为民族研究而献身的青年女学者，她不仅学识优秀，有很好的法文基础，而且不畏艰辛、敢于深入当时被视为畏途的山区调查。从她写的一篇篇《桂行通讯》来看，当时尽管他们生活艰苦，但是情绪却是十分高涨的，尤其令人感动的是，年轻的费老当时尽管遭受巨大的创伤，却仍以瑶族研究为重，在《花蓝瑶社会组织》一书的编后记中，意味深长地指出："我在此也附带声明，瑶山并不是陷阱，更不是一个可怕的地狱。瑶山是充满着友爱的桃源！我们的不幸，是我们自己的命运，所以希望我们这次不幸并不成为他人的'前车之鉴'，使大家裹足不前。我们只希望同情于我们的朋友们，能不停地在这路上走，使中国文化能得到一个正确的研究路径。"这是20世纪30年代一位献身科学研究的学者的呼唤。

费老到达金秀后，仍旧住在上次住过的招待所里。晚上参加了县里组织的大会，由费老向金秀瑶族自治县的领导授了中央代表团的贺幛，观看了瑶族的歌舞演出后，并给县里题了字。费老看到阔别了6年的瑶山正在大抓能源、交通、市场和人才培养四项建设，准备开发金秀河、建设梯级电站，要开通罗运至六巷、金秀至三角的公路，争取金秀90%的村公所都能通达汽车，并要为桐木到金秀的公路铺上柏油，准备改建和扩建5700多平方米的市场，并新建四个新的农贸市场，抢修学校的危房，特殊优待照顾瑶族学生等等。金秀县还论证了开发旅游业的可能与前景，费老高兴地为未来的金秀旅游区大门题下了"金秀瑶山"四个大字。

12月19日上午，一支车队从金秀镇出发，经过几个小时的颠簸，终在11点多到达六巷。费老的此次六巷之行，广西自治区领导曾考虑他已78岁高龄，道路崎岖，不很方便，想劝阻他不要去，而将六巷的一些瑶族老乡接到县城来与他会面，但费老执意不肯。半个多世纪以来刻骨铭心的思念，使他一定要完成这多年来的夙愿，现在车到六巷村口，费老神采奕奕，走下车来，向着欢迎他的喧闹的黄泥鼓舞蹈队伍走去。在乡政府稍事休息以后，费老50年前的老住户、王同惠遇难前几天曾在一起摄过影的老奶奶蓝妹国来看望费老了。两位老人的见面，使所有在场的人都十分感动。蓝妹国老人颤巍巍地将一套瑶族服装送给了费老的外孙女张勤，大家马上就帮她穿好，顷刻间这里就多了一位容光焕发的瑶妹。费老也将一床华丽的毛毯送给蓝妹国老人，让她御寒，祝她长寿。在广场上，人们欢乐地跳起了黄泥鼓舞。激越的鼓点，豪迈的舞步，给偏远的山乡带来了节日的喜乐。费老把从北京带来的糖果送给了六巷和上古陈的老乡，请他们一起品尝从首都捎来的甜蜜。

午饭以后，费老和他的外孙女张勤，以及全体陪同人员缓步来到乡政府后面的小山包。拾级而上，可以看到那里新建的一个尖顶方形的纪念亭，中间庄严肃穆地矗立着一块纪念碑，这是瑶山人民为了表示怀念王同惠的心意。费老献上了在山区采集的杜鹃、玫瑰和野百合花组成的花篮，在纪念亭前沉默致敬。

在向纪念碑肃立致敬之后，费老和自治区人大常委、柳州地区行署的几位领导及金秀瑶族自治县县长等一一握手道谢。随即登车，离开了金秀。

这次五上瑶山的时间虽短，但费老知道，自从自治县划入桐木、头排两个乡以后，解决了粮食问题，有了建设工厂的地盘，并减少边界纠纷，从县领导到群众都很满意，感到十分高兴。这一阶段他正孕育着一个开发南岭瑶族山区的设想，计划把广西、湖南、广东三省（区）接界一带的瑶族山区包括金秀、恭城、富川、江永、江华、连南、乳源等县组织起来，通过原来的行政体制，由互通信息、交流经验，再逐步发展到具体工作上的互相协调，有偿支援，在经济、文化等方面的合作中逐步形成一个共同的经济开发区，如果这个计划能够实现，相信对南岭瑶族地区包括大瑶山在内的发展将会起到一定的推动作用。详细情况可以参阅金宝生同志编著的《费孝通南岭行纪实》（已由广西民族出版社出版）一书。

在桂林期间，费老稍作休息，给笔者书写了一个横幅。这是一位历经忧患的岁月而又坚韧不拔地工作，终于获得了人们理解和尊重的学者富含哲理的诗篇，我愿将它献给读者，共同体会这位著名学者的深厚感情：

　　　　心殇难复愈，人天隔几许；
　　　　圣堂山下盟，多经暴风雨。
　　　　坎坷羊肠道，虎豹何所沮；
　　　　九州将历遍，肺腑赤心驱。
　　　　彼岸自缔约，尘世堆蚁聚；
　　　　石碑埋又立，荣辱任来去；
　　　　白鹤展翼处，落日限远墟。

注：诗中的圣堂山是大瑶山地区第一高峰。"圣堂山下盟"当指50多年前与王同惠女士在瑶山调查，立志民族研究之事。"白鹤展翼处"即指梧州市白鹤山王同惠墓葬处。

载《费孝通与大瑶山》，香港华通出版社，2005年4月。

港台学术界的瑶族研究

香港、台湾都是祖国的一部分,所以,那里关于少数民族的学术研究也是中国民族研究的一部分。只是由于众所周知的原因,才使得那里存在着一些比较特殊的情况。为了对中国的瑶族研究有一个全面的了解,除了知道国内大陆的瑶族研究情况外[1],还必须了解港、台学术界对于瑶族研究的情况。随着今后大陆与港、台之间交往的日益密切,希望民族学者之间也能加强交流与合作,共同推进新兴的"瑶族学"的讨论和研究。

根据目前已有的资料,知道台湾学者专门阐述瑶族历史或情况的文章不多。1960年,胡耐安在他20年前发表《粤北山排住民(瑶民)之史的探讨》(分别载于《满地红》第2卷第12期,1940年9月;《西南边疆》12期,1941年5月;《建设研究月刊》4卷1期,1940年9月);《粤北之过山瑶》(《建设研究月刊》5卷4期;1941年6月);《八排瑶的放牛出栏》(《社会研究》46期,1942年);《粤北瑶所残遗的古惯俗》(《旅行杂志》17卷1期,1943年1月);《谈八排瑶的"死仪"》(《风物志》1期,1944年1月)等文章基础上,重新撰写了介绍瑶族情况的《说瑶》[2]。作者在正文之前,写了一个很短的按语说:"二十年前,曾经撰写过一篇关于瑶族的报告。现在,重拾'旧题',撰写本文。撰写本文的要旨,是在述说这一'中国土著族系中古老

---

[1] 参见胡起望、华祖根:《瑶族研究概况》,载《民族研究动态》1985年第3期,第10—19页。

[2] 《民俗丛书》专号②民族篇,台北,1964年。

族系'的渊源，列举他们现在的实况——一个集居地的区域性的实况，并附带的介绍他们另一'分离'族系'畲民'的概况，用供研究'中国民族'人士的参证。"

《说瑶》一文长达4.3万左右，以作者过去在广东省北部瑶族地区的调查为主，介绍了那里的八排瑶的迁徙、宗教、衣食住行与乐器、婚俗、丧葬与出生、放牛出栏和耍歌堂，以及过山瑶的生计、衣饰、习俗、评皇券牒、盘古榜文、歌谣等等，最后并叙述了畲族是"瑶族系的分离族系"的看法，认为畲瑶出于同源。该文比较详细地叙述了这些地区解放前瑶族的生活场景，并且发表了当时搜集的《评皇券牒》和《盘古榜文》，为研究过去的瑶族情况提供了有用的资料。

台湾学术界介绍瑶族情况的除了《说瑶》一文外，还有赵洪慈写的少数民族简介：《瑶族》①。《瑶族》一文介绍了瑶族的人口分布，族支源流，社会生活传习（包括瑶歌、姓氏命名特点、"食人命"和"食屋命"、"耍歌堂"，"放牛出栏节"，"原始记事方式"，捉鬼、驱鬼、杀鬼，节日庆典，服饰居室，婚俗一斑等），社会结构与社会经济等。文章大量引用了《光明日报》、《民族团结》、《人民日报》、《新华月报》、《民族研究》等报刊的材料。

近几年来，香港地区学者的瑶族研究值得我们重视。香港大学中文系的高级讲师林天蔚是著名民族史学家罗香林教授的高徒，他早年曾到过广东曲江县瑶山（1942年）进行调查，1946年曾撰写《广东过去之瑶山及现状》的论文。1966年应哈佛燕京学社邀请，赴美国哈佛大学访问研究一年，曾先后到华盛顿国会图书馆、纽约哥伦比亚大学东亚图书馆、哈佛大学汉和图书馆搜集阅读地方志及有关书籍200多种，准备为撰写《瑶史考实》

---

① 《民俗丛书》专号②民族篇，台北，1964年。

一书做准备。现在已发表的有《南宋时大屿山为瑶区之试证》(《崇基学报》第3卷第2期，1964年5月）及《宋代瑶乱编年纪事》(《寿罗香林教授论文集》，1970年，香港）等论文。前一文论证了香港的大屿山亦即阮元《广东通志·前事志》中的大奚山，据不同书籍，宋代这里曾有瑶人或疍人、或僚人的记载。据作者考证认为，大屿山在古代应是瑶族居住的地区，并认为大概在明代以后，这里的瑶人已经汉化，所以以后不再有瑶族的踪迹，为古代瑶族的分布及瑶族史事的研究提出了值得进一步探索的意见。后一文排列了有关宋代瑶族起义与反抗斗争的记载，并推测宋代广东的瑶族，一支可能由湖南经广西而入广东西部，一支由湖南南部直接进入广东的北部。同时还论述了宋代在湘、桂、粤等地新建立的州县。林天蔚先生曾在1985年3月到广东潮安参加全国畲族史学术讨论会，进行了畲、瑶族之间的关系及其族源问题的讨论。

值得指出的是香港中文大学人类学系的师生们，近年来对于瑶族研究的兴趣十分浓厚。人类学系主任乔健博士与讲师谢剑博士长期以来从体质人类学的角度研究我国华南的民族。他们过去研究台湾高山族，曾发表过《台湾土著诸族屈肢葬调查初步报告》（乔健，《考古人类学刊》第15期、16期，1960年），《卑南族吕家社祖家制度的研究》（乔健，《中央研究院民族学研究所集刊》第34期，1972年），《马远丹社群布农族之亲族组织》（谢剑，硕士论文），《马远丹社群布农族的生态环境及其人口与家庭》（谢剑，《考古人类学刊》第29期、30期，1967年）等，现在他们转向以瑶族研究为主，1984年6月曾带领人类学系的学生到广东的连南瑶族自治县等地实习，并邀请广东民族学院副院长赵家旺（瑶族）赴香港讲学，在那里讲了《排瑶与过山瑶之异同》、《广东瑶族分布的历史与现状》等专题。谢剑也撰写了《排瑶命名制浅释》(《贵州民族研究》1985年第1期）的论文。

香港中文大学人类学系到广东连南和乳源的访问调查，于1984年6月13日至30日进行。由系主任乔健带队，参加者除谢剑外，并有学生三人。他们自述："此次访问主旨，固在了解连南地区瑶族进步实况，尤在训练本系高年级学生如何从事田野研究，使理论与实际相结合，务期学生能发挥所学，并增进对中国文化与民族之认识。至于选定连南地区瑶族之理由，除瑶族研究本身具有国际意义之外，瑶族支系的八排瑶绝大部分集中于连南，在田野研究时易于达到，且连南有公路与韶关相通，香港往访朝发夕至，于费用上亦较节省。"① 访问调查团对连南瑶族的经济生活、社会组织（传统部落领袖制度及其解体过程、姓氏及其宗支演变、命名制度、婚姻与家族制度），以及宗教信仰与民族政策、教育制度等进行了考察，并计划今后继续进行。

谢剑博士在《排瑶命名制度浅释》一文中，根据在广东连南瑶族自治县南坑、金坑、内田、油岭、白茫、大掌、大坪等地的实地调查，归纳出排瑶人的全名可以有姓氏、房名、父名、本名、出生序和分别男女性及辈分的通称等六个部分组成，指出了一些特殊的现象和平时简略性俗称的结构方式，还研究了生育与存殁对命名的影响，以及八排瑶命名制度的意义。作者认为这种命名制度的意义在于"强调纵的连续性"和"兼有社会控制的功能"，姓名中借用了亲属称谓中的尊卑不同称谓"无形中表示了个人的社会地位"，"具有对行为的制约作用，使人们不致偏离常道，逃避婚姻和养育子女的责任"。谢剑关于排瑶命名制度的研究，不仅对瑶族社会习俗一个方面进行了比较透彻的，而且为瑶族民族学研究打开了思路，提供了一个好的范例。除此以外，香港中文大学饶宗颐教授也在1985年3月于广东召开的全

---

① 谢剑：《连南排瑶初步考察报告》，载广东省民族研究学会：《广东民族研究通讯》第4期，1984年10月15日。

国畲族史学术讨论会上提交了《畲瑶关系新证》的论文，指出了历史上曾经存在过的畲、瑶之间的紧密关系。我们欢迎海内外的专家学者，为了瑶族的振兴和民族研究的发展，在各方面共同进行有意义的探讨，并在这种探讨中加深我们文化学术上的交流。

现在香港中文大学人类学系的乔健、谢剑与广东省民委、省民族研究所等国内外一些学者一起，在法国国立研究中心的华南及印支半岛研究组的赞助下，积极筹备召开《第一届瑶族国际研讨会》。届时除了中国内地及香港外，还将有法国、日本、美国、英国、瑞典、澳大利亚和泰国的有关学者参加。相信通过这种国际学者间的会晤，一定会加强国内外瑶族的研究、各国学者之间的友好联系。

本文与华祖根合作，载《民族研究动态》，1985年第4期。

瑶族研究概述

我国对瑶族的研究也有长远的历史，除历代的正史、类书、地方志均有涉及瑶族的记载外，私人的笔记如宋代范成大的《桂海虞衡志》、周去非的《岭外代答》；明代邝露的《赤雅》；清代屈大均的《广东新语》、李来章的《八排风土记》、陆次云的《峒溪纤志》等，对广西、广东的瑶族都有比较详细的描述。自20世纪20年代后期开始，已有学者亲自到瑶族地区进行实地调查，取得了不少成果。但作为对瑶族进行比较系统的、有一定规模的研究，则是在新中国成立之后。

一

近代对瑶族的调查研究，开始进行的时间还是比较早的。当蔡元培著文宣传民族学，并就任国民政府的中央研究院院长，在研究院的社会科学研究所中成立民族学组时，首次进行我国少数民族调查研究，就是关于瑶族调查。1928年7月22日至8月18日，民族学组的颜复礼与商承祖到广西凌云县北部，三次下乡，调查了六个村寨，于次年出版了《广西凌云瑶人调查报告》（《中央研究院社会科学研究所专刊》第贰号）一书。在此稍前，还有广东中山大学生物系采集队辛树帜、石声汉、任国荣、黄季壮等于1928年5月至7月进入广西大瑶山地区，首先查明那里存在着盘瑶、山子瑶、坳瑶、花蓝瑶、茶山瑶五个不同的支系。部分队员在工作过程中，也记录了一些瑶族歌谣与生活情况（石声汉：《正瑶歌舞》、《甲子歌》，任国荣：《瑶山两月观察记》，载《中山大学历史语言研究所周刊》第4集,第46、第47期)。但他们的主要目的在采集动植物标本,因此作为一次近代的正规的瑶山民族学调查来说,应以颜复礼与商承祖的调查为始。

《广西凌云瑶人调查报告》注重照片(有照片76张),记载了几个族系的瑶族(红头瑶、蓝靛瑶、盘古瑶、长发瑶)的生活习俗和少数语词。但是,整个报告十分粗疏简略,而且也有一些错误的结论。尽管如此,正如徐益棠在《中国民族学之发展》(载《民族学研究集刊》第5期,1946年)一文中所说的:《广西凌云瑶人调查报告》"以现在的科学成绩观之,虽不免疏漏简略,然此书实为中国民族学实地调查最早之作品"。

此后,中山大学生物采集队又于1930年3月至5月和1931年春,两次分别到广东北江地区及广西大瑶山地区采集生物。队员庞新民在工作过程中,就这两地瑶族的社会生产、生活习俗做了调查。① 对广东曲江县荒洞村,乳源县公坑、兰坑,乐昌县大塘坑、贵坑,以及广西大瑶山古陈等地的瑶族情况作了较为详细的记述,并且也在瑶族研究中引进了比较研究的方法。其内容偏重于衣食住行的一般描述上。

1935年10月,正在燕京大学学习的年轻的民族学者费孝通、王同惠夫妇,在留学英国的前夕,进入广西大瑶山地区的南部,重点对花蓝瑶进行了调查,并首次对瑶族进行了人类学测量的工作。在调查的途中,王同惠不幸失足坠崖落水,为调查事业献出了年轻的生命。费孝通整理遗稿,于1936年6月以王同惠的名字出版了《花蓝瑶社会组织》一书,这是年轻的人类学工作者一次开拓性的研究成果。在后记中,作者特地指出:"我们的不幸,是我们自己的命运,所以希望我们这次不幸并不成为他人的'前车之鉴',使人家裹足不前,我们只希望同情于我们的

---

① 庞新民:《两广瑶山调查》,中华书局,1935年。

朋友能不住的在这条路上向前走，使中国文化能得到一个正确的研究路径。"显示了为学术研究不惜牺牲的精神。

　　与此同时，金陵大学边疆问题讲座的教授徐益棠也趁到广西南宁参加六个学术团体的年会的便利，到大瑶山进行了约四个月的调查，以后陆续写出广西象平间（象州、桂平之间）瑶民的经济生活、生死习俗、房屋、法律、服饰等方面的报告，分别载于《金陵学报》、《边政公论》、《学思》、《中国文化研究》、《边疆研究论丛》等书刊。次年11月，中山大学文科研究所、文学院史学系、生物学系及广州市立博物馆等单位的杨成志、江应梁、王瑞兴、刘伟民、罗比宁等10人到广东曲江县荒洞瑶族村寨进行调查。返回后，各人分头执笔，就体质类型、历史、经济、宗教信仰、房屋工具、衣服装饰、作概况、歌谣传说等各方面写出调查报告，刊登于中山大学1937年6月30日出版的《民俗》复刊号第一卷第三期《广东北江瑶人调查报告》专号上，1938年作为《西南民族丛书》出版。这次调查时间未逾一周，但收集材料相当丰富，特别是对体质、经济生活和宗教信仰等方面，都比以前较为详尽。

　　从20世纪20年代到1937年7月抗日战争爆发时止，除了上述的一些对瑶族的专门调查研究与著作外，据不完全统计，先后发表了有关瑶族文章67篇，其中按内容分，关于历史方面的约占12%，关于现况调查约占85%，关于语言方面的约占3%。其中比较有影响的作品，除了前而已经提到的以外，还有江应梁《广东瑶人之史的考察》（《新亚细亚月刊》12卷6期），马长寿《苗瑶之起源神话》（《民族学研究》集刊第二辑），盛襄子《湖南之苗瑶》（《新亚细亚月刊》8卷4期，10卷5期），费孝通、王同惠《桂行通讯》（北平《晨报》，社会研究版第109、第114、第115，第118、第119、第120等期），李方桂《广西凌云瑶语》（中央研究院语言历史研究所集刊，第一本第四分册）等等。

抗日战争时期，随着高等学校与研究机关向内地迁徙，如中山大学先后迁至云南澂江和粤北乐昌县的坪石、岭南大学迁至粤北曲江县桂头墟附近的仙人庙等等，一些民族学者比过去更接近瑶族地区。因此从1937年7月到1945年8月的抗日战争中，他们继续对瑶族进行调查研究，并发表有关的研究著作。当时研究广东北部瑶族的有杨成志、梁钊粥、江应梁、黄朝中、胡耐安、李智文、李秀琼、冯海燕、霍真（R. F. Fortune 岭南大学）、王启澍、黄灼耀；研究广西瑶族的有刘介（锡蕃）、徐松石、陈志良、雷金流、徐益棠、唐兆民、赖健生、刘君煌、杨筠如、陈之亮、陈世雄、楼同茂、梁政第等等。研究的范围涉及瑶族来源，元代对瑶区的开发，瑶山土地制度、经济生活、村落、房屋、礼俗、社会组织、民间法律、妇女地位、婚则、风俗习惯、宗教符咒、禁忌、丧仪、节日、饮食、教育等等。只是由于大部分作者都不是专业的瑶族研究者，有些只是有机会去过瑶山的有心人，记录了他们的见闻、观感或少部分的调查研究材料，无论从深度或广度上都有一定的局限，其中提供的资料与研究的线索，是值得十分重视的。其中杨成志主编的《粤北乳源瑶人调查报告》，是继1936年荒洞瑶村调查之后又一次较大规模调查的成果。该书包括：乳源瑶族人口问题、经济生活、宗教信仰、刺绣图案、语言等六篇文章，作者运用民族学的观点、方法对乳源瑶族的物质文化和精神文化进行了比较研究，是荒洞调查的重要补充，学术价值也有所提高。与此同时，发表在《岭南大学自然科学》杂志（英文版）上的几篇有关连南排瑶的文章，如霍真的《瑶族文化概观》，李智文《八排历史》、《八排瑶之来历及其社会之组织与争端》，李秀琼《瑶族家中之生育婚嫁与丧葬》，黄锡凌《油岭方言描述》等，都是中外学者经常引用的学术论著。又胡耐安等合写的《粤北之山排住民》也是当时对连南排瑶的调查研究成果。至于刘锡藩的《岭表纪蛮》、徐松石的《粤江流域人民史》虽不是研究瑶族的专著，但它对瑶族历史和文化的研究都提供了不少的资料和有价值的线索。

从1945年8月抗日战争胜利到1949年10月新中国建立前夕，由于内战频繁、物价飞涨、百业萧条，没有一个良好的调查研究条件与环境，所以对瑶族的研究基本上处于停顿的状态。这一时期发表的论文、著作很少，可以列举的只有下列几种：曾昭璇《粤北瑶山地理考察》（《边政公论》7卷第2、第3期），陈志良《恭城大土瑶的礼俗与传记》（《风土杂志》2卷第2期），张昆《苗瑶语声调问题》（《中央研究院历史语言研究所集刊》第16本）等。张昆的论文初步建立起苗瑶语的声调系统，至今仍有参考价值。此外这一时期只有两本与瑶族有关的专著出版，即唐兆民的《瑶山散记》和廖炯然的《瑶民概况》。唐兆民的《瑶山散记》在1948年由桂林文化出版社出版。作者唐兆民于1934—1937年供职广西省教育厅，曾多次进入广西大瑶山考察，搜集了一些材料，对当时瑶山的现况和有关的历史，都有一些翔实的叙述。此书在1980年又由台北新文丰出版公司重印。

综观从20世纪20年代后半期开始，直到20世纪40年代末期我国对于瑶族的研究，已有相当的基础。调查研究的范围已经涉及族源、过山榜、迁徙、历史事件、现代经济生活及风俗习惯的各个领域，特别对广西的大瑶山及粤北的乳源、连南等地瑶族的多次调查，积累了相当丰富的资料。为以后大规模的调查研究提供了可供对比的资料与宝贵的线索。

二

新中国成立以后，对瑶族开展较大规模的调查研究，始自1951年中央访问团到各省瑶族地区进行的慰问活动，当时随团的有不少语言学、历史学、人类学、民族学工作者，对当地瑶族进行了各个专业方面的调查考察，收集了一批资料。1954年、1956年和1958年，又曾先后组织各方面的专家学者和本民族干部，对各地瑶族的语言、社会历史和民间文学进行了几次大规模的综合调查。在大量第一手材料的基础上，开始运用马克思列宁主义、毛泽东思想中有关民族问题的理论、观点、方法，进行分析研究，写成了许多调查报告和学术论文，陆续在各报刊上发表。有些瑶族研究专著作为国家民委主编的《民族问题五种丛书》的组成部分先后加以出版。在调查编写过程中，不仅取得了有价值的研究成果，而且还造就了新一代的瑶族研究工作者，特别是本民族学者的初步成长，更是难能可贵的。

这里按瑶族研究的问题，将解放30多年来的情况归纳如下：

1. 族源问题

关于瑶族的源流，在解放前已有人加以研究，提出过来自"湖南五溪蛮"（江应梁：《广东瑶人之今昔观》）、远古时代居住"江浙赣闽等省"（徐松石：《粤江流域人民史》）的种种说法。解放后，已故的潘光旦教授在研究土家族的论文中曾明确提出"说'长沙蛮'是盘瓠之后，是瑶人，基本上是对的"（潘光旦：《湘西北的"土家"与古代的巴人》）。此后，随着研究的深入，到1962年11月广西召开瑶族史讨论会时，就有瑶族源于"山越"和源于"长沙、武陵蛮"的不同说法。

主张瑶族源于秦汉时期"长沙、武陵蛮"，其原始居地除长沙、武陵郡以外，还分布于庐江（岭安徽西部）、九江（今江西九江一带）诸郡，其理由是：一、古代"蛮"字，原作"䜌"，初无歧视侮辱之意，可能是瑶族先人的专称，后来才泛称南方所有的少数民族。据《隋书·地理志》及《岭外代答》所载，瑶的名称是因是否服徭役而起的，所以"瑶"并非瑶族本来的名称，而是后来才有的。二、从《后汉书·南蛮传》、干宝《晋记》、《史记正义》、《吕览·召类篇》、《淮南子·修务训》、《北史蛮僚传》、《南史·荆雍州蛮》、《梁书·张缵传》、《蛮书》、《元和郡县志》、《桂海虞衡志》等记载看，瑶族原始居地应该在过去的长沙、武陵郡地区，一度东连寿春，西通巴蜀，北接汝颖，分布甚广。而且历史上统治瑶族的封建大吏以及瑶民的反抗斗争，也都在这些地区。三、从瑶族的迁徙路线看，也都是从原长沙、武陵郡地区向西、向南迁移，而并非由江浙迁入两广的。四、认为瑶族的生活习俗与"长沙、武陵蛮"相同，而"山越"系越人的一部分，其图腾崇拜不是犬而是龙；三国时相当一部分"山越"已汉化很深，而且其中有的本身就是逃亡、匿居的汉人。

主张瑶族源于原始居住地在今江苏、浙江一带的"山越"的理由是：一、根据《后汉书·南蛮传》、《山海经·海内北经》郭璞注、《路史》引《玄中记》，以及《过山榜》、《还盘王愿的起源》、民间流传的口碑、瑶族迁移的遗迹等方面来看，认为瑶族先人古代居于会稽。而从《史记·越王勾践世家》正义引《吴越春秋》中有文种"之三户之里，范蠡从犬窦蹲而吠之"的记载看，吴越人系以狗为图腾。二、苏、浙一带古为百越之地，春秋时有"于越"，战国有"扬越"，秦汉之际有"瓯越"、"东越"，三国时"山越"等。《三国志》贺齐、陆逊、孙权等传载，山越当时居于吴国东南部山地，即今江、浙、皖、赣四省边境，东汉时崛起，势力强大。从《三国志·诸葛恪传》可见西汉置东越、闽越诸国，越民不从命者多逃亡山间，称山越，诸葛恪在丹阳一郡曾募得山越四万人。而山越的生活习性又与瑶族一致。因此认为瑶族应该源于山越。三、又据汉代刘向《说苑》所载越歌一首，有些"越音"据说广西贺县、兴安县的瑶族还会唱①。还有人认为"越"的长音是"瑶","于越"二字合音是"瑶","山越"二字合音是"畲",所以认为瑶与越或山越的关系密切。②

此后关于族源的研究,大致上仍在这两种意见之间,也有人提出了"多元"的折中看法,认为瑶族来源中既有"长沙、武陵郡"、"五溪蛮"的成分,又有"山越"的成分。1983年公开出版的、由不少学者共同编写的《瑶族简史》指出:"关于瑶族来源问题,因其历史悠久,史料缺乏,尚难定论。但多数人认为瑶族源于'长沙、武陵蛮'或'五溪蛮',原始居地在长沙、武陵两郡,即湖南的湘江、资江、沅江流域和洞庭湖沿岸地区。目前,我们认为这一看法是比较客观的。"

2. 关于《过山榜》的研究

《过山榜》,又叫《评皇券牒》、《南京平王敕下古榜文》、《盘王券牒》、《过山图》、《过山牒》等等。它是在瑶族中广泛流传的一种民间文献。从现在发现的情况来看,已达100多件。1984年6月,湖南人民出版社出版了一本《瑶族过山榜选编》,这是由中央民族学院及湖南、广西的学者一起联合编辑的。其中共收集了《过山榜》及《世代流传祖居来历书》、《千家洞古本书》等文献共35份,基本上代表了瑶族民间流传的《过山榜》的概貌。

瑶族《过山榜》所署的年代各不相同,其中以大隋元年(约指隋开皇元年,即581年)最早,其次有唐贞观二年(628年)、宋绍兴三年(1133年)等,而以署"正忠景定元年"(1260年)为最多。它记载了瑶族的起源传说,以及过山耕作不

---

① 陈志良:《广西特种部族歌谣之研究》,载《说文月刊》二卷六、七期合刊。
② 参见广西少数民族社会历史调查组:《瑶族族源问题讨论意见》,1962年11月编印。

交税纳粮的权利。有的同志根据《过山榜》的不同内容，将它们分为三个类型：甲型，通称《评皇券牒》，上署"正忠景定元年"年号，一般为长卷式。乙型，大都叫做《过山榜》、《过山版》、《过山帖》等，内容较简略，所署年号较早，有署"初平"（190—193年）、贞观二年（628年）等等，可能是《过山榜》的原型，《评皇券牒》是在这个基础上发展起来的。丙型，是《评皇券牒》的发展型，即在《评皇券牒》内容之后，又添加了迁居路线、山地林木占有状况等内容。其传抄时代较晚，有的还是解放后1951年的抄本。（《瑶族过山榜析》，《中央民族学院学报》1981年第二期）。

从现有的材料看，有人认为"很难说明它是唐或宋王朝发给的官方文献"（引同前）。也有人认为，"从榜文的语气来看"，"这些条例均出自封建王朝"，"隋政府根据瑶族民间关于龙犬盘瓠的传说和瑶族人民的某些要求，给予一个无损于隋王朝的牒文是完全可能的。"宋代"对瑶族发放了三十多次官方文书"。但同时认为一部分"身居官位的瑶族首领发给迁徙的瑶人过山牒文是可能的。"（李维信：《试论瑶族过山榜》，《广西民族学院学报》1984年第三期）。

还有的同志，通过对《过山榜》的研究，从上面列举的山名，考查出瑶族"发迹于浙江中部的会稽山"。其中的部分地名是东瓯人的生息活动所在，因此认为"信奉盘瓠的瑶族是东瓯人的子孙、古越族的一支，闽浙一带则是他们的早期故乡"。（容观夐《瑶族与古越族的关系——从评皇券牒看瑶族的早期历史》，1982年《中南民族学院学报》第三期）。

3. 关于粤北瑶族历史的讨论

广东省共有瑶族95800多人，占全国瑶族的6.8%，主要居住在广东北部连南、乳源、连山等县。历史上广东瑶族的居住地方甚广，在全国瑶族人口中所占比例显然也要比现在为大。仅据明嘉靖戴璟《广东通志》的材料统计，嘉靖以前，广东就有瑶山682座，可见分布的众多。1984年2月，广西民族出版社已出版黄朝中、刘耀荃主编的《广东瑶族历史资料》（上、下册），搜集资料丰富，按族源、地理、史事、政治、人物、社会、艺文等分类排列，利于检索。为瑶族研究提供了十分便于利用的资料。

在此以前，由于李默发表了《粤北瑶族历史的一些资料》一文（《学术研究》1979年第三期），提出广东瑶族并不是隋唐之际才从武陵、五溪移到湘、桂、粤三省边境，而据《汉书》陆贾传所载，秦汉时"南越已是蛮夷居住地"。六朝时《宋书·蛮夷列传》又载"广州诸山并俚僚种类繁炽"，等等，说很早以来瑶族就是广东地区的居民。由于对于《汉书》陆贾传所述的"蛮夷"一词及《宋书》"俚僚"名称的理解不同，进行过一些讨论。

广西民族研究所韩肇明在《浅论粤北瑶族历史中的若干问题——兼与李默同志榷》（《学术研究》1980年第四期），认为从广东瑶族所藏《过山榜》及口碑传说看来，他们的祖先原住会稽和南京十宝店，隋唐时期"才开始陆续从长沙、武陵两郡向南迁徙来到粤北地区"。并认为从春秋战国到秦汉时期的"蛮夷"，已是长江以南"百粤杂处，各有种姓"的各少数民族的泛称，所以不能把它作为瑶族或其他民族的专称来看，并且也不能把宋、元、明初时广东关于"蛮越"、"俚民"、"峒僚"的记载，都作为瑶族的史料来看待。指出"百越"民族系属于汉藏语系壮侗语族，而与苗瑶语族的瑶族是"没有丝毫的瓜葛"的。

与此同时，张介文也发表《关于粤北瑶族的来源问题——对李默同志〈粤北瑶族历史的一些资料〉的一些看法》（《学术研究》1980年第四期），也提出《汉书·陆贾传》中"蛮夷"一词系对少数民族的泛称，所以不能据此得出秦汉时期已有瑶族在南越居住的结论,而认为瑶族的原始居地应在湖南省的南山(卢溪县或沅陵县西)。到南北朝时期,湘、桂、粤三省边境的桂阳、阳山、始兴等地已有瑶族居住。隋唐时期,瑶族在广东连州地区更加普遍居住,并迁入潮州与福建泉州等地。

对韩、张二人的文章,李默在《求索》1983年第四期上,撰文予以答复(《岭南瑶族来源问题的探讨》)。除了同意"蛮夷"一词是长江以南少数民族的泛称外,也指出不能排除蛮夷中一支是瑶族的先民,其中"包括古扬越南下的荆蛮(武陵蛮)、江浙闽来的山越、岭南土著长沙蛮(桂阳蛮)和俚僚。他们在秦汉时期均已长住岭南。"并提出"俚僚对南蛮来说是专称,对岭南少数民族来说是泛称"。因此,"俚僚"的名称中,也包含有瑶族的先民在内。

关于广东瑶族的早期历史和全国瑶族史一样,还有一些问题值得进一步研究。相信通过大家的努力,会取得新的成就。

4. 历史上的瑶民起义斗争

历史上瑶族人民曾多次爆发起义斗争。早在唐代末年黄巢起义后,于乾符六年(879年)夏,起义军经过大庾岭攻广州,并从桂林沿湘江北上时,都经过了瑶族地区,影响所及在第二年就爆发了以鲁景仁为首的义军联合蔡结、何庾领导的瑶、汉人民起义,在湘南、粤北一带统治了近二十年的时间(杨宽《黄巢起义对瑶族人民的影响》,1961年9月10日《文汇报》)。

明代广西大藤峡地区瑶民起义持续时间长达100多年,是瑶族史上历时长、规模大、影响广的一次起义斗争。在明王朝先后派韩雍、王守仁、翁万达等人带兵的镇压下趋于失败。韩肇明《明代广西大藤峡瑶民起义》(1981年《中央民族学院学报》第四期)概述了这次重要的起义斗争,并分析了这次斗争的意义。更可喜的是,1972年夏在桂平县蒙圩公社铜锣圹屯头渡坝口的坡地上,出土了三颗大藤峡起义军侯郑昂等人于成化二年(1466

年）缴获的铜印，每颗重1.76市斤，7公分见方，以九叠篆文镌刻"浔州卫中千户所百户印"系"洪武三十九年四月"，明王朝"礼部造"为研究大藤峡瑶民起义提供了新的实物资料。（李毓麟《大藤峡瑶民起义辉煌战果的历史见讯——兼对"浔州卫中千户所百户印"的分析》，1979年《学术论坛》3、4合期）。

除此以外，还有华济时、雷绍良的《新宁瑶族兰元旷领导的瑶民起义》（1984年《湘潭大学社会科学学报》第一期），姚舜安的《兰正樽、雷再浩起义》（1984年《广西民族学院学报》第一期），《赵金龙领导的瑶民起义》（1983年《广西民族学院学报》第二期）都研究了清代后期湖南南部瑶族人民起义斗争。其中作者之一的雷绍良先生，是湖南新宁县八峒瑶族，长期从事教育工作，曾任小学校长多年，他热心搜集瑶族史料为研究新宁八峒瑶历史作出了贡献。可惜已于前几年不幸病故。在他与华济时合作的文章中，提供的兰元旷于道光十六年（1836年）扎台拜将，自称"刚健王"，草拟"王政十三条"等，都是新发现的重要历史资料。

太平天国革命之前，洪秀全曾到过广西瑶山，曾在连南县南岗排向瑶族宣讲拜上帝会教义（李国伟：《洪秀全游历瑶山考》，1982年《华南师院学报》第三期）。太平天国起义爆发后，广西桂平县及其附近的瑶族是拜上帝会的一支基本力量。不少瑶族人民参加起义，辗转斗争，作出了贡献（邢凤麟：《太平天国与瑶族》，1983年《中央民族学院学报》第三期）。到了近代，1933年广西北部又爆发规模较大的瑶民起义，它所经历的时期虽不太长，但影响却十分重大。解放后，广西少数民族社会历史调查组在20世纪50年代后期已广泛搜集资料，并进行了实地调查，将出版专集。南跃、彭大雍、黄钰、盘星明、盘朝月等也写有论文从各个方面进行了论述（1959年《民族研究》第七期；1982年《学术论坛》第二期；1984年《广西民族研究参考资料》第四辑)。

5. 解放前的瑶族社会

关于解放前瑶族社会的研究，有不少学者从各个角度进行了探讨。郑立行《粤北瑶族的氏族社会遗迹》（1959年《史学月刊》第六期）研究了存在于广东连南县八排瑶中比较完整的瑶老制。那里在解放前还存在着"房、姓的公有财产"、"太公田"、"太公山"。排内有以血缘关系为基础的社会组织，并且民主推选，有一定任期的"天长公"、"头目公"、"烧香公"、"掌庙公"等等，行使一定的不成文法，并且有"吃人命"的惩罚制度，即出了人命事件，要牵动当事人十二代外家的赔偿。并经常发生排内房、姓之间，或排际之间的血亲复仇式械斗。韩肇明《论瑶族农村公社》（1984年《云南社会科学》第二期）指出："瑶族农村公社是由家庭公社发展而来，并以农村公社特有的地域性的社会组织和二重性的生产资料所有制长期依存于封建社会之中。"张有隽、邓文通的《十万大山山子瑶农村公社探讨》（1983年《广西民族学院学报》第三期），根据1980年与1982年两次在广西上思县十万大山的实地调查及前人的一些记录，研究了那里的山子瑶生产力和生产关系状况，指出："解放前，决定山子瑶社会大事的，仍然是原始的村社民主制度。"他们的"氏族制度早已瓦解，地缘系统已成为联系人们的纽带，生产资料占有与产品分配具有二重性。上层建筑方面起主导作用的是以村民议事会和村老理事为特点的村社组织和民主制度，社会内部并开始萌生了一定的阶级关系"。因此，解放前十万大山山子瑶社会"还处于由原始社会向阶级社会过渡的农村公社发展阶段"。

关于解放前中国瑶民社会政治、经济的研究，有周宗贤的《试论瑶族封建社会形成的特点》，（1982年《学术论坛》，第二期）。就瑶族原始社会的崩溃，并绕过奴隶制的发展阶段而直接向封建领主制过渡诸问题进行了研究。周宗贤同志是已故的广西民族研究所的研究人员，他长期致力于壮族史的研究，这是他研究瑶族社会历史的几篇重要文章之一。此外，又有周光大《瑶族解放前的社会经济形态》（1982年《思想战线》第三期）指出："解放前瑶族社会的经济形态是复杂的，绝大部分地区以封建地主经济为主。个别地区以封建领主经济为主，在全国半殖民地半封建的主导经济影响下，各地的社会经济又不同程度上具有半殖民地的性质，而在不少的地区，却还保留着原始公社制的遗迹。"高言弘、李维信还研究了广西瑶族经济的特点（《广西瑶族经济的特点》，《广西大学学报》1980年第一期）指出那里有四个特点：（1）农业生产为主，手工业未能从农业中分化出来。（2）林业生产大有作为。（3）土特产占重要地位。（4）瑶族地区内部无圩场，很少有人经商。

对解放前的瑶族社会组织，胡起望根据广西大瑶山的材料，写有《大瑶山盘瑶的社会组织》一文（日本东京大学《东洋文化研究所纪要》第94册，1984年），研究了盘瑶社会中的婚姻与姓氏、家庭形态、亲属称谓、"接养"和"老同"、瑶老制与石牌制等问题，从民族学角度对盘瑶的社会组织进行了初步的探讨。

关于瑶族的传统道德规范研究是一个新的课题，周宗贤在这方面作了可喜的尝试，写有《瑶族的传统道德规范研究》（1983年《思想战线》第五期）。文章指出瑶族人民在日常生活中以下列观念作为言行的准则，调整人与人之间的关系。这些观念是：（1）原始平等观念。（2）互相协作的观念。（3）"非己物不取"的观念。（4）克己为公的观念。（5）讲信用的观念等等。这些观念一般通过：（1）集会上由头人口头宣传。（2）宗教仪式中进行教育。（3）用民间故事传说进行教育。（4）火塘边家长传授等方式世代相传。说明这种优良的道德风尚，也为我们"建设高度的社会主义精神文明中，提供一个良好的借鉴"。

对解放前瑶族的石牌制度，李维信根据20世纪50年代的调查，进行了研究，写有《大瑶山的石碑制度》（1981年《西南民族历史研究集刊》第二集），指出大瑶山石牌制度约"产生在明代前期"，"社老、庙老是石牌头人的前身，石牌制度是由社老和庙老职能发展而成的，而石牌制和瑶老制则是瑶族社会中相同的一种政治组织形式，只是称呼不同而已"。"石牌不是国家政权"它发展中有分有合，但一直没有形成一个总石牌。它既有联系团结本族人民、保护生产、安定社会、促进物质交流的一面，也有压迫、剥削人民的一面。""我们肯定它在客观上的积极作用的同时，还应当对其消极作用持批判态度。"值得指出的是在贵州荔波县瑶麓乡也发现了数块石牌，其中除了地方官与乡团合立的豁免赋税的照示外，还有的是当地民众所立的革除同宗婚的石牌（史继忠《关于瑶麓三块石碑的研究》，1983年《贵州文物》第二期）。这为研究除大瑶山以外的石牌制度提供了线索。

6. 瑶族宗教信仰与葬式的研究

张有隽《瑶族宗教信仰史略》（1981年《广西民族学院学报》第三、第四期）指出，瑶族经历了自然崇拜、图腾崇拜、鬼魂崇拜和祖先崇拜的多种信仰。早期的巫师没有政治上的特权，也没有经济上报酬。后来才演变成为单纯从事宗教活动的头人和专门的宗教职业者。而瑶族地区的一些巫师正处于这种演变之中。杨庭硕、姜永兴的《白裤瑶传说信仰寨神剖析》（1983年《学术论坛》第六期）对贵州荔波县白裤瑶信仰的寨神做了研究，那里每个村寨有主、副两个寨神的原因，是瑶族古代冬夏期间分别居于岩穴和树巢两种不同居室的反映，"树巢成了主寨神的替身，岩穴象征着副寨神"。从原始社会生活的角度，研究了白裤瑶的寨神信仰。

在广西南丹县里湖瑶族公社发现了一批岩洞葬，据张一民、何英德、玉时阶等人的调查《广西南丹县里湖瑶族公社岩洞葬调查及初步探讨》（1983年《广西师范学院学报》第三期），根据对35个岩洞的调查，其中放棺材少者一副，多者14副、18副、20副、30副不等。据传说是白裤瑶族先人的葬地，部分棺木中还发现有白裤瑶男子服饰及瑶族传说中的砍牛刀等，因此初步推断为白裤瑶的古代葬俗，而其年代上限不早于宋代，下限则可以延续到清末民初。其葬式为"仰身直肢葬"，"是一次葬而不是二次葬"，"有合骨的习俗"；"没有发现随葬品"，"利用天然岩洞，对墓地不太注意选择"。棺材由四块大板合成，两头各有挡板，锯刨平整，镶合牢实，显示了一定的工艺水平。这种岩洞葬与南丹白裤瑶的关系值得进一步研究。

7. 瑶族的教育与医药

一个民族的教育事业状况如何，对于该民族的发展有着密切的关系。张有隽《试论瑶族教育的历史发展》（1983年《广西民族学院学报》第二期），研究了宋代、清代封建王朝在瑶族地区推行的封建教育，长期以来瑶族人民自己的传统教育，以及瑶族地区的"私塾"和从清末到民国时的新式学校。指出"历代统治阶级在瑶族地区办学，有时亦颇注意到瑶族的特点，因而能取得一些效果"。宋代章惇开梅山以后，就在那里实行过"以儒为教"的措施。明代在镇压瑶民起义后，除增设州县，派兵驻守外，还"兴教化、立学校"，设立"社学"，招收瑶族子弟入学，万历年间，甚至有瑶族考上举人的。到了清代，不少地区的州县学校中，还特别设立照顾名额，"破格录取"，以利于瑶族中少数儿童的入学。除此以外，瑶族人民自己也有通过社会、家庭、宗教仪式而进行的口耳相传的传统教育，讲授本民族历史、村规民约、勤劳有礼、宗教经典、医药知识等等。

瑶族人民由于长期居住山区，天然的丰富资料提供了发展植物类药物的优异条件。胡起望的《瑶医简述》（1983年《中央民族学院学报》第一期）论述了在华南一带城镇中行医卖药的瑶医的历史，主要的治病方式及若干颇具疗效的瑶医验方。从广东北部、广西东部、贵州南部的地方志中可以看到清代已有瑶医"入山采药、沿寨行医"，"善识草药，取以疗人病，辄效"的记载，治病方式有"望、问、闻"三种手段，有的还能从事针灸。从广西民族医药的调查中，搜集植物药 975 种，其中瑶族有专门名称或知道其药效的即达 543 种。瑶医给药除了煎水服以外，还有与动物类内脏或一定部位的畜肉共煮服用的习惯。瑶医的药浴疗法更是从瑶族人民每日洗澡的优良习惯上发展起来的特殊疗法。关于瑶医是一个值得进一步挖掘的宝库。

8. 瑶族的语言文字问题

关于瑶族语言研究，近三年来有较大的发展。基本上摸清了复杂的瑶族语言情况。罗季光发表《广西瑶语》（《中国语文》1953 年第三期），初步介绍了瑶族名称、自称和语言的复杂情况。

1982 年 4 月由民族出版社出版的《瑶族语言简志》，是新中国成立以来第一本公开出版的瑶族语言研究专著。该书的语言素材，大部分是 1956 年至 1958 年中国科学院少数民族语言调查第二工作队普查我国瑶族语言所得，在知名的瑶语专家罗季光的指导下编写出初稿，纳入《中国少数民族语言简志（苗瑶语族部分）》于 1959 年出版，后来经补充重写而成此书。全书共分：概况、勉语、布努语、拉珈语、瑶族语言与其他语言的关系、词汇附录六个部分。首先指出各地的瑶族目前使用着三种不同的语言，而不是一种语言中的不同方言，然后着重介绍这三种语言的语音系统、构词方式、语法要点和方言概述。在瑶族语言与其他语言的关系方面，本书提到瑶语与苗语的亲密关系，特别是瑶语中的布努语，与苗语川、黔、滇方言的语音对应关系比较明显。而瑶语中的拉珈语的语音系统，则跟壮侗语族中的侗水语支更为接近。瑶族的三种语言都有不少的汉语借词，而勉语的汉语借词要比布努语和拉珈语多一些。比较早的借词，勉语和拉珈语都跟粤方言相近。近代的，三种语言都借自西南官话，而布努语中也有不少的壮语借词。本书的可贵在于能从瑶族的实际情况出发，根据不同支系的实际存在，研究它们使用的语言的不同，以及与汉藏语系中诸语言的关系，而不拘泥于语言学中的方言、土语的概念而掩盖民族语言中存在不同支系语言的客观存在。为民族语言的调查研究树立了严谨、求实的典范。由于篇幅所限，对三种语言的叙述尚显简略，而且对各支系语言中方言土语的划分，随着今后调查的更为深入和积累资料的增多还会有所修订。至于瑶族语言的历史发展途径以及与其他民族语言的比较研究，有待今后再版时予以补充。经过广大语言工作者的多年努力，终于出版了毛宗武、蒙朝吉、郑宗泽的《瑶族语言简志》（1982年，民族出版社）。指出"各地瑶族人民日常使用的不是一种语言"。大致可分为"勉"话（属瑶语支）、"布努话"（属苗语支）、"拉珈话"（属侗水语支），还有小部分人说与当地汉语方言不同的一种汉语。但它们统属于汉藏语系。

关于瑶语的专题研究也正在开展中，舒化龙、肖淑琴的《瑶语数词初探》研究了瑶语中存在着两套"数词"的现象，指出"瑶语从汉语借入序数词与原来的基数词成为不同语言形式的两套，这是可以理解的。因此，瑶语序数词的产生和发展，完善了瑶语数词的功能。标志着瑶语的新发展。"李增贵根据美国康乃尔大学出版的《瑶英词典》（编者S. J. 隆巴德，H. C. 珀内尔）的材料，著有《中外瑶语音系比较》（1983年《广西民族学院学报》第二期），指出"中外瑶语的音系是大同小异，完全是同一种语音系统"，"中外瑶语都是属于'勉'话系统的勉方言勔十语"，"我们认为两者在通话上是没多大困难的"。

关于瑶族历史上是否有过自己的文字，是一个需要深入研究的问题。方炳翰《云南金平瑶文》（1981年《民族学报》第一期）从流传于云南文山自治州金平县瑶族中的经典、书信、歌书等材料中认为存在着一套"用汉文形式记录瑶语的瑶文，而不是汉文"，指出这种采用汉字记录瑶语的情况有：(1) 瑶语音和义近于汉语的，一般只采用汉字的形音义。(2) 汉字作音符、用来记瑶语，而不用其义。(3) 采用汉字的义，而不读该汉字原来的音等几种构成方式。而这种文字的使用方式可能时间比较早，但还不能确切地说出它到底起源于什么时候。关于用拉丁字母拼写的瑶文方案，已经初步拟订，正在实践中检验其效用。

9. 瑶族的体质人类学研究

关于瑶族的体质人类学测量。1964年6月，复旦大学人类学教研组师生曾在广西大瑶山进行过一次调查，共计调查527人（男277人，女250人）。但到1982年始由吴融西、夏元敏发表《瑶族体质形态的初步研究》报告（《中国八个民族体质调查报告》，1982年，云南人民出版社），指出瑶族的体质特点是："肤色浅棕色，眼色暗褐色，发黑色，发型平直，个别波发，平头型，男性阔面型，女性超阔面型，面部较扁平，眉毛发育男性中等、女性稀少，眼外角高于内角，蒙古褶中等显著，男性中鼻型，近于阔鼻型，女性阔鼻型，鼻梁大都为平直，鼻孔最大径斜位居多，有13%左右的横位，凸唇、唇厚中等，身材较矮。"应该是"属蒙古人种的东亚类型，而在某些方面具有南亚类型的成分。"

1981年湖南医学院人体解剖学教研室王齐家等五人，在江华对588名瑶族（男349，女239）进行了测量，并与当地汉族进行了比较，发表《湖南省江华瑶族自治县瑶族体质人类学初步研究》的论文（1983年《人类学学报》第二卷第四期），指出"江华瑶族身材较矮小"，"身长指距指数比当地汉族和瑶汉混血的身长指距指数都大"，头型"属于中头型、高头型和狭头型"，

"男女均属狭面型","蒙古褶相当普遍","上眼睑褶皱甚为普遍"。

10.《瑶族简史》的出版和大瑶山调查

经过多年的努力,终于在1983年由广西民族出版社出版了《瑶族简史》。这是在1959年开始编写的《瑶族简史简志合编》的基础上经过增补修改而成的。这是一个由许多人先后参与其事的集体创作,仅参加的单位就有北京大学、中央民族学院、中南民族学院、广西民族学院、广西文史馆、广西民族研究所等等。经过20多年时间,除"十年动乱"时期停顿以外,光是各种草稿、初稿、修改稿就印了好几次。完成的《瑶族简史》共127页,约8.6万字。内容包括瑶族名称和源流、宋元以前的瑶族社会、明清时期的瑶族社会、鸦片战争至国民党统治时期的瑶族社会、科学文化艺术、生活习俗与宗教信仰等六个部分。这是第一部关于瑶族发展的专门历史,它编撰时间之长,参与人数之多,在瑶族研究中也是空前的。遗憾的是作为历史悠久的瑶族来说,这本《简史》的内容稍显简略了一点。相信以后会有更好的版本出现。

近几年来,由中央民族学院及广西民族学院同志参加的,对广西金秀瑶族自治县(即大瑶山)瑶族的社会历史调查,是于1981年开始进行的。它是希望在20世纪50年代我国大规模调查的基础上,"从旧的好的基础上再进一步,不要脱离我们原来好的东西,就是要下乡,要接触少数民族,要实地调查"。"在这个基础上我们应当可以再进一步"。这个调查就是在宏观与微型的研究相结合的基础上,对从历史上的封闭到现代的开放过程中,"通过不同的'型'的比较,逐步形成全面的宏观的认识"。(费孝通:《民族社会学调查的尝试》,1982年《中央民族学院学报》第二期)。经过近两年的在大瑶山一个盘瑶村中的蹲点调查,1983年由民族出版社出版了胡起望、范宏贵的《盘村瑶族

——从游耕到定居的研究》，全书 256 页，19.3 万字，除序言、前言外，共分十章，即：从封闭到开放的大瑶山、游耕的岁月和盘村的建立、从山丁到社员、石牌统治及其瓦解、经济生产和职业构成、婚姻家庭、亲属制度、服饰、居屋和饮食；节日、习俗和文化教育；祖先崇拜和宗教信仰等。通过以一个村寨为单位的"解剖麻雀式"的微型研究，对"过山瑶"从游耕到定居的深刻变化进行了研究，并且也考察了瑶山由封闭到开放的过程。此书搜集了流传在瑶族民间的婚约、田契，并发现了过去未被论述过的"垦殖公司"，对推动民族研究的发展进行了探索。

关于瑶族的研究，因其历史久、分布广、情况复杂，与各族交往的影响也不完全一致，所以需要进一步深入研究的问题很多。相信以后在大家的努力下，一定会取得更好的成绩。国外也有很多学者对瑶族进行过研究，这方面的情况拟另行文介绍。

载《民族研究动态》，1985 年第 3 期。

加强瑶族社会、历史、文化的研究

1987年12月1日至2日在香港中文大学，由香港中文大学人类学系与国际瑶族研究协会联合召开的"盘古与盘瓠问题国际研讨会"，实际上是前一年在香港召开的"瑶族研究国际研讨会"的继续。1986年5月"瑶族研究国际研讨会"的中文版论文，已在北京的民族出版社正式出版。这次"盘古与盘瓠问题国际研讨会"的论文，因总字数不多，所以作为一个专栏，在《中央民族学院学报》上发表。我们相信，通过这种国际研讨会的召开和发表中外学者研究成果的形式，一定会推动国际瑶族研究的发展，为现代文化人类学、民族志的研究开拓新的领域。

中国的古代史籍中，对南方民族的一部分，因其有盘瓠起源传说，故有"盘瓠种"之称。瑶族中的盘瑶支系长期以来就流传盘瓠（盘护）传说，应当是古代盘瓠民族发展而来的一部分。与此相关的，还有居住福建、浙江和广东潮州等地的畲族，以及可能是湘西等地的苗族。盘古是中国古代神话中开天辟地创世始祖，三国时的徐整《三五历纪》云："天地浑沌如鸡子，盘古生其中。万八千岁，天地开辟，阳清为天，阴浊为地，盘古在其中，一日九变，神于天，圣于地。天日高一丈，地日厚一丈，盘古日长一丈。如此万八千岁，天数极高，地数极深，盘古极长。后乃有三皇。"这是关于盘古氏传说的较早记载。

关于盘瓠与盘古的关系，历来说法不一。1928年，余永梁在中山大学语言历史研究所周刊上发表的《西南民族起源的神话——盘瓠》中，就认为汉族的盘古传说系从南方民族的盘瓠神话演变而来。其后，夏曾佑著《中国历史教科书》（后编入"大学丛书"，改名《中国古代史》）也认为："今按盘古之名，古籍不见，疑非汉族旧有之说。或盘古、盘瓠音近，盘瓠为南蛮之祖……故南海独有盘古墓，桂林又有盘古祠。不然，吾族古皇并在北方，何盘古独居南荒哉？"苏时学《爻山笔话》还提出在现代广西方言中，"瓠"字与"古"字音相同，瑶族地区往往有盘古庙，瑶人又多盘姓，故认为盘瓠与盘古有关。而李慈铭在《越缦堂日记》乙集中对此说大加赞赏，认为是足以破千古之惑的见解。顾颉刚的《古史辨》中亦有"今苗瑶所礼拜者为盘瓠，亦即盘古，《古今图书集成》卷1410称，瑶人'嫌犬名不雅，改为盘，且冒称盘古之裔'，实则盘古本盘瓠之音转，本同一传说，非冒称也"的看法。在瑶族宗教经典中，有时也能看到关于盘古王的内容。也有些走得更远的人，在过去的一些主张汉族西来说者中，还认为盘古传说系来自印度的古典史诗《黎俱吠陀》，或者甚至将盘古之名与古代巴比伦巴克族（Bak）的"巴克"作牵强附会的穿凿①。除此以外，也存在着不同的看法，如吕思勉《读史札记》就不同意盘古源于盘瓠之说，指出："盘古即盘瓠之说，始于夏穗卿（即夏曾佑），予昔亦信之，今乃知其非也。""夏氏谓汉族古帝，纵迹多在北方，独盘古祠在桂林，墓在南海，疑本苗族神话，而汉族误袭为己有。案干宝《晋记》、范成大《桂海虞衡志》，皆谓'岁首祭盘瓠、杂糅鱼肉酒饭于木槽，叩槽群号为礼'。而今粤西岩峒中，犹有盘古庙，以旧历六月二日为盘古生日，远近聚集，致祭极虔，此予昔所以信夏氏之说也。由今思之，殊不其然。凡神话传说，虽今古不同，必有沿袭转移之迹，未有若盘古、盘瓠之说，绝不相蒙者。"

---

① 见丁谦《种源篇》所述。蒋观云《中国人种考》曾予以反驳。参阅顾颉刚：《古史辨》第七册上编：《中国上古史导论》第三篇：盘古、盘瓠与犬戎、犬封。

由此可见，关于盘瓠与盘古的关系，是一个长期以来悬而未决的问题，因此探讨与盘瓠传说有关的各民族，以及盘瓠与盘古传说的关系究竟如何，就不仅仅是限于瑶族远古来源的研究，而且也联系到与之有关的畲、苗各族，以及他们与汉族之间的关系或相互影响的问题。在这一次专题性的研讨会上，不少学者都提出自己有意义的看法或挖掘了新的重要资料。参加这次国际研讨会的，有来自中国北京、广东、福建、湖南、广西等省（区）市的学者，此外，还有香港中文大学的乔健博士、谢剑博士、王富文（Nicholas C. T. Tapp）博士、徐云扬博士、中国文化研究所名誉教授饶宗颐先生，以及法国高等社会科学院教授乔治·孔多米纳斯（George Condomines），法国国家科学研究中心华南及印支半岛研究所主任雅克·勒穆瓦纳（Tacgues LemoiNe），美国威廉卡瑞国际大学应用语言及英教学部教授、《瑶英辞典》作者荷布·帕内尔（Herbert C. purnell），澳大利亚国立大学的洪越碧（Bevrly Houg Fincher）博士，日本武藏大学渡边欣雄教授等共20余人。在提交的论文中，勒穆瓦纳教授的《盘瓠是否盘古》提出了自己的看法。饶宗颐教授的《述宋人所见东汉蜀地绘"盘古"的壁画》论文，把盘古神话流传时代的下限从三国提前到东汉时期，这是过去的学者所没有言及的。云南的赵廷光、湖南的彭官章等先生对盘瓠与盘古二者的不同进行了论证。福建的陈国强、广东的李默先生则对盘瓠传说与畲族、瑶族的关系进行了研究，其他先生的文章也都就这些问题进行了有益的探索。相信读者们在阅读之后一定会有新的启发。遗憾的是因盘承乾、彭官章和李本高三位先生的大作已先行公开发表，现在未能再收入本专栏之内。

这次的研讨会是一个人数不多的小型会议，但也取得了丰富的成果。在国内外有关机构的大力支持下，这种每年召开一次的、规模大小不等、各有重点主题的研讨会，希望能给各国学者共同探讨问题，加强研究的深度与广度，以及密切相互之间的友好联系协作等方面，提供一个模式。

本文与乔健合作，载《中央民族学院学报》1989年第2期。

胡起望教授专著、文章目录

一、专著

1. 《中国少数民族》（合作项目，主要执笔人之一），人民出版社，1981年。
2. 《瑶族简史》（合作项目），广西民族出版社，1983年。
3. 《盘村瑶族》（二人合作），民族出版社，1983年。
4. 《中国少数民族历史人物志》（第一辑，三人合作），民族出版社，1983年。
5. 《中国少数民族历史人物志》（第二辑，三人合作），民族出版社，1985年。
6. 《中国少数民族历史人物志》（第三辑，三人合作），民族出版社，1987年。
7. 《中国少数民族历史人物志》（第四辑，三人合作），民族出版社，1989年。
8. 《瑶族〈过山榜〉选编》（五人合作），湖南人民出版社，1984年。
9. 《瑶族研究文集》（二人合编），中南民族学院民族研究所，1985年。
10. 《桂海虞衡志辑佚校注》（二人合作），（宋）范成大原著，四川民族出版社，1986年。
11. 《民族词典》（集体编写，任分科主编），上海辞书出版社，1987年。
12. 《瑶族研究论文集》（与香港中文大学两位教授合编），

民族出版社（中、英文版），1988年。

13.《苗族研究论丛》（二人合编），贵州民族出版社，1988年。

14.《中国风俗辞典》（集体编写，任编委），上海辞书出版社，1990年。

15.《中国民族史》（集体著作），中国社会科学出版社，1994年。

16.《中国少数民族节日风情》（二人合作），台湾商务印书馆，1994年。

17.《中国少数民族节日》（二人合作），商务印书馆，1996年。

18.《文化人类学辞典》（上、下，任主编，集体项目），远方出版社，2001年。

19.《中国少数民族史概要》（集体编写），山西教育出版社，，2000年。

20.《辞海》（民族分册），上海辞书出版社，1985年。

二、文章

1.《台湾高山族》，载《地理知识》1978年第2期。

2.《盘瑶语的"巧话"》，载《中国语文》1957年第7期。

3.《马克思恩格斯对摩尔根〈古代社会〉的评价》（二人合作），载广西《学术论坛》1978年第1期。

4.《广西少数民族在历史上对祖国经济文化发展的贡献》（二人合作），载《广西民族学院学报》1978年第3期。

5.《桂平纪行》（二人合作），载《广西民族学院学报》1979年第4期。

6.《桂西访古记》（二人合作），载《广西民族学院学报》1979年第2期。

7.《〈明史·广西土司传〉校补》，载《民族研究》1979年第2期。

8.《乾嘉苗民起义参加人供单简述》，载《贵州民族研究》1980年第3期。

9.《瑶族〈过山榜〉析》（二人合作），载《中央民族学院学报》1981年第2期。

10.《邝露和他的〈赤雅〉》，载《民族研究》1981年第2期。

11.《蔡元培和民族学》，载《民族学研究》（第一辑），民族出版社，1981年。

12.《从民族学资料看数量观念的发展》，载《民族研究》1982年第1期。

13.《中国少数民族文字使用概况》（日文），载日本《民博通信》1983年第22期。

14.《瑶医简述》，载《中央民族学院学报》1983年第1期。

15.《中国南方少数民族研究的动向》（日文），载日本学习院大学东洋文化研究所所报1983年第3期。

16.《中国少数民族研究》（日文），载日本《东南亚历史与文化》1984年第13期。

17.《大瑶山盘瑶的社会组织》，载日本东京大学《东洋文汇研究所纪要》1984年第94册。

18.《瑶族研究概述》，载《民族研究动态》1985年第3期。

19.《港台学术界的瑶族研究》，载《民族研究动态》1985年第4期。

20.《白鸟芳郎新著〈华南文化史研究〉》，载《民族研究情报资料》第4期。

21.《东京所见"苗图"概述》，载《民族研究论文集》1985年第5集。

22．《从日本的国会辩论看雾社起义》，载《民族研究》1985年第6期。

23．《近代国外瑶族研究概述》，载《中央民族学院学报》1986年第1期。

24．《日本的阿伊努人》，载《民族学研究》（第八辑），民族出版社，1986年。

25．《瑶族的产育制度》（日文），载日本国立民族学博物馆《民博通信》1986年第32期。

26．《日本的民族学》，载《民族研究情报资料》第5期

27．《苗族研究概述》，载《黔东南社会科学》，1987年第3、第4期。

28．《试论瑶族游耕的发展》，载《云南社会科学》1988年第1期。

29．《中东南少数民族的社会历史特点》，载《中央民族学院学报》1988年第6期。

30．《中国瑶族多样世界》（日文），载《日本观光文化研究所纪要》1988年。

31．《苗族对丰富祖国文化宝库的贡献》，载《黔东南社会科学》1988年第4期。

32．《瑶族传统文化与现代文化的几个问题》，载《瑶族研究论文集》，广西人民出版社，1992年。

33．《花蓝瑶的亲属称谓》，载《花蓝瑶社会组织》1989年。

34．《东邻馆藏"苗图"实录》，载《黔东南社会科学》1989年第1期。

35．《加强瑶族社会、历史、文化的研究》，载《中央民族学院学报》1989年第2期。

36．《近年来中国大陆的民族学研究》香港中文大学人类系学术交流讲座。

37.《民族学研究新的发展》,载《中央民族学院学报》1990年第4期。

38.《民族地区的返贫现象及其原因》,载《中央民族学院学报》1991年第4期。

39.《多元一体的瑶族》,载《中华民族研究新探索》,中国社会科学出版社,1991年。

40.《瑶族·畲族·苗族的姓名》,载《中国人的姓名》,中国社会科学院出版,1992年。

41.《瑶族游耕文化初探》(英文),载《华南瑶族近期国际研究论文集》,盘古社,1992年。

42.《中国的瑶族研究概述》(英文),载《华南瑶族近期国际研究论文集》,盘古社,1992年。

43.《论瑶传道教》,第四次瑶族研究国际研讨会论文,1993年。

44.《跨境民族初探》,载《日本金沢大学文学部论集》,1993年,第12号。

45.《十三世达赖北京行纪》(题记),载《学术论文集》,辽宁大学出版社,1993年。

46.《〈新田瑶族志〉序》,湖南郴州地区美术印刷厂,1994年。

47.《法兰西瑶族》,载《日本岐阜教育大学纪要》1995年第29集。

48.《开拓民族研究的新领域》,载《日本圣德学园岐阜教育大学纪要》,1995年,第30集。

49.《中国民族教育的现状》,日本岐阜教育大学,1996年。

50.《槃瓠文化与密洛陀文化》载《日本圣德学园岐阜教育大学中国语学科研究论文集》,1996年。

51.《汉文字在华南各民族中的重大历史作用》(上、下篇），载《日本圣德学园岐阜教育大学纪要》，1996年第32集、1997年第34集。

52.《近代小瑶山地区土地关系的历史研究》，载《日本圣德学园岐阜教育大学纪要》，1997年第,34集。

53.《中国最西南角上的瑶族》，载《日本圣德学园岐阜教育大学纪要》，1998年，第35集

54.《对中国语教学的几点理解》，载《同本岐阜圣德学园大学中国语学科研究论文集Ⅱ》，1999年。

55.《壮族"土俗字"的现状和前景》，载《日本国立民族学博物馆文集》，2001年。

56.《费老与金秀瑶山》，载《费孝通与大瑶山》，香港华通出版社，2005年。